Deutschbuch

Handreichungen für den Unterricht

8

Neue Grundausgabe

Herausgegeben von
Bernd Schurf und
Andrea Wagener

Erarbeitet von
Günther Biermann, Friedrich Dick,
Ute Fenske, Josi Ferrante-Heidl,
Andrea Gefeke, Marlene Koppers,
Anna Löwen, Ruth Malaka,
Sabine Matthäus, Andrea Mevissen,
Katja Reinhardt, Toka-Lena Rusnok,
Bernd Schurf, Volker Semmler,
Andrea Wagener und Carolin Wemhoff

Cornelsen

Vorwort

1 Zur Grundkonzeption des Lehrwerks

Das „Deutschbuch“ ist ein **integratives Lehrwerk**. Es trennt den Deutschunterricht nicht in Sprach- und Literaturunterricht mit den traditionellen Leitmedien Sprachbuch und Lesebuch, sondern geht von der Erfahrung vieler Lehrerinnen und Lehrer aus, dass die Binnengliederung des Fachunterrichts in die Teildisziplinen „Sprache“ und „Literatur“ weder von den Gegenständen her gerechtfertigt ist noch dem pädagogischen Grundsatz entspricht, alles erfolgreiche Sprachlernen entwickle sich aus komplexen und realitätsnahen Lernsituationen heraus. Mündliche und schriftliche Mitteilungen, Gebrauchs- oder Sachtexte eröffnen die Möglichkeit, ihre sprachlichen Besonderheiten zu thematisieren sowie die Bedingungen sprachlichen Handelns zu reflektieren. Literarische Texte sind solche, in denen sich ein Überschuss an Sprache geltend macht. Insofern sind sie besonders geeignete Objekte, um Sprachaufmerksamkeit zu erzeugen. Entsprechend ist die Integration von Sprache und Literatur im Fach Deutsch ein didaktisches Konzept, zu dem es eigentlich keine Alternative gibt. Auch die Lehrpläne und Bildungsstandards verlangen – selbst wenn sie das Fach gegenstands- und bereichsspezifisch gegliedert vorstellen – die Integration der Teilbereiche des Faches in der konkreten Planung von Lernprozessen.
Integration im „Deutschbuch“ heißt **Integration von den Gegenstandsstrukturen her und Integration von den intendierten Lernprozessen her**.
Ausgangspunkte der 13 Kapitel, in die der Jahrgangsband gegliedert ist, sind im Sinne eines erfahrungsbezogenen Unterrichts Problemstellungen und Themen, die sich an der Alltagsrealität der Schülerinnen und Schüler orientieren. Sie erhalten ihre fachspezifische Ausprägung jeweils dadurch, dass in den auslösenden Lebens- und Lernsituationen Sprache bzw. Kommunikation zum Problem wird oder literarische bzw. pragmatische Texte Erfahrungen anderer Menschen darlegen und zur Diskussion stellen.
Die konsequente Anknüpfung an die Lebenswelt der Schülerinnen und Schüler sowie an gesellschaftliche Schlüsselprobleme verlangt, dass das Integrationsprinzip an manchen Stellen auch die Bereiche des Faches Deutsch überschreitet und die Verbindung zu anderen Fächern herstellt. Dies gilt vor allem dann, wenn Unterricht handlungsorientiert (bis hin zum Projekt) angelegt werden soll und der zu erarbeitende oder zu erforschende Bereich nicht nur Sprache und Literatur umfasst. Hier schließt das fachimmanente Integrationsprinzip nahtlos an das fachübergreifende an. Das ist gerade im Deutschunterricht auch insofern gerechtfertigt, als in den Sachfächern ja häufig sprachlich und an Texten gearbeitet wird. Deswegen wird man im „Deutschbuch“ Aufgabenstellungen finden, die auf Gegenstände, Textbeispiele oder Arbeitsergebnisse anderer Fächer zurückgreifen. Mit der Berücksichtigung der sprachlichen Dimension in den Sachfächern versucht das „Deutschbuch“ einen Beitrag zur Überwindung der Aufsplitterung des schulischen Lernens und Arbeitens im künstlichen System der „Fächer“ zu leisten. Dabei gewährleistet das Prinzip des exemplarischen Arbeitens eine angemessene Reduktion der Stofffülle.

1.1 Die Kompetenzbereiche

In den neuen Bildungsstandards und Lehrplänen hat sich die Gliederung des Faches in die Kompetenzbereiche „Sprechen – Zuhören – Schreiben“, „Nachdenken über Sprache“ und „Lesen: Umgang mit Texten und Medien“ als eine pragmatische Entscheidung durchgesetzt. Darüber hinaus heben die curricularen Standards die besonderen Anforderungen an Methoden und Lernstrategien des fachlichen und fachübergreifenden Arbeitens hervor. Das Lehrwerk „Deutschbuch“ berücksichtigt die **Einteilung des Faches in Kompetenzbereiche** bei der Anordnung der einzelnen Kapitel. Sie dient der Übersichtlichkeit und der gewünschten didaktisch-methodischen Schwerpunktsetzung im konkreten Unterricht.
Nach einem einleitenden Kapitel, das anhand einer besonders wichtigen, altersspezifischen Fragestellung in das Deutschprogramm des jeweiligen Jahrgangs einführt, folgen thematisch orientierte Kapitel zu den drei zentralen Kompetenzbereichen (drei weitere Kapitel zu **„Sprechen – Zuhören – Schreiben“**, sechs zu **„Lesen: Umgang mit Texten und Medien“** und zwei zu **„Nachdenken über Sprache“**), die aus Schülerperspektive als Arbeitsbereiche fungieren. Den Abschluss bildet ein Kapitel, das methodisches Lernen zum Gegenstand hat.
Der Bereich **„Arbeitstechniken und Methoden“** ist im „Deutschbuch“ besonders hervorgehoben. Ihm ist das abschließende Kapitel („*Schönheit und Glück – Lesen mit Methode*“) gewidmet, in dem übergreifende Lernstrategien und -techniken an fachlichen Inhalten exemplarisch eingeübt werden, so z. B. basale Lese- und Verstehenskompetenzen

im Umgang mit Sachtexten und literarischen Texten, die gezielte Anwendung unterschiedlicher Arten von Textaufgaben (Multiple-Choice, True-Falls etc.) sowie der kompetente Umgang mit relevanten Strategien des überfliegenden, gezielten und intensiven Lesens. Darüber hinaus kommt das Methodenlernen in allen weiteren Kapiteln integriert zur Anwendung, beispielsweise die Erprobung von Lesestrategien im 5. Kapitel („*Nicht ganz alltägliche Situationen – Kurzgeschichten*") und im 9. Kapitel („*Wir sind Weltmeister**in**! – Sich in der Tageszeitung orientieren*").
Die Entscheidung für eine angemessene Berücksichtigung der Leitprinzipien „Schüler- und Wissenschaftsorientierung" ist von den Herausgebern und Mitarbeitern am „Deutschbuch" so getroffen, dass in jedem Einzelfall überlegt wird: „So viel Situations- und Erfahrungsanbindung wie möglich, so viel Fachsystematik wie unbedingt nötig." Die Folge des durchgehend geforderten Prinzips **„Lernen in Zusammenhängen"** ist, dass das Lehrgangsprinzip im „Deutschbuch" nur noch dort Gültigkeit für die Organisation von Lernprozessen hat, wo fachlichem Klärungsbedarf anders nicht zu entsprechen ist, z. B. beim Aufbau einer grammatischen „Verkehrssprache" in Sachen Wortarten und Satzbau. Aber auch dort geht es nicht um das systematische Lernen von Regeln und Definitionen, sondern um operatives Erarbeiten und „(sprach)entdeckendes" Lernen, das Sprachaufmerksamkeit fördert und kontinuierlich Sprachbewusstsein entwickelt. Einheiten des Rechtschreibunterrichts können sich z. B. im Gefolge eines Schreibvorhabens oder aber im Anschluss an eine Sprachreflexion ergeben. Natürlich wird man auch die Grammatik als thematisiertes Sprachbewusstsein wiederfinden: Warum und wie unterteilen wir Wörter nach ihrer Leistung im Satz und nach ihren Bildungsregeln in „Wortarten"? Warum lernen wir verschiedene Satzfunktionen kennen? Aber es gibt immer Angebote, die Sprachreflexion mit anderen Bereichen des Deutschunterrichts thematisch zu verklammern. Schreib- und Lesesituationen, kommunikative Anlässe oder auch Sprachspiele ermöglichen Einsichten in Bauformen, Funktionen und Leistungen der Sprache.

1.2 Das Prinzip der Integration in den einzelnen Kapiteln

Integration bedeutet im „Deutschbuch" nicht das Hintereinanderschalten von Arbeitsteilen aus den drei Sektoren des Deutschunterrichts, um überall ein gewisses Fortschreiten zu verzeichnen. Integration bedeutet vielmehr, dass traditionell unterschiedlich zugeordnete **fachspezifische Tätigkeiten der Schülerinnen und Schüler im Zusammenhang einer nachvollziehbaren Lernsituation** gemeinsam entwickelt werden. Aus dem Umgang mit literarischen Texten z. B. kann eine produktive Schreibaufgabe, eine analytische Operation oder eine Sprachbetrachtung erwachsen – je nach der konkreten Unterrichtskonstellation.
Die meisten Kapitel des „Deutschbuchs" sind nach dem Prinzip des *Dreischritts* aufgebaut:

- Im ersten Teilkapitel dominiert das systematische Arbeiten in einem der drei Kompetenzbereiche.
- Im zweiten Teilkapitel wird ein weiterer Kompetenzbereich integriert.
- Das dritte Teilkapitel dient dem Anwenden, Üben und Vertiefen des zuvor Gelernten (bis hin zur Organisation eines Projekts).

Ein Farbsystem informiert über das jeweilige Zusammenspiel von dominanten und zugeordneten Kompetenzbereichen. Der dritte Kompetenzbereich wird in allen Teilkapiteln situativ durch einzelne Aufgabenstellungen integriert.
Die Arbeitsaufträge verknüpfen den dominanten Kompetenzbereich mit dem ergänzenden oder erweiternden Bereich. Der „Ausflug" über die Grenzen der Kompetenzbereiche hinaus erfolgt also nicht nur auf der Ebene der Materialien, sondern konkret auf der Ebene der einzelnen Tätigkeiten der Schülerinnen und Schüler. Ersatz- und Umstellproben etwa sind nicht nur Operationen des Grammatikunterrichts zur Bestimmung von Satzgliedern, sondern sie haben eine weitere Funktion beim Verbessern eigener Texte und beim Analysieren von Literatur. Im dritten Schritt, dem der Übung und Festigung, werden die integrativen Momente dadurch verstärkt, dass nicht mehr klassifikatorisch unterschieden wird, wohin nun eine vorgeschlagene Tätigkeit gehört. Gerade das dritte Teilkapitel bietet ein didaktisch abgestimmtes, reichhaltiges Angebot zum Üben, Vertiefen und selbstständigen Anwenden des Gelernten, wie es neuere Bildungsstandards nachdrücklich fordern.
Die Entscheidung für die dreigliedrige Grundstruktur der Kapitel sichert eine Zentrierung auf wesentliche Aspekte. Die Transparenz der Schrittfolge ermöglicht nicht nur eine schnelle Orientierung für die Lehrerin / den Lehrer, sondern fördert im Besonderen den organischen Aufbau des Lernprozesses, sodass Schülerinnen und Schüler erhöhte Chancen der aktiven Teilnahme und des produktiven Verstehens erhalten. Die Kapitel sind nicht darauf angelegt, vollständig erarbeitet zu werden. Je nach Lernsituation und vorgesehenem Zeitraum können einzelne Teilkapitel oder auch nur wenige Abschnitte in der gewünschten Schwerpunktsetzung behandelt werden.

2 Weitere Besonderheiten des Konzepts

2.1 Lernen in Unterrichtsprojekten

Jeder Jahrgangsband enthält Projektvorschläge, die zwar einen fachspezifischen Ausgangspunkt haben, sich aber nicht auf das Fach Deutsch beschränken, sondern Aspekte anderer Fächer mit einbeziehen. Aus der Didaktik des Projektunterrichts stammen die beiden wichtigsten pädagogischen **Prinzipien des handlungs- und erfahrungsorientierten Lernens und des selbst organisierten und selbsttätigen Arbeitens in Gruppen**. Aus der Fachdidaktik stammen die Prinzipien der besonderen Berücksichtigung des sprachlichen Anteils an den Lernprozessen. Dabei können unterschiedliche Texte, Schreib-, Lese- und Sprachverwendungssituationen zur Verständigung der Teilnehmer und zur Organisation der Arbeit dienen. Der Anteil „Deutsch" ist weder zu unterteilen in „Sprechen – Zuhören – Schreiben" oder „Lesen: Umgang mit Texten und Medien" noch abzugrenzen gegenüber Fächern wie z. B. Religionslehre / Ethik oder Politik; je nach Thema auch nicht gegenüber Fächern wie Erdkunde, Musik oder Kunst.

2.2 Fachübergreifendes Lernen

Nicht nur in den projektorientierten Teilkapiteln ist fachübergreifendes Arbeiten sinnvoll. Auch in den übrigen Kapiteln finden sich Fachgrenzen überschreitende Arbeitsschritte. So sind in den Kapiteln 7 („*Menschen in der Stadt – Gedichte untersuchen und gestalten*") und 8 („‚*Romeo und Julia*' – *Szenen einer Tragödie*") die Fächer Deutsch, Kunst und Musik miteinander in Bezug gesetzt, in Kapitel 1 („*Helden heute? – Informieren, dokumentieren, appellieren*") die Fächer Deutsch und Geschichte. Die fachübergreifenden Schritte sind so konzipiert, dass sie Absprachen zwischen den Fächern sinnvoll erscheinen lassen, aber auch von der Lehrkraft für Deutsch durchgeführt werden können.

2.3 Integration des Umgangs mit informationstechnischen Medien

Sowohl Medien- als auch Methodenkompetenzen können sich nur aufbauen und erweitern, wenn Anwendungen im Zusammenhang mit entsprechenden Lern- und Gegenstandsbereichen ermöglicht werden. Deshalb werden überall dort, wo der Lerngegenstand es erfordert oder sinnvoll erscheinen lässt, Aufgabenstellungen zum Umgang und zur Verwendung der modernen Informations- und Kommunikationsmedien integriert. So liefert das „Deutschbuch" fachspezifische methodische Grundlagen zur Nutzung des PC bei der Informationsbeschaffung sowie bei der Be- und Verarbeitung von Texten, z. B. in Kapitel 1 („*Helden heute? – Informieren, dokumentieren, appellieren*") und in Kapitel 12 („*Rechtschreibtraining*").

2.4 Wörterlisten

Am Ende eines jeden Kapitels werden Wörterlisten angeboten, die für verschiedene Operationen und Zielsetzungen einsetzbar sind. Die Lehrkraft und / oder die Schülerinnen und Schüler können hier selbst Schwerpunkte zum Üben und Festigen des vorangegangenen Lernstoffes setzen. Im Kapitel „*Rechtschreibtraining*" (S. 217 ff.) werden diese Operationen eingeführt und erläutert. Sie eignen sich sowohl für Übungen zu Rechtschreibphänomenen als auch für das Erweitern des Wortschatzes und für Übungen auf syntaktischer Ebene.

3 Didaktische Prinzipien in den Kompetenzbereichen

Innerhalb der Kompetenzbereiche des Deutschunterrichts haben sich **fachdidaktisch begründete methodische Neuansätze** ergeben, die in den Bildungsstandards und auch in Lehrwerken wie im „Deutschbuch" ihren Niederschlag finden. Im Bereich „Sprechen – Zuhören – Schreiben" sind das die Integration des darstellenden Spiels in den Deutschunterricht und die Reform des Aufsatzunterrichts zur prozessorientierten Schreibdidaktik, im Bereich „Nachdenken über Sprache" der integrative, funktionale und operative Grammatikunterricht und die neuen Wege im Rechtschreibunterricht, im Bereich „Lesen: Umgang mit Texten und Medien" der erweiterte Textbegriff, speziell die Integration des Umgangs mit den elektronischen Medien, der Aufbau einer basalen Lese- und Verstehenskompetenz im Umgang mit Sachtexten und literarischen Texten sowie der produktive Ansatz im Literaturunterricht.

3.1 Sprechen – Zuhören – Schreiben

Die didaktisch-methodischen Innovationen im Bereich des „Sprechens und Zuhörens“ beziehen sich weniger auf den kommunikativen Grundansatz, der weiter ausgebaut wird, indem explizit Gesprächsregeln und bewusste Formen der Gesprächsführung angeboten und gelernt werden sollen, sondern auch auf die Berücksichtigung **rhetorischer Fähigkeiten**, die in den vergangenen Jahrzehnten vernachlässigt worden sind. Zu diesen gehören das **gestaltende Sprechen**, der freie Vortrag und die Präsentation von Texten sowie das szenische Lesen mit verteilten Rollen. In Kommunikationssituationen, in denen vor und zu anderen gesprochen wird, ist aufmerksames **Zuhören** erforderlich. So kommt der Förderung des Hörverstehens eine besondere Aufgabe zu.
Durch die systematische Einbeziehung methodischer Möglichkeiten des **„Darstellenden Spiels“** bei den Aufgabenstellungen und bei den Vorschlägen zur Projektarbeit soll gewährleistet werden, dass die ästhetische Komponente in diesem Arbeitsbereich angemessen berücksichtigt wird.
Im Bereich „Schreiben“ haben sich in der fachdidaktischen Diskussion erhebliche Veränderungen vollzogen. Nach der sog. „kommunikativen Wende“ in der Aufsatzdidaktik waren die traditionellen Aufsatzgattungen und deren Begründung als „Naturarten“ der Schriftlichkeit stark in Zweifel gezogen worden. Die Einbeziehung des Adressaten, die Berücksichtigung der Schreibsituation und die Orientierung an Schreibplan und Schreibziel beim Verfassen eigener Texte sind wesentliche Funktionen des Schreibvorgangs. Um den **Prozesscharakter des Schreibens** zu betonen, spricht das „Deutschbuch“ vom **Erzählen, Berichten, Beschreiben, Erörtern** etc. **als Tätigkeiten**.
Kreative Formen des Schreibens erhalten im „Deutschbuch“ einen besonderen Stellenwert. Das Spektrum reicht vom **freien, spontanen, textungebundenen Schreiben** bis zum **produktiv-gestaltenden Schreiben im Anschluss an Textvorlagen**.
Wichtig und neu hinzukommend zu allen Formen des „Aufsatzschreibens“ ist das **funktionale Schreiben**. Es handelt sich um Arbeitstechniken der Schriftlichkeit, die nicht zu in sich geschlossenen Texten führen, wohl aber im Alltag zur Bewältigung von Lernsituationen große Bedeutung besitzen. Dazu gehören nicht nur die bekannten „Notizzettel“ und „Stichpunktsammlungen“, sondern auch der schriftliche Entwurf von Argumentationsskizzen, die Mitschriften in Gesprächen und der Entwurf von Gliederungen für umfangreichere Ausführungen.
Eine besondere Art des funktionalen Schreibens ist das Verbessern von Geschriebenem. Der Arbeitsschwerpunkt **„Textoptimierung“** (mit und ohne Einbezug computergestützter Schreibprogramme) besitzt ein großes Gewicht im gegenwärtigen Deutschunterricht. Unter dem Aspekt des Selbstkontrollierens und der eigenen Überprüfung des Lernfortschritts reicht dieses Verfahren bis zur Möglichkeit, Texte von Schülerinnen und Schülern erst nach der vorgenommenen Textverbesserung zu bewerten. Der Aufgabenschwerpunkt „Überarbeiten von Schülertexten“ wird im „Deutschbuch“ an zahlreichen Stellen integriert. Dabei ist es Aufgabe der Lehrkraft und der Lerngruppe, im Sinne einer inneren Differenzierung und Individualisierung die jeweiligen Hinweise des Lehrbuchs, insbesondere auch zur Rechtschreibung, situativ angemessen zu nutzen.

3.2 Lesen: Umgang mit Texten und Medien

Besondere Aktualität kommt dem Bereich „Lesen: Umgang mit Texten und Medien“ nicht zuletzt nach den PISA-Studien zu. **Das Lesen und Erfassen von Texten** gilt als eine **wesentliche Kompetenz** zum Erwerb von Wissen und ist damit eine wichtige Voraussetzung für die Teilhabe an unserer Kultur, für die Mitgestaltung gesellschaftlicher Entwicklungen sowie für die personale und berufliche Weiterentwicklung. Im „Deutschbuch“ wird dem Rechnung getragen durch die Auswahl unterschiedlicher Texte und durch vielfältige Anregungen zum Lesen.
Den Schülerinnen und Schülern begegnen Texte sowohl in **kontinuierlicher** schriftlicher Form – z. B. als literarische und anwendungsbezogene Texte – als auch in Form von **diskontinuierlichen Texten** – etwa als Grafiken, Tabellen, Schaubilder und Diagramme. Darüber hinaus rezipieren sie Texte sowohl in gesprochener Form (z. B. Dialoge) als auch in audiovisuellem Format (z. B. Medientexte wie Film und Fernsehen).
Bei der Textauswahl für das „Deutschbuch“ werden unterschiedliche Gattungen, historische Zusammenhänge, Autorinnen und Autoren der Vergangenheit und Gegenwart sowie interkulturelle Themen berücksichtigt. Gleichfalls werden Texte aus dem Bereich der Kinder- und Jugendliteratur, Sachtexte und solche aus audiovisuellen Medien angeboten. Ausschnitte aus altersgemäßen Jugendbüchern und Lesetipps sollen zum Weiterlesen als Klassenlektüre oder zur individuellen Lektüre einladen.
Sach- und Gebrauchstexte werden vorwiegend unter dem Aspekt des Lesens, der Entnahme, Verknüpfung und Auswertung von Informationen angeboten. Entsprechende Aufgabenstellungen fördern das sinnerfassende Lesen und das Sichern, Reflektieren und Bewerten von Informationen. Dabei werden auch diskontinuierliche Texte und Bilder einbezogen.

Das „Deutschbuch“ widmet dem Umgang mit Medien mindestens ein eigenes Kapitel (in dem Band für die 8. Jahrgangsstufe Kapitel 9 *„Wir sind Weltmeister**in**! – Sich in der Tageszeitung orientieren“* und Kapitel 10 *„AIDA – Werbung in Text und Bild“*). Dabei werden sowohl medienpädagogische Aspekte als auch filmanalytische und produktive Verstehens- und Handlungskompetenzen entwickelt.
Eine wichtige Form der Auseinandersetzung mit Texten ist das **kreative und produktiv-gestaltende Schreiben** im Literaturunterricht. Gemeint sind unterschiedliche Formen des Wechsels der Schülerinnen und Schüler aus der Rezipienten- in die Produzentenrolle. Das „Deutschbuch“ entwickelt hier zahlreiche Vorschläge bis hin zur Einbeziehung produktiver Aufgabenstellungen in Klassenarbeiten. Der Sinn dieses didaktischen Ansatzes ist es, den Schülerinnen und Schülern das Recht auf subjektive Formen des Verstehens zu verschaffen und ihnen nahezubringen, dass das fantasievolle Weiterdenken und das experimentierende Eingreifen in Gegenstände der Lektüre nicht deren Zerstörung bedeutet, sondern einen Weg zu besserem und tieferem Verstehen darstellen kann. Produktiv-gestaltende Arbeitsweisen beim Umgang mit Texten stellen eine wesentliche Ergänzung analytisch-hermeneutischer Methoden dar, die selbstverständlich ihre Berechtigung behalten.

3.3 Nachdenken über Sprache

Im Bereich „Nachdenken über Sprache“ ergeben sich wesentliche Innovationen. Besonders wichtig ist der Schritt vom systematischen Grammatikunterricht hin zur situativen, funktionalen und integrativen Sprachbetrachtung. Es geht um die **Abkehr vom Regel- und Auswendiglernen hin zum operativen Lernen**. Ausgangspunkt sind spontan gebildete subjektive („innere“) Regeln, über die Schülerinnen und Schüler verfügen; Ziel ist die Schreibentscheidung des erwachsenen und kompetenten Schriftbenutzers.
Deswegen wird im „Deutschbuch“ in Anlehnung an neuere didaktische Konzepte ein anderer Weg beschritten. Sprachliche Phänomene wie z. B. Wortarten werden nicht mehr über Definitionen gelernt, sondern **funktional** eingeführt. Dabei sind sowohl die grammatischen Merkmale wichtig als auch deren semantische, syntaktische, stilistische oder kommunikative Funktion. Entscheidend ist, dass es keine allumfassenden Definitionen mehr gibt, sondern Prototypenbeschreibungen: Kann man ein Wort mit einem Artikel versehen, kann man es deklinieren und bezeichnet es einen in der Wirklichkeit vorkommenden Gegenstand, Vorgang oder Gedanken, dann ist das ein Nomen. Die Schülerinnen und Schüler lernen mit solchen prototypischen Beschreibungen als Prüfinstrument umzugehen. Ihr deklaratives und operatives Sprachwissen hilft ihnen, Situationen zu bewältigen, die metasprachliche Kompetenzen erfordern. Dies bezieht sich z. B. auf die Erschließung von Texten, das Thematisieren sprachlicher Alltagssituationen und das Bewältigen von Schreibaufgaben sowie auf die Beherrschung der Rechtschreibung.
Ziel des Rechtschreibunterrichts ist es, Sprachaufmerksamkeit, d. h. Fehlersensibilität bei Schülerinnen und Schülern zu wecken und eine sprachbewusste Lösungskompetenz zu vermitteln, die zur Verbesserung der Schreibkompetenz führt. Das geschieht in Form von Übungen, die darauf achten, dass Phänomene, die zwar systematisch gesehen zusammengehören, einander im Lernprozess aber hemmen, nicht zusammen gelernt werden. Über das Rechtschreibtrainingskapitel hinaus, in dem Rechtschreibübungen aus Schreibsituationen, Schülertexten und Lesesituationen erwachsen, besteht in den übrigen Kapiteln des „Deutschbuchs“ die Möglichkeit, Übungen zur Rechtschreibung integriert einzubringen. Dabei wird ein besonderer Schwerpunkt auf unterschiedliche Verfahren der Überarbeitung von Texten gelegt.
Auch wenn die beiden **Trainingskapitel zu Grammatik und Rechtschreibung** die grüne Farbe des Lernbereichs „Nachdenken über Sprache“ haben, heißt das nicht, dass sie von den beiden anderen getrennt wären: Im Sinne des integrativen Konzepts des „Deutschbuchs“ ergeben sich immer wieder im funktionalen Zusammenhang mit Sprach- und Schreibsituationen sowie der Analyse von Texten/Medien grammatische und orthografische Fragestellungen; über Querverweise mit den Trainingskapiteln verbunden, können sie dort vertieft werden.

4 Methodische Entscheidungen

Die methodischen Entscheidungen kommen in besonderer Weise in den Aufgabenstellungen und den dort impliziten Tendenzen zum Ausdruck. Leitend sind die Prinzipien des thematischen, induktiven und selbst regulierten Lernens. Den Benutzern des „Deutschbuchs" wird dabei vor allem die Mischung aus kreativen, handlungsorientierten und analytischen Aufgabenstellungen auffallen, die den Schülerinnen und Schülern auch die Möglichkeit eröffnen, über ihr Arbeiten zu reflektieren.

4.1 Selbstständiges Lernen /Aufgabenstellungen

Eigenverantwortliches und handlungsorientiertes Arbeiten der Schülerinnen und Schüler fördern die Effizienz des Lernprozesses und stärken die Selbstständigkeit. Diese Zielsetzung wurde bei der Formulierung der Aufgabenstellung besonders berücksichtigt. Oftmals kann die Aufgabenstellung von der Lehrkraft je nach situativem Unterrichtskontext problemlos modifiziert werden; sie enthält Alternativen oder lädt ein, einen Versuch zu unternehmen, der nicht unbedingt zu einem vorzeigbaren „Ergebnis" kommen muss. Insgesamt ist der Prozess des Lernens wichtiger als das jeweils entstehende Produkt.
Aufgabenstellungen haben im „Deutschbuch" oft einladenden Charakter, sie enthalten mehrere Vorschläge, von denen sinnvollerweise nur einer wirklich realisiert werden sollte. Darin liegt auch eine Aufforderung an die Schülerinnen und Schüler, selbst mit zu entscheiden, welche Variante der vorgeschlagenen Tätigkeiten sie für sich aussuchen. Besonders bei Vorschlägen für Gruppenarbeit und in den projektartig angelegten Teilen des Unterrichts ist es wünschenswert, dass die Lerngruppe aushandelt und selbst organisiert, was jetzt von wem zu tun ist.
Die Aufgabenstellungen des Lehrbuchs steuern den Verstehens- und Lösungsprozess nicht schrittweise. Materialarrangement und Aufgaben sind so angelegt, dass eigenverantwortliche Entscheidungen von der Lerngruppe getroffen werden. Anregungen zur Anwendung prozeduraler, metakognitiver und evaluierender Strategien fördern den kommunikativen Aufbau des Lernprozesses, sodass Wissen im Zusammenhang verfügbar wird und Ergebnisse nicht beziehungslos nebeneinanderstehen. In wechselnder Akzentuierung erfüllen die Aufgaben Funktionen des entdeckenden Lernens, des operativen analytischen und produktiven Arbeitens sowie der transferierenden Anwendung.

4.2 Hinweise zur Arbeitsorganisation

Die Arbeitsorganisation bleibt in den Aufgabenstellungen weitgehend offen. Ob etwas als Gruppenarbeit oder Einzelaufgabe gelöst werden soll, ist zunächst einmal Angelegenheit der Lehrerin/des Lehrers und der Lerngruppe. Aber das Lehrbuch macht Vorschläge, die sinnvoll sein könnten und praxiserprobt sind.
Arbeitsschritte, Materialien und Aufgabenstellungen sind im „Deutschbuch" so organisiert, dass Lehrerinnen und Lehrer phasenweise eine stärker moderierende und prozessbegleitende Rolle einnehmen können. Diese Lehrmethoden erlauben den Schülerinnen und Schülern zunehmend ein selbsttätiges und mitverantwortliches Arbeiten, das ihre sozialen und kommunikativen Kompetenzen stärkt.
Die Kapitel des „Deutschbuchs" eröffnen vielfältige Möglichkeiten für eine situations- und lerngerechte Aufbereitung im Unterricht. Je nach Lernsituation und vorgesehenem Zeitrahmen können einzelne Teilkapitel oder auch nur wenige Abschnitte in der gewünschten Schwerpunktsetzung sinnvoll behandelt werden.

4.3 Differenzierung in heterogenen Lerngruppen: Kopiervorlagen und Differenzierungsmaterialien zum Textverstehen

Im Schulalltag werden Schülerinnen und Schüler in der Regel in Gruppen unterrichtet, in denen alle Leistungsstufen vertreten sind. Die in diesen Handreichungen angebotenen Kopiervorlagen und Differenzierungsmaterialien zum Textverstehen am Ende jedes Kapitels können die Lehrkraft dabei unterstützen, auf die vielen verschiedenen Begabungen und auch Lernschwierigkeiten zu reagieren sowie die Schülerinnen und Schüler in ihren Fähigkeiten zu fördern und zu fordern.
Gerade bei der Auseinandersetzung mit Texten brauchen Schülerinnen und Schüler in der Einzel- und Partnerarbeit zusätzliche Hilfen oder auch Herausforderungen. Speziell die Differenzierungsmaterialien am Ende von Kapitel 1, 5, 6 und 7 sind zu verstehen als ein Baustein im Rahmen einer kreativen, lebendigen Auseinandersetzung mit einem

Lesetext. Hierbei kann der Austausch in der Gesamtgruppe mit der Einzel- und Partnerarbeit abwechseln und umgekehrt.
Aufgaben mit unterschiedlichem Schwierigkeitsgrad sollen möglichst selbstverständlich an die Schülerinnen und Schüler herangetragen werden. Diese sind sich ihrer Unterschiedlichkeit oft bewusst und gehen meist sehr offen damit um, wenn dies auch von der Lehrkraft unterstützt wird. Grundvoraussetzung ist hierbei vor allem die Haltung der Lehrkraft: Heterogenität der Lerngruppe sollte als Chance begriffen werden, denn Leistungsschwache können von Leistungsstarken lernen und umgekehrt. Ob die Lernenden selbst wählen, welche Aufgabe mit welchem Schwierigkeitsgrad sie bearbeiten, oder ob die Lehrkraft diese Auswahl trifft, hängt also von den in der jeweiligen Lerngruppe etablierten Umgangsformen ab. Manchmal ist es auch sinnvoll, die Auswahl als Lehrkraft zu treffen, um den Lernweg der Schülerinnen und Schüler gezielter zu unterstützen.

4.4 Orientierungswissen

Eine wichtige Rolle für das selbstständige Lernen – und dies gilt gleichermaßen für leistungsstärkere wie leistungsschwächere Schülerinnen und Schüler – spielt das Orientierungswissen. Dort, wo in den Kapiteln das von den Jugendlichen erarbeitete Wissen gesichert werden muss, weil es die Grundlage für das weitere Vorgehen bildet, wird es zur Orientierung zusammenfassend dargestellt. Auf diese Weise festigt sich auch die eingeführte Terminologie, sodass den Schülerinnen und Schülern die notwendigen Begriffe für ihre Lernaktivitäten zur Verfügung stehen. Das Orientierungswissen bietet eine überschaubare Zusammenfassung von deklarativem, operativem und methodologischem Wissen. Daneben liefern Tipp- und Regel-Kästen sowie Arbeitstechniken Anregungen und Hilfen zur eigenständigen Problemlösung. In keinem Fall beeinträchtigen die Orientierungshilfen das Prinzip des entdeckenden Lernens.
Entlastende Funktion kommt dem Anhang zu: Dort wird das Orientierungswissen im Überblick dargestellt, sodass die Schülerinnen und Schüler es selbstständig nachschlagen können, wenn sie sich nicht im Kapitelzusammenhang bewegen. Gleichzeitig verschafft das Orientierungswissen den Lernenden einen Überblick über die in den Bildungsstandards festgelegten Kompetenzen. Es bietet somit einen wichtigen Hinweis für Leistungsanforderungen bei Lernerfolgskontrollen, Tests und Klassenarbeiten.
Vorschläge und Materialien für Lernerfolgskontrollen und Klassenarbeiten bieten die Handreichungen für den Unterricht am Ende jedes Kapitels an.

4.5 Freiarbeit

Freiarbeit ist den Schülerinnen und Schülern vielfach aus der Grundschule vertraut. In der Sekundarstufe I wird diese Lernorganisation, bei der die Schülerinnen und Schüler weitgehend selbst gesteuert arbeiten, meist phasenweise eingesetzt. Das „Deutschbuch" lässt sich in dreifacher Weise für solche Freiarbeitsphasen nutzen:

- Das **Schülerbuch** bietet an zahlreichen Stellen Möglichkeiten des Einsatzes von Freiarbeit im Rahmen des themengebundenen Unterrichtsvorhabens. Übungsbezogene Materialien, Hinweise für Projektschritte und vielfältige Impulse für Einzelarbeit finden sich schwerpunktmäßig oft im dritten Teilkapitel, z. B.: *„Helden bitte melden! – Appell zum Helfen"* (S. 26); *„Das perfekte Dinner? – Einen Forumsbeitrag schreiben"* (S. 44 ff.); *„Drei Projekte zu ‚Kleider machen Leute'"* (S. 115 f.); *„Projekt: Eine Klassenzeitung im Team gestalten"* (S. 169 f.); *„Fehler vermeiden – Rechtschreibübungen"* (S. 239 ff.).
- Die **Handreichungen für den Unterricht** liefern zahlreiche Zusatzmaterialien, die zur Akzentuierung einzelner Aspekte oder auch zur Förderung besonders interessierter, aber auch leistungsschwächerer Schülerinnen und Schüler genutzt werden können. Hier sei besonders auf die Kopiervorlagen und Differenzierungsmaterialien am Ende der Kapitel verwiesen, die darüber hinaus (mit Lösungen für die Hand der Schülerin/des Schülers) als Word- und PDF-Dateien auf der diesen Handreichungen beigefügten CD-ROM zugänglich sind.
- Das **Arbeitsheft** enthält ein besonders reichhaltiges Angebot an Freiarbeitsmaterialien. Da den Schülerinnen und Schülern zu sämtlichen Aufgaben die Lösungen in einem Beiheft vorliegen, ist hier die Chance des selbst gesteuerten Lernens im Sinne der Individualisierung und Differenzierung in besonderem Maße gegeben. Darüber hinaus bietet das Arbeitsheft einen abschließenden Test zur Lernstandserhebung der in der Jahrgangsstufe zu erreichenden basalen Kompetenzen in den Bereichen Textverstehen, Grammatik, Rechtschreibung und Schreiben von Texten.

5 Zusatzmaterialien rund um das „Deutschbuch“

Neben den vorliegenden **Handreichungen für den Unterricht** und dem **Arbeitsheft** (siehe unter 4.5) bietet der Verlag weiteres Übungsmaterial zum „Deutschbuch“ an:

- Das **„Arbeitsheft“** ist nun auch mit zusätzlicher Übungs-CD für die Bereiche „Schreiben“, „Rechtschreibung“, „Zeichensetzung“ und „Grammatik“ erhältlich.
- Das für einige Bundesländer angebotene **„Trainingsheft für Klassenarbeiten“** und andere Leistungsmessungen bietet passgenaues Übungsmaterial zu allen jeweils geforderten Aufgabentypen sowie Lernstands- bzw. Kompetenztests.
- Das Bändchen **„Orientierungswissen“** ermöglicht schnelles Nachschlagen zu allen Lernbereichen der Sekundarstufe I.
- Die diesen **„Handreichungen“** beigefügte CD-ROM stellt editierbare Word- und PDF-Dateien der Kopiervorlagen und Differenzierungsmaterialien am Ende jedes Kapitels sowie deren Lösungen bereit.
- Mithilfe des **„Digitalen Unterrichtsplaners“** lässt sich ein Stoffverteilungsplan für das ganze Schuljahr erstellen, der bei Bedarf flexibel veränderbar ist. Die Stoffverteilung bezieht das Schülerbuch und auch die Begleitmaterialien ein. Die CD-ROM enthält außerdem einen Arbeitsblattgenerator.
- Der Band **„Ideen für den Unterricht 7/8“** bietet Kopiervorlagen mit CD-ROM zu allen Arbeitsbereichen des „Deutschbuchs“ sowie weitere Klassenarbeitsvorschläge.
- Die Kopiervorlagenreihe **„Ideen zur Jugendliteratur“** bietet Arbeitsblätter zu aktuellen und schulerprobten Jugendromanen an.
- Das **„Deutschbuch Hörbuch 7/8“** enthält u. a. ausgewählte Erzählungen und Gedichte, Balladen und Kalendergeschichten, die das Textangebot des „Deutschbuchs“ themenorientiert ergänzen. Prominente Sprecherinnen und Sprecher, in einigen Fällen die Autoren selbst, tragen Texte vor, machen sie hör- und erlebbar. Indem das Hörbuch an die lange Kultur des Erzählens und Vorlesens anknüpft, weckt es die Fantasie der Schülerinnen und Schüler und fördert das Hörverstehen. Es bietet vielfältige Möglichkeiten zum Einsatz im Unterricht, kann einen besseren Zugang zu langen oder schwierigen Texten vermitteln, Grundlagen für die Diskussion des interpretierenden Vortrags geben und Möglichkeiten für produktionsorientiertes Arbeiten schaffen. Das Booklet zum Hörbuch gibt methodische Hinweise zum Textverstehen auf der Basis des gestaltenden Sprechens.
- Die auf die Lerninhalte des „Deutschbuchs“ abgestimmte Lernsoftware **„Deutschbuch 8 interaktiv“** ermöglicht die selbstständige Einübung und Festigung der Kenntnisse in Rechtschreibung, Grammatik und Zeichensetzung am Computer. Außerdem sind Übungen zur Textarbeit in eine Detektivhandlung (Bereich „Aktion“) integriert. Die umfangreichen Übungsinhalte der Lernsoftware sind differenziert in die Schwierigkeitsstufen „leicht“, „mittel“ und „schwer“. Abwechslungsreiche Methoden, gezielte Rückmeldungen und vielfältige Hilfestellungen fördern den Lernprozess. In der Handreichung zur Software sind die Lösungen sämtlicher Übungen aufgeführt. Die Übersicht am Ende dieser Handreichungen (S. 252 ff.) zeigt Verknüpfungen einzelner Kapitel aus dem „Deutschbuch 8“ (Neue Grundausgabe) mit Software-Übungen aus dem „Deutschbuch 8 interaktiv“.
- Im **Internet** sind schließlich weitere Übungsmaterialien und Vorschläge für Klassenarbeiten zu einzelnen Kapiteln des „Deutschbuchs“ unter www.cornelsen.de/deutschbuch-realschule und www.cornelsen.de/deutschbuch-gesamtschule zu finden.

Auf die zu dem jeweiligen Kapitel passenden Zusatzmaterialien wird in den vorliegenden Handreichungen auf der Konzeptionsseite jedes Kapitels verwiesen; die Vignette und ein kurzer Hinweis im fortlaufenden Text machen außerdem gezielt auf die korrespondierenden Beiträge aus dem Hörbuch aufmerksam.

Zur Aufgabennummerierung in diesen Handreichungen

1 Diese Form der Nummerierung verweist auf die entsprechenden Aufgabennummern im Schülerbuch. Auch die Aufgabenlösungen der Differenzierungs- und Zusatzmaterialien, der Lernerfolgskontrollen und Kopiervorlagen sind auf diese Weise kenntlich gemacht.

[1] Diese Nummern kennzeichnen die Aufgaben der Differenzierungs- und Zusatzmaterialien, der Lernerfolgskontrollen und Kopiervorlagen.

[1] Diese Form kennzeichnet solche Aufgaben, die zur Leistungsdifferenzierung verwendet werden können.

1 Helden heute? – Informieren, dokumentieren, appellieren

Konzeption des Gesamtkapitels

Das Thema „Helden“ – ein klassisches Themenfeld des Deutschunterrichts – kommt dem Bedürfnis der Schülerinnen und Schüler der achten Jahrgangsstufe auf der Suche nach Vorbildern und Lebensmustern für die Entwicklung der eigenen Persönlichkeit und den Entwurf eines Lebensweges entgegen. Angesichts der wachsenden Orientierungslosigkeit und der zunehmenden sozialen Vereinsamung vieler Jugendlicher, der Egozentrik des Einzelnen und der sozialen Kälte des gesellschaftlichen Umfeldes gewinnt die kritische Betrachtung von Helden und Vorbildern, die schulische Diskussion von Idealen und Werten eine besondere Bedeutung. Zudem bietet das Thema einen großen Spielraum für altersgerechte aktuelle und historische Bezüge, für die Arbeit mit unterschiedlichen Textsorten aus ganz verschiedenen Lebensbereichen und für eine auf die jeweilige Klassengemeinschaft abgestimmte inhaltliche Akzentuierung. Nicht zuletzt können zahlreiche Kriterien und Kompetenzen gegenwärtiger curricularer Vorgaben anhand dieses Themas angemessen berücksichtigt werden.
Das erste Teilkapitel **(„Helden und Vorbilder – Ein Portfolio erstellen“)** hat die fachlich richtige Erstellung eines Portfolios zum Ziel. Mit einer breit angelegten Recherche erwerben die Schülerinnen und Schüler weitere wichtige Kompetenzen wie „Informationen gezielt entnehmen“ und „Umfragen und Interviews konzipieren und durchführen“. Nach der Auswertung zweier kurzer Zeitungsmeldungen, eines Interviews und einer ausführlichen Reportage über einen Dokumentarfilm erstellen sie einen Bericht für ihr Portfolio.
Im zweiten Teilkapitel **(„Zivilcourage – Literarische Texte analysieren“)** wird das Leitthema am Beispiel von drei ausgewählten literarischen Texten verschiedener Epochen und Gattungen gespiegelt. Zwei literarische Figuren, die 15-jährige Hanna in dem Jugendbuch „Hanna und Elisabeth“ von Martin Selber und der Briefträger in Wolf Biermanns „Ballade vom Briefträger William L. Moore aus Baltimore“ verdeutlichen, dass Zivilcourage unter schwierigen politisch-gesellschaftlichen Bedingungen sehr viel Mut erfordert. Ein Romanauszug („Helden der City“ von Kristina Dunker) führt zur Erkenntnis, dass Zivilcourage auch in ganz alltäglichen Situationen, z. B. während der Fahrt mit der S-Bahn, gefordert sein kann.
Das dritte Teilkapitel **(„Helden bitte melden! – Appell zum Helfen“)** nimmt Bezug auf die Heldensuche im ersten Teilkapitel und stellt – im Rahmen einer produktionsorientierten Unterrichtseinheit – die Gestaltung des „Sozialen Tages“ in den Mittelpunkt der Arbeit. Die Schülerinnen und Schüler kombinieren ziel- und adressatengerecht Bild- und Textelemente unter Berücksichtigung der grafischen und farblichen Gestaltung.

Literaturhinweise

„Aktion Mensch“/ amnesty international (Hg.): Voll die Helden. 20 junge Autoren über Zivilcourage. Arena, Bonn 2005 (Zu diesem Buch ist eine Unterrichtsbearbeitung beim Arena Verlag erhältlich.)

Baacke, Dieter: Die 13- bis 18-Jährigen. Einführung in die Probleme des Jugendalters. Beltz, Basel 2000

Dambach, Karl E.: Zivilcourage lernen in der Schule. Ernst Reinhardt, München 2005

Häcker, Thomas: Mit der Portfoliomethode den Unterricht verändern. In: Pädagogik 3/2005

Köster, Magdalena: GegenPower. Zivilcourage, Mut & Engagement. dtv, München 2001

Kühne, Ulrich: Mutige Menschen. Frauen und Männer mit Zivilcourage. 3. Aufl. Elisabeth Sandmann, München 2007

Matz, Cornelia: Vorbilder in den Medien. Ihre Wirkungen und Folgen für Heranwachsende. Peter Lang, Frankfurt a. M. 2005

Seyfahrt, Kathrin: Mitmischen statt Rumhängen. Warum soziales Engagement Spaß macht und sich lohnt. Kösel, München 2001

	Inhalte	Kompetenzen
S. 9	**1.1 Helden und Vorbilder – Ein Portfolio erstellen**	Die Schülerinnen und Schüler können – reale von fiktiven Heldenfiguren unterscheiden – gezielt Informationen zusammentragen (Recherche)
S. 9	**„Ein/e Held/in ist …" – Definieren**	– gezielt Informationen aus Texten und anderen Medien entnehmen
S. 10	**Heldensuche – Recherchieren**	– detaillierte Hinweise zur Arbeitstechnik „Recherchieren" themenbezogen nutzen
S. 12	**Interview mit Held/in**	– fachgerecht Umfragen und Interviews planen und durchführen
S. 14	**Bericht über eine blinde Heldin**	– ein Portfolio ausarbeiten – systematisch Muster und Gestaltungsvorschläge berücksichtigen – sich themenbezogen und argumentativ mit dem Themenfeld „Held/Heldin heute" auseinandersetzen
S. 18	**1.2 Zivilcourage – Literarische Texte analysieren**	– literarische Texte mithilfe von Leitfragen analysieren und sie sprachlich-stilistisch untersuchen – sich mit einem literarischen Text durch dessen Umgestaltung auseinandersetzen
S. 18	*Martin Selber* Hanna und Elisabeth	– die Erzählperspektive bestimmen – das Verhalten der Hauptfiguren kritisch hinterfragen und bewerten
S. 22	*Wolf Biermann* Die Ballade vom Briefträger William L. Moore aus Baltimore	– sich in eine literarische Figur hineinversetzen – eine Ballade in Form und Sprache untersuchen – sich über den Texten zugrunde liegende historische Sachverhalte informieren
S. 24	*Kristina Dunker* Helden der City	– ausgehend von einer literarischen Vorlage einen themen- und adressatenbezogenen Kurzvortrag halten
S. 26	**1.3 Helden bitte melden! – Appell zum Helfen**	– ein themenbezogenes Plakat oder einen Flyer mit appellativem Charakter entwerfen – am PC Bild- und Textelemente inhaltlich sinnvoll und gestalterisch ansprechend kombinieren

1.1 Helden und Vorbilder – Ein Portfolio erstellen

S. 9

„Ein/e Held/in ist ..." – Definieren

1 *a/b) Die bewusst offengehaltene Frage nach Helden und Heldinnen soll den Schülerinnen und Schülern einen ersten Zugang zu dem Thema „Helden heute?" ermöglichen und an ihr Vorwissen anknüpfen. Die Aufgabe bietet sich auch als vorbereitende Hausaufgabe für einen thematischen Einstieg an und die Schülerinnen und Schüler können auf diese Weise Bilder und Informationen „ihrer" Favoriten mit in den Unterricht bringen.*
Je nach Vorwissen sind in dieser Jahrgangsstufe sehr unterschiedliche Antworten zu erwarten – von Frank Ribéry (Fußball) über Lewis Hamilton (Formel 1) zu Miley Cyrus (Pop-Musik) oder auch Albert Einstein. Schnell werden Favoriten aus Film, Musik und Sport benannt, selten aus Politik und Geschichte. Manche Personen sind den Lernenden aus anderen Unterrichtszusammenhängen (z. B. aus Religion, Geschichte oder von Projekttagen her) bekannt. Wichtig ist vor allem, die Besonderheiten, also das „Heldenhafte" der Personen, herauszustellen. In einem ersten Austausch über die Schülerbeispiele muss deutlich werden, dass es nicht um Stars und Idole aus der Popkultur geht. Hier könnte bereits eine Abgrenzung des Heldenbegriffs zu „Idol" und „Star" erfolgen.

2 *Die abgebildeten Personen/Figuren:*
- ***Tanja Mairhofer:** Siehe Aufgabe 3 a.*
- ***Superman:** der erste Superheld der Comicgeschichte; die Figur wurde, ähnlich wie die kurze Zeit später erfundene Figur Batman, schon in den 1930er Jahren in den USA geschaffen.*
- ***Martin Luther King** (1929–1968): US-amerikanischer Baptistenprediger und Bürgerrechtler, Führungsfigur im gewaltfreien Kampf für die Gleichberechtigung der Schwarzen in den USA, wurde 1968 erschossen.*
- ***Sophie Scholl** (1921–1943) war Mitglied der Widerstandsgruppe „Die Weiße Rose" und wurde zusammen mit ihrem Bruder Hans und anderen vom Volksgerichtshof zum Tode verurteilt und hingerichtet.*
- ***Marie Curie** (1867–1934): Die französische Physikerin polnischer Herkunft forschte auf dem Gebiet der Radioaktivität und wurde für ihre wissenschaftlichen Leistungen sowohl mit einem Nobelpreis für Physik (1903) als auch für Chemie (1911) ausgezeichnet.*
- ***Nana Yaa Nyantakyi** (geb. 1997): UNICEF-Juniorbotschafterin des Jahres 2008 (siehe Schülerband, S. 10)*

Zu den Personen/Figuren können in Gruppen nähere Informationen und unterschiedliche Bildquellen für ein Kurzreferat gesammelt werden. Die Gruppenergebnisse können als Poster im Klassenraum aufgehängt werden. Mit Blick auf die spätere Portfolioarbeit sollte man sich über die Informationsbeschaffung verständigen. Informationen über bekannte Persönlichkeiten können über Lexika oder das Internet eingeholt werden (z. B. unter www.weltchronik.de und www.deutsche-biographie.de/).
In der Auseinandersetzung mit den ausgewählten Beispielen kann nun der Heldenbegriff konkretisiert und auf Aufgabe 3 hingearbeitet werden, z. B.:
Superman ist für mich ein Held, weil er übermenschliche Fähigkeiten besitzt, sodass er ausweglose Situationen übersteht und stets dem Guten zum Sieg verhilft.
Hans und Sophie Scholl sind für mich Helden, weil sie sich gegen den Nationalsozialismus aufgelehnt haben und dafür mit ihrem Leben bezahlen mussten.
Marie Curie ist für mich eine Heldin, weil sie ...
Im Vergleich der Ergebnisse kann der Begriff „Held" zu den Begriffen „Star" und „Idol" abgegrenzt werden. Stars und Idole sind in der Regel abhängig vom Zeitgeschmack und von Modetrends, sie sind berühmt, aber nicht unbedingt selbstlos etc. Natürlich setzen sich auch Idole oft für gute Zwecke ein, aber das sind noch keine „Heldentaten".

3 *Das Hilfswerk Misereor hat 2008 zu seinem 50-jährigen Bestehen eine landesweite Plakataktion gestartet unter dem Motto: „Werden Sie ein Held!" Viele Prominente unterstützen die Kampagne. Auf der Internetseite www.misereor50.de veröffentlicht Misereor alle Gesichter mit den dazugehörigen Texten und dem Aufruf an die Leserinnen und Leser, per E-Mail einen Kommentar abzugeben. Unter www.misereor50.de/tanja-mairhofer.html kann das vollständige Interview mit Tanja Mairhofer nachgelesen werden.*
a) Mögliche Schülerantworten:
Für mich schon. Alle, die ihr Leben für andere riskieren. Alle, die ehrenamtlich arbeiten.
Alle, die sich für die Rechte von anderen einsetzen.

b) Mit dem Vergleich der Schülerbeiträge wird die Erarbeitung einer „Heldendefinition" (siehe Aufgabe 4) inhaltlich vorbereitet. Genannt werden könnten u. a. folgende Aspekte: Selbstlosigkeit, seine Mitmenschen achten, anderen helfen, Nachteile in Kauf nehmen, etwas riskieren.

4 *a) Zunächst sollen Definitionen aus Wörterbüchern und Lexika gesichtet und verglichen werden. Je nach Lerngruppe muss der Umgang mit Lexika und Suchmaschinen im Internet wiederholt und vertieft werden.*
Beispiellösung einer Helden-Definition:
Helden erscheinen als selbstlose, mutige Menschen, die sich ohne Rücksicht auf eventuelle persönliche Nachteile für eine Idee im Sinne der Menschlichkeit, des Fortschritts und der Bewahrung der Schöpfung einsetzen. Sie überwinden Bequemlichkeit, Angst oder Vorbehalte, um anderen Menschen, ihrem Land, der bedrohten Natur etc. durch konkretes Handeln zu helfen. Helden und Heldinnen handeln klug und überlegt. In der Gegenwart wird der Begriff allerdings ganz unterschiedlich gebraucht und vermischt sich, etwa im Bereich des Sports, mit dem des Idols.
In der Vergangenheit waren Helden oft Krieger und Soldaten. In Liedern und Sagen wurden ihre Heldentaten gerühmt, in Form von Denkmälern wurde ihrer gedacht.
Es bietet sich an, die Überlegungen und Ergebnisse auch aus den vorherigen Aufgaben in Gruppenarbeit zu sichern und mit in die Formulierungen einfließen zu lassen. Von ***leistungsschwächeren*** *Schülerinnen und Schülern kann die Lösung von Aufgabe 3 als Wortspeicher genutzt werden:*
Helden sind Menschen, die
- *etwas Außergewöhnliches leisten*
- *besondere Fähigkeiten haben*
- *ihr Leben riskieren*
- *uneigennützige Ziele verfolgen*
- *ein Beispiel geben*
- *sich vorbildlich verhalten*
- *etwas Besonderes geleistet haben*

b) Dieser Arbeitsschritt kann für eine erste produktive Lernerfolgskontrolle genutzt werden, da die Schülerinnen und Schüler sowohl auf Definitionen aus Lexika und Wörterbüchern als auch auf frühere Arbeitsergebnisse zurückgreifen müssen. Sie könnten dabei – gerade mit Blick auf das Portfolio – zusätzlich zu den eigenständig formulierten Begriffsdefinitionen anschauliche Beispiele in ihrem Artikel anführen.

5 *Zunächst muss mit den Schülerinnen und Schülern wiederholt und vertieft werden, was man unter einem Portfolio versteht. Hierbei wird an bereits im vorhergehenden Schuljahr erworbenes Wissen angeknüpft (siehe Deutschbuch 7, Kapitel 3: „Indien – Beschreiben und Erklären im Portfolio").*
Auf den folgenden Seiten des Schülerbandes werden die verschiedenen Arbeitstechniken zur Arbeit an einem Portfolio konkretisiert sowie unterschiedliche Aspekte und Beispiele zum Thema „vorbildliches, modernes Heldentum" vorgestellt. Die ausgewählten Beispiele sollen Anreize für die eigene Heldensuche bieten. So kann das Portfolio Pflicht- und Wahlaufgaben beinhalten, die zum Teil auch in Partner- oder Gruppenarbeit entstehen können.

Vorüberlegungen:
Die Portfolioarbeit soll so angelegt sein, dass die Schülerinnen und Schüler selbst inhaltliche Schwerpunkte setzen können. Vorab sollte ihnen klar vermittelt werden, dass die Portfolioarbeit längerfristig angelegt ist und über den Tag hinausgeht. Zu den eigenen und fremden Materialien kommen Bewertungen und Hinweise zum eigenen Arbeitsprozess hinzu. Die Klasse kann sich darauf verständigen, die Mappen nach einem festgelegten Zeitraum noch einmal zu sichten. Bis zu diesem Termin sind dann die Korrektur- und Ergänzungsvorschläge der Mitschüler/-innen und Eltern einzuarbeiten.

S. 10

Heldensuche – Recherchieren

1 *Wie die beiden Zeitungsmeldungen zeigen, werden nicht nur Prominente als „Helden" angesehen. Zwei Kinder werden vorgestellt, die sich auf sehr eigene Weise für ihre Mitmenschen eingesetzt haben. Übernahme von Verantwortung für andere und ein außergewöhnlicher persönlicher Einsatz kennzeichnen Nana und Ryan:*
- *Beide setzen sich für Not leidende Menschen ein (Nana für Tsunami-Opfer; Ryan für Brunnenprojekte in Afrika).*
- *Beide verfolgen eine rein humanitäre Zielsetzung.*
- *Sie streben nicht nach materiellem Gewinn.*

Somit handeln beide vorbildlich und stellen Beispiele für ein modernes Heldentum dar.

2 *Die Aufgabe bietet einen Anreiz zur Internetrecherche in arbeitsteiliger Gruppenarbeit. Unter www.ryanswell.ca können die Schülerinnen und Schüler die Homepage von Ryan abrufen. Mithilfe des Suchbegriffs „Ryan's Well Foundation" lassen sich Links zu aktuellen Chats und Foren finden. Die Homepage der Stiftung „Arbeit und Umwelt" bietet interessante Links zum Thema Entwicklungshilfe unter www.arbeit-umwelt.de. Die Eingabe von „Brunnen für Afrika" in die Internetsuchmaschine Google verdeutlicht die weltweite Resonanz auf das Engagement Ryans und macht klar, was ein Einzelner bei entsprechendem Einsatz letztendlich bewegen kann.*
Vielleicht wird bei den Schülerinnen und Schülern aber auch das Interesse an anderen Hilfsprojekten geweckt. In fächerübergreifender Zusammenarbeit (z. B. mit Religion und Geografie) können bestimmte Hilfsprojekte ausführlicher dargestellt werden. Die Präsentation (PowerPoint-Präsentation, Wandzeitung oder Kurzreferat) kann als zusätzliche Leistungsfeststellung und/oder zur Binnendifferenzierung genutzt werden.

3 *a) Das Überlegen eigener Fragen soll den Schülerinnen und Schülern helfen, eigene Schwerpunkte bei der weiteren Bearbeitung des Themas „Heldentum heute – Vorbilder für uns" zu setzen. Mögliche Fragen:*
Auf welchen Gebieten gibt es heute Helden / Heldinnen?
Welche Helden gibt es für uns im Sport? ... in der Politik? ... in der deutschen Geschichte?
Wer ist für unsere Eltern / unsere Lehrer ein Held?
Gibt es in unserer Stadt besondere Helden?
Über welche Helden berichtet unsere Tageszeitung?

b) Nicht nur das Internet dient als Informationsquelle, sondern auch Institutionen, Vereine, Initiativen, Experten, Eltern, Lehrer etc.

c) Bei der Portfolioarbeit bildet die Reflexion über die eigene Vorgehensweise und die erzielten Erfolge bei der Recherche eine fundamentale Rolle. Im Austausch über ihre Erfahrungen können sich die Schülerinnen und Schüler gegenseitig Tipps geben, um Fehler und besondere Schwierigkeiten auszuräumen.

4 *Eine Umfrage lässt sich in der Klasse oder auch Parallelklasse relativ schnell durchführen, für die gesamte Schule wäre ein größerer Aufwand erforderlich, der den Charakter eines Projekts hätte: Es müssten Fragebogen entworfen, Umfragen abgehalten und ausgewertet werden. Die sicher interessanten Ergebnisse können mit (auf dem PC erstellten) Diagrammen visualisiert und bei Projekttagen oder in der Schülerzeitung veröffentlicht werden. Beispielfragen zur Gestaltung eines Umfragebogens für die Parallelklassen:*

Liebe Schülerinnen und Schüler der Klassen 8 a und 8 b,

zurzeit bearbeiten wir im Deutschunterricht das Thema „Heldentum heute – Vorbilder für uns".
Dazu möchten wir euch gerne ein paar Fragen stellen:

1. Wer ist für dich ein Held / eine Heldin und welchem Bereich (z. B. Sport, Politik, Film) ist er / sie zuzuordnen? (Mehrfachnennungen sind möglich.)
2. Welche besonderen Eigenschaften kennzeichnen einen vorbildlichen Helden / eine vorbildliche Heldin? Kreuze die drei Aspekte an, die für dich am wichtigsten sind:

☐ Opferbereitschaft	☐ Ehrlichkeit	☐ Selbstlosigkeit
☐ Toleranz	☐ Stolz	☐ Offenheit
☐ Stärke	☐ soziales Engagement	☐ Mut
☐ Willensstärke	☐ Neugier	☐ Geduld

S. 12

Interview mit Held/in

1 *Nicht nur Einzelpersonen, auch Initiativen, Gruppen und Vereine zeichnen sich durch vorbildliches Engagement aus. Hinter dem Projekt „Soester Tafel" stehen viele unbekannte Helden / Heldinnen, die ehrenamtlich tagtäglich Nahrungsmittel und eine warme Mahlzeit für Bedürftige organisieren.*

2 *In Deutschland gibt es mehr als 780 Tafeln für Bedürftige. So bietet sich das Projekt „Tafel" an, vor Ort zu recherchieren, Einrichtungen zu besuchen und Verantwortliche zu interviewen.*

Die Zahl der Menschen, die regelmäßig mit Lebensmitteln unterstützt werden, ist in den vergangenen zwei Jahren [2006/07] um 40 Prozent auf rund 700 000 angestiegen. Etwa ein Viertel der „Kunden" sind Kinder und Jugendliche. In vielen Städten liegt ihr Anteil sogar weit darüber. Die erste Tafel in Deutschland wurde 1993 in Berlin gegründet. Die Tafel-Idee stammt ursprünglich aus den USA. Ehrenamtliche Helfer sammeln überschüssige Lebensmittel in Supermärkten, Restaurants und Bäckereien ein und verteilen sie an Not leidende Familien, Rentner, Arbeitslose und Sozialhilfeempfänger (Quelle: Evangelische Kirche in Deutschland – www.ekd.de). Unter www.Tafel.de (Bundesverband Deutsche Tafeln e. V.) finden die Schülerinnen und Schüler weitere Informationen zum Thema.

Die **selbstständige Recherche** ist ein zentraler Bestandteil der Portfolioarbeit. Die Schülerinnen und Schüler sollen dazu angehalten werden, sich vor Ort auf die Suche nach Informationen zu machen, d. h. bei der Tageszeitung nachzuforschen, aber auch bei Ämtern und Institutionen anzufragen. Dazu können in Rollenspielen Interviews per Telefon geübt werden. Auch das Formulieren von schriftlichen Anfragen (Brief / E-Mail) sollte in der Lerngruppe trainiert werden.
Je nach Leistungsstand der Lerngruppe muss aber auch die **Arbeitstechnik Materialrecherche** thematisiert werden. Folgende Aspekte sollten im Unterrichtsgespräch mit den Schülerinnen und Schülern herausgestellt werden (evtl. Infowand zur Arbeit am Portfolio im Klassenraum):
- Die Materialrecherche ist ein zentraler Arbeitsschritt bei der Erstellung von Referaten oder Portfolios.
- Hierzu müssen Hintergrundinformationen (Personen, Fakten, Daten, Ereignisse), die mit dem gewählten Thema zu tun haben, ausfindig gemacht und gezielt ausgewertet werden.
- Zur Informationsbeschaffung stehen z. B. folgende Möglichkeiten zur Verfügung: (Schul-)Bibliothek, Internet, Tages- und Wochenzeitschriften etc.
- Bei den verwendeten Materialien müssen die Fundorte und Quellen immer angegeben werden.

S. 14

Bericht über eine blinde Heldin

1 *Sabriye Tenberken, die als Kind ihr Augenlicht verloren hat, kann als „moderne Heldin" bezeichnet werden, weil sie sich in Tibet selbstlos für blinde Kinder einsetzt. Darüber hinaus hat sie eine tibetische Blindenschrift entwickelt und Einrichtungen für Blinde (z. B. ein Ausbildungszentrum) geschaffen.*

4 a) *Das Portfolio besteht aus dem Vorwort, der Einleitung und im Hauptteil aus der Vorstellung der Heldin, ihrer Bücher und eines Films (mit Inhaltsangabe und Kritik) über sie. Der umfangreiche Hauptteil enthält auch eine Beschreibung des Projekts, das die ausgewählte Heldin betreibt. Ein selbstkritischer Rückblick auf die eigene Arbeit schließt das Portfolio ab.*

1.2 Zivilcourage – Literarische Texte analysieren

S

S. 18

Martin Selber

Hanna und Elisabeth

Zu dieser Erzählung wird auf den Seiten 26 bis 29 **Material zur Leistungsdifferenzierung** angeboten (Lösungen siehe S. 236 ff. und CD-ROM).

1 *Beispiellösungen:*
Die Erzählung „Hanna und Elisabeth" handelt von *der 15-jährigen Hanna, die während der Zeit des Nationalsozialismus zusammen mit ihrer Mutter einer verfolgten jüdischen Familie hilft. Damit bringt sie sich und alle Beteiligten in große Gefahr.*

Die Geschichte spielt *im Zweiten Weltkrieg in Berlin.* ***Im Mittelpunkt*** *der Erzählung stehen Hanna, ihre Mutter sowie die jüdische Familie Löwy. Eines Abends stehen Herr und Frau Löwy zusammen mit ihrer Tochter Elisabeth vor der Tür von Familie Karwig und hoffen in ihrer großen Verzweiflung auf deren Hilfe. Vorangegangen war, dass Hanna dem ihr bis dahin unbekannten jüdischen Mädchen Elisabeth auf dem Bahnhof einen Zettel mit ihrer Adresse zugesteckt hatte. Hanna ist zunächst erstaunt, aber auch sehr verängstigt, denn ihre Mutter weiß nichts von ihrem Hilfsangebot.*

setzen und vieles andere mehr. Doch allmählich entwickelte sich Widerstand gegen dieses Unrechtssystem, das die Schwarzen zum Teil rechtlos machte. 1954 entschied der Oberste Gerichtshof der USA gegen die Rassentrennung und für das Gleichheitsprinzip, was von den Südstaaten aber nicht anerkannt wurde. Dies führte zu heftigen politischen Unruhen. 1957 entschied der Senat über das Gesetz zum Schutz des Wahlrechts für Schwarze, aber es sollte noch lange dauern, bis die Rassentrennung gesetzlich abgeschafft und auch in den Südstaaten umgesetzt wurde. Das Jahr 1963 bildet einen Höhepunkt der Protestaktionen: Der schwarze Pastor Martin Luther King hält bei einer Massendemonstration von 200 000 Schwarzen und Weißen in Washington seine berühmte Rede, die mit den Worten „I have a dream" beginnt.
Hinweis: *Damit das Thema bei der Recherche nicht zu umfangreich wird, kann man es auf die Person Martin Luther King beschränken, z. B.:*
Informiert euch über das Leben von Martin Luther King. In welchem Zusammenhang steht es zu dieser Ballade?

3 *William L. Moore war ein Held, weil er sich unbeirrt und mutig gegen die Rassentrennung einsetzte. Er bezahlte dieses Engagement sogar mit seinem Leben.*

4 *Das Gedicht ist in acht Strophen gegliedert; jede Strophe steht für einen Wochentag plus „der letzte Tag": Die Sonntage zu Beginn und am Ende des Gedichts bilden die Rahmenstrophen. Die einzelnen Strophen schildern den Weg des Briefträgers in den US-amerikanischen Süden und was ihm auf dieser Demonstrationsreise widerfährt.*
Beispiellösung:
Sonntag *Der Briefträger William L. Moore ruht sich in seinem Haus in Baltimore aus.*
Montag *Er teilt seiner Frau den Entschluss mit, dass er nicht mehr als Briefträger arbeiten will, und bricht mit einem selbst gebastelten Schild zu einem Protestmarsch in den Süden auf.*
Dienstag *Während der Bahnfahrt wird William L. Moore auf das mitgenommene Schild angesprochen, man wünscht ihm gutes Gelingen.*
Mittwoch *Inzwischen ist er in Alabama angekommen und wandert weiter nach Birmingham.*
Donnerstag *Der Sheriff zeigt sein Misstrauen gegenüber Moores Aktion und warnt ihn, er werde einen hohen Preis für seine Forderung bezahlen müssen.*
Freitag *Nur ein Hund schließt sich Moores Protestmarsch an. Von den Menschen im Süden werden die beiden abends mit Steinen beworfen.*
Samstag *Insgeheim erfährt Moore aber auch von Weißen Zustimmung und Sympathie für seine Aktion.*
Sonntag *William L. Moore liegt erschossen im Gras. Der Schlussvers betont, dass er mit seinem Protest, für den er mit dem Leben bezahlt hat, nicht allein bleiben wird.*
Untersuchungsaspekte zur sprachlichen Gestaltung:
- *Stil: nüchtern-beschreibende Sprechhaltung des lyrischen Berichterstatters*
- *Reimform: kein festes Reimschema (z. B. Vers 11 ff.), zuweilen Kreuzreim (abab, Vers 6 ff.) oder unterbrochener Kreuzreim (xaxa, z. B. Vers 24 ff.; axax, z. B. Vers 38 ff.)*
- *Jede Strophe endet mit dem Refrain, wodurch ein regelmäßiger Lied-Rhythmus entsteht.*

Besonderheiten der letzten Strophe:
- *Veränderung des fortlaufenden (Wochentage) Strophentitels in der letzten Strophe: „Last Day"*
- *Farbsymbolik: Kontrast zwischen schönem blauem Sonntag, grünem Gras, blutroten Nelken (= Einschusslöcher) und blasser Stirn des Toten*
- *Funktion des Tempuswechsels im letzten Vers: optimistisch-engagierter Appell, dass das politische Engagement des Briefträgers nicht umsonst war, sondern von anderen weitergeführt wird. Damit ist die Hauptaussage der Ballade genannt.*

Vorschlag für eine **Zusatzaufgabe:**

1 *a) Stellt Vermutungen an, warum sich der Briefträger auf die Reise gemacht hat.*
b) Übersetzt die Plakataufschrift. Welche Wirkung hat es, dass Wolf Biermann die englischen Formulierungen verwendet?
c) Zeigt am Text, wie der Sheriff und die Frau auf die Aktion des Briefträgers reagieren. Erläutert das Verhalten der beiden Personen.
d) Wer war William L. Moore? Recherchiert nach weiteren Hintergrundinformationen und fasst eure Ergebnisse in einem Bericht zusammen.

5 *Beispiellösung für die Umformung in einen Zeitungsbericht:*

Mann auf offener Straße erschossen
Alabama (USA). Gestern wurde der 63 Jahre alte William L. Moore auf offener Straße von Unbekannten erschossen. Die Polizei vermutet einen rassistischen Hintergrund.
Moore, von Beruf Briefträger in Baltimore, wanderte seit einer Woche durch die Südstaaten der USA, um gegen die Rassentrennung zu protestieren. Mit einem Schild, das die Aufschrift „BLACK AND WHITE UNITE! UNITE!" trug, marschierte der 63-Jährige von Stadt zu Stadt. Zwar fand der Mann Unterstützung in der Bevölkerung, doch er stieß auch auf Misstrauen und Widerstand. Unbestätigten Meldungen zufolge wurde William L. Moore während seines Protestmarsches mehrmals mit dem Tode bedroht.
Am vergangenen Sonntag wurde er mit drei Schüssen in der Stirn auf einem freiem Feld in der Nähe von Attalla aufgefunden. William L. Moore hinterlässt eine Frau und drei Kinder.

6 *a) Erläuterung zum Wort „Neger" (Z. 2) aus dem Duden: Viele Menschen empfinden die Bezeichnungen „Neger, Negerin" heute als diskriminierend. Alternative Bezeichnungen sind „Schwarzafrikaner/-in", „Afrodeutsche/-r", in bestimmten Kontexten auch „Schwarze/-r". Vermieden werden sollten auch Zusammensetzungen mit „Neger" wie „Negerkuss", stattdessen verwendet man besser „Schokokuss" (nach: Duden, Die deutsche Rechtschreibung, 24., völlig neu bearbeitete und erweiterte Ausgabe, Mannheim 2006, S. 723). Ausführliche Informationen zur historischen Entwicklung des Begriffs finden sich unter http://de.wikipedia.org./wiki/Neger.*

b) Erläuterung zum Wort „Nigger" (Z. 34) aus dem Duden: (amerik.) diskriminierend für „Schwarze".
Siehe auch: http://de.wikipedia.org./wiki/Nigger.

S. 24

Kristina Dunker

Helden der City

1 *a) Vivi und ihre Clique werden in dieser Szene Zeugen, wie ein Mädchen von drei „Typen" in der S-Bahn belästigt wird.*

b) Pöbeleien, dumme Sprüche, „Anmache", bedrängt werden – in öffentlichen Verkehrsmitteln kommt es zu diesen und ähnlichen Vorfällen, die aber nicht als „normale" Alltagssituation in unserer Gesellschaft dargestellt werden können. Gerade sexuelle Übergriffe müssen auch vonseiten der Schule thematisiert werden.

2 *a/b) Beispiellösung:*
Alle Beteiligten sind Zeugen einer äußerst kritischen Situation; alle nehmen wahr, dass das Mädchen massiv bedrängt wird, reagieren jedoch sehr unterschiedlich auf diese Szene.
***Vivi** findet es unangenehm, abends allein auf dem Bahnsteig zu stehen (Z. 8ff.) – ist erleichtert, als die Freunde kommen (Z. 7) – ist sensibilisiert für diese Situation, kennt dies aus eigener Erfahrung, solche „Typen" gehen ihr „auch immer auf die Nerven" (Z. 34ff.) – beobachtet genau (Z. 33ff., 47ff.) – spürt Gefahr (Z. 52).*
***Mone** freut sich auf die Disco (Z. 21f.) – ist verunsichert und erleichtert, jetzt nicht allein zu sein (Z. 44ff.) – beobachtet, dass das Mädchen „betatscht" wird (Z. 68).*
***Metan** nimmt die drei Typen sofort beim Einsteigen wahr (Z. 28ff.) – bemerkt sofort den übermäßigen Alkoholkonsum der drei Typen (Z. 55ff.) – traut sich nicht, laut zu sprechen (Z. 54f.).*
***Olli:** unauffällig, schweigt die ganze Zeit (Z. 53).*
***Hendrick** zeigt zunächst kein besonderes Interesse an der Situation (Z. 53f.) – ermahnt die anderen, nicht so neugierig zu sein, sie sollen nicht so „glotzen" (Z. 64f.) – will keine Auseinandersetzung mit den Männern, hat Angst vor einer Konfrontation und will sich raushalten (Z. 66ff.).*
In der ersten Beurteilung sollte es nicht um „richtiges" oder „falsches" Verhalten gehen. Wichtig ist, dass die Schülerinnen und Schüler erkennen, dass die Jugendlichen unterschiedlich sensibel darauf reagieren.

3 *a/b) In Gruppenarbeit können Vorschläge gesammelt und auf einer Wandzeitung festgehalten werden.*
Mögliche Schülervorschläge:
- *dem Schaffner/Personal Bescheid geben*
- *über Handy die Polizei anrufen*
- *sich raushalten*
- *zu den Typen gehen und ihnen „ordentlich die Meinung sagen"*

- *zusammen versuchen, die drei an der nächsten Haltestelle hinauszuwerfen*
- *sich ruhig und unauffällig verhalten*
- *die Männer auffordern, das Mädchen in Ruhe zu lassen*
- *sich zu dem Mädchen setzen*
- *an der nächsten Haltestelle lieber aussteigen*

Im Plenum sollten die verschiedenen Möglichkeiten erläutert und diskutiert werden. Lerngruppen, die bereits an einem Antigewalttraining teilgenommen haben, werden viel sensibler und umsichtiger reagieren als Jugendliche ohne dieses Vorwissen. In Rollenspielen können verschiedene Varianten vorgestellt und bewertet werden. Zentrales Anliegen ist, dass die Jugendlichen zum „Hinsehen" und Handeln ermutigt werden müssen. Es muss kritisch beleuchtet und unterschieden werden, was ein Einzelner/eine Einzelne oder eine Gruppe ausrichten kann. Dabei ist genau abzuwägen, was leichtsinnig und gefährlich ist. Realistische, effektive und ungefährliche Vorschläge müssen stark gemacht werden.

4 *a) Metan und Vivi wollen auf jeden Fall etwas tun und dem Mädchen helfen. „Wir können doch hier nicht sitzen und zugucken!" (Z. 101 f.). Ihr Argument ist, dass sie (die Clique) in der Überzahl sind. Außerdem droht Vivi den Männern, zur Polizei zu gehen und sie dort namentlich zu melden.*

5 *Bei Zivilcourage geht es um mündige Bürger, die ihre Rechte kennen und die eigene Überzeugung stets mutig und selbstbewusst vertreten. Sie setzen sich für Schutzbedürftige (Gruppen oder Einzelpersonen) ein, für das Gemeinwohl, gegen Unrecht, Armut und Gewalt. Immer spielt die Würde des Menschen eine entscheidende Rolle. Zusammengesetzt wird der Begriff aus „zivil" (lat. „civis": bürgerlich, anständig, annehmbar) und „courage" (franz.: Mut) (Zit. nach: www.mut-gegen-gewalt.de/definition.htm).*
Vivi und Metan setzen sich für das Mädchen ein, sie vertreten die Rechte des Mädchens mutig und selbstbewusst, indem sie die drei Männer direkt ansprechen und sie auffordern, von dem Mädchen abzulassen. Vivi überwindet ihre eigene Angst (Z. 90, 106 ff.) und stellt sich an die Seite von Metan.

6 *a) Der Roman ist aus der Ich-Perspektive geschrieben. Die Erzählerin Vivi erscheint gleichzeitig als erlebende und erzählende Person. Erzählt wird von der Ich-Erzählerin unmittelbar aus der dargestellten Situation heraus, z.B.: „Endlich kommen die anderen ..." (Z. 1), „Sie begrüßen mich und augenblicklich wird mir ..." (Z. 6 f.).*
Erzählzeit ist das Präsens, so sind die Leser/-innen unmittelbar „dabei" und erleben die Szene in der Bahn direkt mit. Damit sind sie nah am Geschehen und erfahren Vivis Gedanken und Gefühle.

b) „... mein Mund sagt ..." (Z. 112): Mit dieser Personifikation wird deutlich, dass Vivi so große Angst hat, dass sie eigentlich gar nicht sprechen kann. Sie ist über sich selbst erstaunt, dass sie so mutig ist.

7 *Die Schülerinnen und Schüler können nun die Geschichte fortsetzen und mögliche Szenarien ausmalen:*
- *Die Männer reagieren aggressiv, es kommt zu Handgreiflichkeiten ...*
- *Andere Fahrgäste fühlen sich durch Metan und Vivi ermutigt, auch einzugreifen.*
- *Es gibt verbale Auseinandersetzungen, die Clique kann mit dem Mädchen fliehen.*
- *Die Männer lassen sich von der Drohung abschrecken und verlassen die S-Bahn.*

Die Eigenproduktionen können mit dem weiteren Verlauf der Geschichte (im Schülerband, S. 302) verglichen werden.

Zusatzaufgabe:

1 *In diesem Teilkapitel habt ihr verschiedene literarische Beispiele für vorbildliches Handeln kennen gelernt: Hanna und ihre Mutter, den Briefträger William L. Moore sowie Vivi und Metan.*
Überlegt nun gemeinsam, wie ihr eure Arbeitsergebnisse – auch im Hinblick auf eine Klassenarbeit – sichern wollt. Dabei könnt ihr arbeitsteilig vorgehen:
- *Erarbeitet einen Fragenkatalog zur Textsicherung. Überprüft damit eure Textkenntnisse.*
- *Stellt die Ergebnisse zur Erzählweise und zu den sprachlichen Mitteln zusammen.*
- *Vergleicht die Figuren miteinander. Welche Gemeinsamkeiten stellt ihr fest? Wo gibt es Unterschiede (in ihrem Verhalten)?*
- *Haltet eure Ergebnisse auf Plakaten fest, klärt im Plenum offene Fragestellungen und Unklarheiten.*

1.3 Helden bitte melden! – Appell zum Helfen

S. 26

Aktion „Sozialer Tag“

1 *Die Idee, dass Schülerinnen und Schüler einen Tag arbeiten gehen und den Verdienst dieses Tages für einen guten Zweck spenden, kommt aus Skandinavien. Schwedische Jugendliche riefen die Aktion Mitte der 1960er Jahre unter dem Namen „Give a Day for Dag“ (auch „Operation Dagsvaerk“ genannt) ins Leben: im Gedenken an den Sekretär der Vereinten Nationen General Dag Hammerskjöld, der 1962 bei einem Flugzeugabsturz ums Leben kam. „Schüler Helfen Leben“ brachte die Idee 1998 als erste Organisation nach Deutschland.*

2 *Die Fragen in der Aufgabenstellung dienen als Checkliste für das Erstellen der Plakate. Zum Einstieg bietet es sich an, vorgegebene Plakate zu analysieren. Unter www.sozialertag.de finden sich Beispiele von gelungenen Plakaten. Bei der Analyse können u. a. folgende Punkte berücksichtigt werden: inhaltliche Gestaltung der Plakate; Aufbau/Platzierung von Bild und Text; Aussagekraft des Plakats; ist das Plakat gut geeignet, um für den „Sozialen Tag“ zu werben? Begründung der Entscheidung.*

3 *Die Aufgabe bietet sich für Gruppenarbeit an und ist mit dem Fach Kunst fächerübergreifend zu bearbeiten. Eine wichtige Ergänzung einer Plakataktion ist **der Flyer**. Folgende Punkte sollen die Schülerinnen und Schüler bei der Gestaltung eines Flyers berücksichtigen:*

- *Der Flyer hat die **Aufgabe**, den Appell, den das Plakat verbreitet, zu unterstützen, indem er den Adressaten **wichtige Informationen** an die Hand gibt (Termine, Spendenkonto, Unterschriftenlisten etc.); das kleine Format ist auch günstig für Briefkastenaktionen, für das öffentliche Verteilen etc.*
- *Für die **Gestaltung** der Titelseite des Flyers gilt daher dasselbe wie für das Plakat: Sie soll die Aufmerksamkeit des zufälligen Betrachters erregen. Auf den Folgeseiten können dann aber größere Textteile erscheinen.*
- *Für kleine, kostengünstige Flyer reicht es aus, wenn DIN-A4-Blätter im Querformat dreispaltig bedruckt werden.*

Vorschläge für Übungen und Klassenarbeiten

Vorschlag 1: Einen literarischen Text auf Wirkung und Intention untersuchen – Das Textverständnis sichern

Siehe die **Kopiervorlage** „Kristina Dunker: Helden der City“, S. 24 f. (Lösungen S. 236 f. und CD-ROM).

Vorschlag 2: Eine Begriffsdefinition abfassen und mit Beispielen belegen

1 *Erläutere: 1. Was ist ein Star? – 2. Was ist ein Vorbild?*
Beziehe dich bei deinen Ausführungen auf die Ergebnisse aus dem Unterricht und nenne entsprechende Beispiele.

Vorschlag 3: Sich mit einem literarischen Text produktiv-gestaltend auseinandersetzen

1 *Die Lokalzeitung stellt jede Woche Menschen aus der Region vor, die während der Zeit des Nationalsozialismus Juden geholfen haben. Zu diesen besonderen Menschen zählt Hanna Karwig.*
Verfasse für die hiesige Tagespresse einen Würdigungstext über sie.
(Orientiere dich an der Erzählung im Deutschbuch. Du kannst auch weitere Aspekte frei hinzufügen.)

Weiteres Übungsmaterial

Übungen im **„Deutschbuch Arbeitsheft 8“:**
- Kurzreferat oder Kurzvortrag, S. 3
- Sprechen und Schreiben: Berichten – sachlich informieren, S. 7; TESTE DICH! Berichten, S. 11

Unter www.cornelsen.de/deutschbuch-realschule und www.cornelsen.de/deutschbuch-gesamtschule finden Sie weitere Übungsmaterialien.

Kristina Dunker

Helden der City (1)

1 *Zeichne eine Skizze zu dem Vorfall in der S-Bahn, den Vivi, Metan und die anderen „Helden der City" erlebt haben.*
a) Schreibe zu den beteiligten Personen Sprech- oder Gedankenblasen.
b) Beziehe dich dabei auf konkrete Textstellen.

2 *Untersuche das Verhalten des Mädchens. Kreuze an, welche Aussagen zutreffen.*

	Richtig	**Falsch**
Das Mädchen ruft laut um Hilfe.	✘	
Das Mädchen signalisiert, dass sich die anderen nicht einmischen sollen.		
Das Mädchen kann sich körperlich nicht gegen die drei Männer wehren.		
Das Mädchen hat Angst.		
Das Mädchen macht den Eindruck, Konflikte alleine lösen zu können.		
Das Mädchen äußert klar, dass es sich von den Männern massiv belästigt fühlt.		
Das Mädchen kommt Vivi und Metan bekannt vor.		

KOPIERVORLAGE

Kristina Dunker

Helden der City (2)

3 *a) Wie schätzt du die Situation für das Mädchen ein? Bewerte seine Lage auf einer Skala von 0 bis 4:*

Die Situation ist für das Mädchen ...	**0**	**1**	**2**	**3**	**4**
peinlich					
brenzlig					
unangenehm					
gruselig					
angsterregend					
bedrohlich					
ungefährlich					

b) Vergleiche deine Ergebnisse mit denen deines Lernpartners/der Lernpartnerin. Begründe deine Einschätzung mit Textbelegen.

c) Zeige am Text auf, wie die Freunde die Situation einschätzen.

4 *a) „Wir können doch hier nicht sitzen und zugucken!" (Z. 101 f.) Welche Gründe nicht einzugreifen werden von den Jugendlichen genannt?*

b) Inwieweit kannst du diese Gründe nachvollziehen? Teilst du diese Ansichten?

5 *Hendrik kennt die drei Männer (Z. 89). Metan sieht darin einen Vorteil, Hendrik jedoch nicht. Zeige die Gründe für die verschiedenen Standpunkte am Text auf und beurteile sie.*

6 *Versetze dich in die Situation des Mädchens, das von den drei Männern belästigt wurde, und schreibe einen ausführlichen Tagebucheintrag in dein Heft.*

Martin Selber

Hanna und Elisabeth (Schülerbuch, S. 18 f.)

Allgemeine Hinweise zum Einsatz der Differenzierungsmaterialien zum Textverstehen siehe Vorwort, S. 9 ff.

Vorschlag zum Unterrichtsverlauf (2–3 Unterrichtsstunden)

1. Einstieg (Gesamtgruppe)
Zur Aktivierung des Vorwissens und zum Einstieg in das Kapitelthema können sich die Schülerinnen und Schüler darüber austauschen, was sie unter Zivilcourage verstehen. Im Anschluss daran informiert die Lehrkraft, dass sie ihnen nun einen Ausschnitt aus einem Roman vorlesen wird, in dem es ebenfalls um Zivilcourage geht (Schülerbuch, S. 18, Einleitung und Z. 1–67).

2. Erste Auseinandersetzung mit dem Textausschnitt (Gesamtgruppe)
Bevor näher auf den Text eingegangen wird, dient dieser als direkter Schreibimpuls nach der Lektüre: „Schreibe auf, was dir beim Zuhören durch den Kopf gegangen ist" (Zeitvorgabe maximal 3 bis 5 Minuten). Entscheidend ist nicht, dass die Schülerinnen und Schüler lange oder besonders ausgefeilte Texte erstellen. Vielmehr sollen sie ihren ersten persönlichen Zugang zum Text formulieren – das kann sehr kurz ausfallen. Möglich ist auch, dass die Schülerinnen und Schüler Fragen an den Text stellen oder Vermutungen äußern. Die Ergebnisse der Schreibaufgabe werden reihum unkommentiert vorgelesen und können für einen ersten Austausch über den Text genutzt werden. Zur Vorbereitung auf die Arbeit mit dem Differenzierungsmaterial lesen die Schülerinnen und Schüler anschließend in Stillarbeit den gesamten Text im Schulbuch auf den Seiten 18 und 19.

3. Einsatz des Differenzierungsmaterials

Textverständnis und Textanalyse (Einzelarbeit)
Die Schülerinnen und Schüler bekommen zum Textverstehen und zur Textanalyse zwei verschiedene Angebote, die sie in Einzelarbeit bearbeiten können.
- Differenzierungsmaterial 1 (S. 27) ist für *leistungsstarke* Schülerinnen und Schüler gedacht,
- Differenzierungsmaterial 2 (S. 28 f.) für *leistungsschwache.*

Vorstellen der Ergebnisse (Gesamtgruppe oder Gruppenarbeit)
Die Ergebnisse der Textanalyse werden in der Klasse verglichen (S. 28, Aufgabe 1, Differenzierungsmaterialien für *Leistungsschwache* und S. 27, Aufgabe 1, Differenzierungsmaterialien für *Leistungsstarke*). Hierbei können die Schülerinnen und Schüler den Konflikt, in dem Hanna steckt, herausarbeiten. Die Beurteilung von Hannas Verhalten (S. 29, Aufgabe 2, Differenzierungsmaterialien für *Leistungsschwache* und S. 27, Aufgabe 2, Differenzierungsmaterialien für *Leistungsstarke*) bildet dann die Grundlage für eine abschließende Diskussion über den Text. Mithilfe der erarbeiteten Argumente können die Schülerinnen und Schüler ihre Meinung über Hanna äußern. Alternativ kann dies auch in einer Gruppenarbeit realisiert werden: Die Schülerinnen und Schüler bilden Kleingruppen und erhalten pro Gruppe eine Aussage über Hanna, die sie diskutieren sollen (z. B. „Hanna hat sich heldenhaft verhalten" / „Hanna hat Familie Löwy Hoffnungen gemacht, die sie nun nicht erfüllen kann"). Die Ergebnisse der Gruppendiskussionen werden in der Klasse vorgestellt.

Lösungen siehe S. 236 ff. und CD-ROM.

Martin Selber

Hanna und Elisabeth

Sichtbare Handlung:	Das geht dabei in Hanna vor:
– Familie Löwy klingelt, Hanna öffnet die Tür; Hanna erkennt Lea.	„Lea, dachte Hanna. Sie brachte vor Schreck kein Wort heraus." (Z. 10 f.)

1 *Als Familie Löwy an der Tür klingelt und während Hanna sie in ihr Elternhaus begleitet, geht vieles in ihr vor.*
a) Lies noch einmal den Text von Zeile 1 bis 67.
b) Notiere die (sichtbare) Handlung stichwortartig in der linken Tabellenspalte.
c) Was geht dabei in Hanna vor? Schreibe passende Textstellen mit Zeilenangabe in die rechte Tabellenspalte.

2 *Zeigt Hanna Zivilcourage oder ist sie einfach nur leichtsinnig? Schreibe deine Meinung begründet auf.*

Martin Selber

Hanna und Elisabeth (1)

Sichtbare Handlung:	Das geht dabei in Hanna vor:
Hanna schloss die Haustür auf, zog den Schlüsselbund ab und ging auf dem Gartenweg nach vorn. Erst als sie dicht beim Tor war, erkannte sie, dass draußen drei Personen standen. „Ja, bitte?", fragte sie verwundert. „Guten Abend", sagte zögernd ein Mann und nahm den Hut ab. „Mein Name ist Löwy. Sind Sie das Fräulein, das unserer Tochter den Zettel mit dieser Adresse gegeben hat?" **Lea, dachte Hanna. Sie brachte vor Schreck kein Wort heraus.** (1) „Wir nahmen an, dies war ein Fingerzeig", fuhr der Mann fort. „Oder war es das etwa nicht?" „Das schon", sagte Hanna. Ihre Stimme klang auf einmal kratzig. Mit fliegenden Fingern schloss sie das Tor auf. „Bitte, kommen Sie doch herein." **Ein Mann, eine Frau, ein junges Mädchen, registrierte sie, alle mit Koffern und Taschen.** (2) „Wir – wir wollen unsere Tochter bringen", sagte der Mann stockend. „Heute Nachmittag kam Bescheid, wir müssen uns morgen früh stellen." „Deportation!" Das erste Wort dieser fremden Frau, ihre Stimme bebte vor Angst. Hanna schloss ab. Lea berührte ihren Arm. „Dies ist doch ein ehrliches Spiel?", hörte sie sie fragen. „Oder – eine Falle?" „Aber nein", sagte Hanna. „So etwas kann man doch nicht machen." „Mit uns kann man alles machen", entgegnete die Frau. „Ich bin Hanna Karwig. Bitte entschuldigen Sie – ich bin nur so verwirrt, weil meine Mutter von gar nichts weiß." „Ach so", der Mann setzte den Hut wieder auf. „Verstehe, wir sind ungelegen. Nun – so fahren wir wieder in die Stadt." „Nein", sagte Hanna entschlossen. „Jetzt kommen Sie erst einmal mit herein. Nur, dass Sie sich drin nicht wundern. Ich muss es ihr behutsam beibringen. Lassen Sie mich vorangehen." **Ganz langsam tappte sie auf das Haus zu, wünschte, der Weg würde sich endlos dehnen, Worte würden ihr zufließen, ein Wunder geschehen. Es war, als lauerte etwas Drohendes über ihr, stürzte sich herab, riss sie mit sich fort, drehte sie um und um wie in einem Strudel, dem man nicht entkommt, so wild man sich auch dagegen wehrt.** (3) *(aus: Hanna und Elisabeth. Der Kinderbuchverlag, Berlin 1981)*	*(1) Hanna hat Angst, weil ...*

1 *In diesem Textausschnitt sind die Stellen fett gedruckt, in denen Hannas Gedanken und Gefühle deutlich werden.*
a) Lies zunächst den Textausschnitt.
b) Gib in der rechten Tabellenspalte wieder, was in Hanna vorgeht.

DIFFERENZIERUNGSMATERIAL 2/1

Martin Selber

Hanna und Elisabeth (2)

2 *a) Lies die Aussagen zu Hannas Verhalten:*

„Hanna verhält sich total unvorsichtig und gefährdet ihre Familie!"

„Hanna verhält sich richtig. Menschen in Not sollte man immer helfen."

„Hanna steckt Lea ihre Adresse zu, ohne sich wirklich über die Konsequenzen klar zu sein."

„Hanna ist eine echte Heldin. Sie ist mutig und lässt sich nicht einschüchtern!"

b) Wähle eine Aussage, der du zustimmen oder die du ablehnen möchtest. Begründe deine Meinung.

2 Ich esse, was mir schmeckt! – Einen Standpunkt vertreten

Konzeption des Gesamtkapitels

Anhand des thematischen Leitfadens „gesundes Essen versus Fastfood“ befasst sich das Kapitel mit verschiedenen Formen der mündlichen und schriftlichen Stellungnahme. Ausgehend von der Darstellung persönlicher Essgewohnheiten werden die Vor- und Nachteile von Fastfood untersucht und gegenübergestellt. Die Diskussion endet mit einer kritischen Auseinandersetzung zu Fernsehkochshows am Beispiel der Sendung „Das perfekte Dinner“.
Das erste Teilkapitel **(„Über Geschmack lässt sich nicht streiten? – Meinungen begründen“)** legt den Schwerpunkt auf mündliche Diskussionsformen (Kreisgespräch, Verabredungen treffen, gelenkte Diskussion, Kugellager, moderierte Diskussion). Inhaltlich steht der Aufbau einer angemessenen Diskussionskultur im Vordergrund, wobei zunächst mithilfe von streng regelgeleiteten Formen die Grundmuster des Argumentierens eingeübt werden sollen, um anschließend den Schwerpunkt auf das geschickte Formulieren von Einwänden und Gegenargumenten zu legen. Dabei richtet sich die Aufmerksamkeit auch auf die Funktion des Diskussionsmoderators; seine Strategien der Diskussionsleitung werden ausführlich eingeübt und reflektiert. Begleitend erlernen die Schülerinnen und Schüler Techniken des Notierens und Protokollierens, um abschließend ein Ergebnisprotokoll abfassen zu können.
Das zweite Teilkapitel **(„‚Gut drauf‘ mit Fastfood? – Schriftlich Stellung nehmen“)** ist in Form eines Lehrgangs konzipiert. In vier Schritten werden die Schülerinnen und Schüler vom Sammeln von Informationen über das Ordnen von Argumenten und Beispielen zum Verfassen und Überarbeiten einer adressaten- und sachgerechten Stellungnahme geführt. Adressaten sind die Teilnehmerinnen und Teilnehmer einer SV-Sitzung, in der für die Teilnahme an dem Projekt „Gut-drauf-Schule“ geworben werden soll.
Im dritten Teilkapitel **(„Das perfekte Dinner? – Einen Forumsbeitrag schreiben“)** befassen sich die Schülerinnen und Schüler mit einer Sonderform des Leserbriefs, den sie in der Jahrgangsstufe 7 kennen gelernt haben. Sie setzen sich mit dem Konzept einer beliebten Kochshow auseinander, untersuchen unterschiedliche Forenbeiträge und beziehen am Ende selbst Stellung.

Literaturhinweise

Argumentieren. Praxis Deutsch 160/2000

Brüning, Ludger/Saum, Tobias: Erfolgreich unterrichten durch kooperatives Lernen. Strategien zur Schüleraktivierung. Neue Deutsche Schule Verlagsgesellschaft, Essen 2007

Einecke, Günther: Position beziehen am PC – In Internet-Foren argumentieren. In: Deutschunterricht 01/2007

Green, Norm/Green, Kathy: Kooperatives Lernen im Klassenraum und im Kollegium. Das Trainingsbuch. Kallmeyer, Seelze-Velber 2005

Klippert, Heinz: Kommunikationstraining. Übungsbausteine für den Unterricht. 11. Aufl. Beltz, Weinheim und Basel 2006

Meinungen bilden. Praxis Deutsch 211/2008

Schulz von Thun, Friedemann: Miteinander reden I. Störungen und Klärungen. Psychologie der zwischenmenschlichen Kommunikation. 43. Aufl. Rowohlt Taschenbuch Verlag, Hamburg 2006

Spinner, Kaspar H.: Was gehört zu einer guten Argumentation? In: Praxis Deutsch 203/2007, S. 21–24

Weidner, Margit: Kooperatives Lernen im Unterricht. Das Arbeitsbuch. Kallmeyer, Seelze-Velber 2006

Winkler, Iris: Argumentierendes Schreiben. In: Ulf Abraham u. a. (Hg.): Schreibförderung und Schreiberziehung. Eine Einführung für Schule und Unterricht. Auer, Donauwörth 2005, S. 88–98

	Inhalte	Kompetenzen
S. 27 S. 27 S. 28 S. 29 S. 31 S. 33	**2.1 Über Geschmack lässt sich nicht streiten? – Meinungen begründen** **Jede/r isst anders – Einen Standpunkt einnehmen** **Wurst *und* Käse – Fair diskutieren** **Wenn schon Milch und Eier, dann ... – Argument und Gegenargument** **Süßigkeiten am Schulkiosk? – Notieren und protokollieren** **Hotel oder Selbstversorgung? – Eine Diskussion moderieren**	Die Schülerinnen und Schüler können – ihr eigenes Diskussionsverhalten und das ihrer Mitschüler/-innen kritisch beobachten und reflektieren und dadurch eine Diskussionskultur aufbauen – gezielt zuhören, Argumente aufgreifen und weiterentwickeln – zwischen Thesen, Argumenten und Beispielen unterscheiden – Argumente formulieren und sich im Gespräch mit Gegenargumenten auseinandersetzen – die eigene Meinung begründet formulieren – den Aufbau einer Argumentation beschreiben und bewerten – eine Diskussion im Team moderieren, kriteriengeleitet reflektieren und protokollieren – aus ihren Mitschriften ein Ergebnisprotokoll anfertigen – die Regeln von „Kreisgespräch“, „Verabredungen treffen“, „gelenkter Diskussion“, „Kugellager“ und „moderierter Debatte“ umsetzen
S. 35 S. 35 S. 39 S. 40 S. 42 S. 43	**2.2 „Gut drauf“ mit Fastfood? – Schriftlich Stellung nehmen** Schritt 1: **Informationen sammeln und verarbeiten** Schritt 2: **Argumente ordnen und gliedern** Schritt 3: **Schriftlich Stellung nehmen** Schritt 4: **Die eigene Stellungnahme überarbeiten** **Der Projekt-Antrag – Ein Formular ausfüllen**	– diskontinuierlichen Texten Informationen entnehmen, auswerten und in eine andere Präsentationsform übertragen – einem Text zentrale Informationen entnehmen – Informationen sammeln und zu sachgerechten Stichworten und Texten umformen – logische Verknüpfungen von Aussagen erkennen und durch den Gebrauch von Gelenkwörtern selbst durchführen – die inhaltliche Gliederung eines Textes erkennen und selbst einen Text sinnvoll gliedern – die Funktion von Einleitung und Schluss benennen und in einem eigenen Entwurf umsetzen – die Schritte zum Verfassen einer schriftlichen Stellungnahme anwenden und einen adressatengerechten Text formulieren – Texte anhand einer Checkliste überarbeiten – ein Formular ausfüllen
S. 44	**2.3 Das perfekte Dinner? – Einen Forumsbeitrag schreiben**	– den Inhalt von Texten wiedergeben – Texte miteinander vergleichen – einen eigenen Forumsbeitrag schreiben

2.1 Über Geschmack lässt sich nicht streiten? – Meinungen begründen

S. 27

Jede/r isst anders – Einen Standpunkt einnehmen

1 *Die vier Bilder lassen sich verschiedenen Essgewohnheiten zuordnen, die im weiteren Verlauf intensiv diskutiert werden. Sie zeigen von rechts oben im Uhrzeigersinn: Mischkost mit deutlichem Fleischanteil; Vollwertkost, vegetarisch; Biokost, vegetarisch und Fastfood.*
Es geht zunächst nicht um eine begriffliche Zuordnung, sondern um eine erste Reflexion des eigenen Essverhaltens als Einstieg in das Thema. Die besondere Situation „Klassenfrühstück" schärft dabei das Bewusstsein für die Unterschiedlichkeit der Essgewohnheiten. Das Thema soll hier nur kurz angerissen werden, da es in Aufgabe 4 ausführlich diskutiert wird.

2 *Die Schülerinnen und Schüler können an dieser Stelle auch unter dem Aspekt der „Machbarkeit" bzw. „allgemeinen Akzeptanz" ihre Essgewohnheiten überdenken und realistische, ohne großen Aufwand umsetzbare Veränderungen planen.*

S. 28

Wurst *und* Käse – Fair diskutieren

1 *a) Die Darstellung und Kommentierung des Meinungsaustausches stellt den Einstieg in das Thema „Diskussionskultur" dar. Durch die Umsetzung des Meinungsaustausches im kurzen Spiel oder durch szenisches Lesen werden die inhaltlichen Aussagen durch prosodische Merkmale wie Betonung, Intonation, Lautstärke und ggf. durch nonverbales Verhalten wie Mimik und Gestik unterstützt.*

b) Die Kommentierungen der Schülerbeiträge können sich auf verbales und nonverbales Verhalten und auf prosodische Merkmale beziehen. Dadurch wird die anschließende Diskussion vorbereitet.

2 *Die Bewusstmachung bekannter Regeln (z. B. „Wir lassen andere ausreden.") knüpft an das Vorwissen der Schülerinnen und Schüler an und bietet eine Basis für die Arbeit mit dem Beobachtungsbogen. Die Regeln können mündlich oder schriftlich (Wandaushang) gesammelt werden.*

3 *Auf der Metaebene scheinen Verhaltensregeln oft klar und einsichtig. Wie werden sie aber in der konkreten Situation körperlich und/oder sprachlich umgesetzt? Dies soll im Rollenspiel dargestellt werden, um Verhalten während einer Diskussion sichtbar zu machen und einzuüben.*
Beispiel: „Ich beziehe andere aktiv in die Diskussion ein." → „Leonie, was meinst du zu Gregors Vorschlag?"
Siehe hierzu auch den Kommentar zu Teilkapitel 4.1 „Wie sag ich's bloß? – Vom richtigen Reden und Zuhören", vor allem zum Cartoon auf Seite 71 im Schülerband (Diskussionsregel: Ich wende mich dem Gesprächspartner direkt zu.). Die im Anschluss an Kapitel 4 (S. 76f. in diesen HRU) angebotenen ***Kopiervorlagen*** *zu Körpersprache und angemessenem Verhalten von Diskussionsteilnehmern können auch hier bereits eingesetzt werden.*

4 *Vor der Diskussion zum Thema „Klassenfrühstück" sollte der Beobachtungsbogen mit den Schülerinnen und Schülern gegebenenfalls unter Rückgriff auf eine szenische Darstellung besprochen werden.*
Der „Beobachtungsbogen zur Diskussionskultur" kann der Selbstreflexion ebenso wie der Fremdbeobachtung dienen. Es bietet sich an, den Bogen unter dem Thema „Klassenfrühstück" zur Selbstreflexion zu nutzen, damit alle Schülerinnen und Schüler im Laufe des Kapitels selbstständig herausfinden können, welche Verhaltensregeln sie bereits beherrschen und welche sie optimieren sollten.

5 *Das Kreisgespräch stellt eine Technik dar, die eine Diskussion mit gleichzeitiger Beobachtung ermöglicht und dabei alle Schülerinnen und Schüler aktiviert. Die Rückmeldung ist inhaltlich wie sprachlich durch den Beobachtungsbogen entlastet. Wesentlich ist dabei, eine angemessene Form der Rückmeldung – z. B. durch Simulation – vorzubereiten, bei der die positive Kritik am Anfang stehen sollte (Spalte „Gelingt gut") und wenn möglich mit Beispielen untermauert wird: „Dir gelingt es gut, die anderen ausreden zu lassen. Du hast deine Gesprächspartner nicht unterbrochen."*

S. 29

Wenn schon Milch und Eier, dann … – Argument und Gegenargument

1 *Diese Aufgabe kann im Klassengespräch gelöst, sollte aber in jedem Fall durch eine Phase der Einzelarbeit vorbereitet werden, in der alle Schülerinnen und Schüler die Diskussionsbeiträge nachvollziehen und überdenken können. Die Wünsche der Jugendlichen zu der Versorgung am Schulkiosk lauten kurz gefasst:*
- *Aileen: Gesunde Bioprodukte mit vielen Vitalstoffen und keinen Schadstoffen*
- *Umut: Wurst aus Geflügel, kein Schweinefleisch wegen Moslems*
- *Niklas: Eher Fastfood, fetthaltiges, schnelles Essen ohne „gesunde Dekoration", weil beim Fußball die Kalorien wieder abtrainiert werden*
- *Lea: Vegetarisches Essen mit hohem Vitamin-C-Anteil oder Produkte aus der Freilandhaltung, damit keine Tiere leiden müssen*

2 *Der im Schülerband dargestellte Argumentationsaufbau kann zum besseren Verständnis und als Vorbereitung der Aufgabe 3 anhand der Sprechblase (Schülerband, S. 29) ergänzt werden (Tafelbild).*

Argumentation

These
Am Schulkiosk sollten nur Bioprodukte angeboten werden, …

Argument
… denn in vielen behandelten Lebensmitteln stecken Schadstoffe.

Beispiele / Belege / Zitate
(1) Laut Fachzeitschriften werden Tiere zum Beispiel oft mit Antibiotika behandelt oder bekommen Wachstumshormone …
(2) Auch Obst und Gemüse sind häufig belastet: Gegen Käfer oder Pilze spritzen viele Bauern „Pestizide", die nicht vollständig abgebaut werden und Müdigkeit, Konzentrationsschwäche oder Allergien verursachen können.

Möglicher Einwand
Bioprodukte sind zwar teurer, …

Entkräftendes Argument
… aber sie sind auch viel gesünder, …

Beispiel
… denn sie enthalten noch viele Vitalstoffe.

Im Hinblick auf Aufgabe 3 b können die Schülerinnen und Schüler die Argumentation Aileens anhand des Merkkastens bewerten: Aileen spricht sich für einen bestimmten Ernährungsstil aus. Sie untermauert ihre These deutlich durch Argumente und verschiedene Beispiele. Sie nimmt den möglichen Einwand „Bioprodukte sind doch teurer" vorweg und entkräftet ihn mit den Argument „Sie sind aber auch viel gesünder". – Die Argumentation ist vollständig und überzeugend, einem möglichen Gegner wird der Wind aus den Segeln genommen.

3 *a/b) Die Argumentationen von Umut, Niklas und Lea werden entsprechend dargestellt:*
Umut
These: *Es sollte nur Wurst aus Geflügel angeboten werden.*
Argumente: *(1) Moslems dürfen kein Schweinefleisch essen. (2) Man sieht der Wurst nicht an, ob Schweinefleisch drin ist. (3) Wenn nur Wurst und Salami aus Geflügel angeboten wird, kann sich niemand vertun.*
Beispiele/Belege/Zitate: *(Beispiel zu Argument 1:) In Wurst ist fast immer Schweinefleisch, z. B.in Leberwurst oder Fleischwurst. (Beispiel zu den Argumenten 2 u. 3:) Geflügelsalami sieht genauso rosa aus wie Salami aus Schweinefleisch.*
Bewertung: *Umut argumentiert sehr persönlich aus der Perspektive von Moslems, die kein Schweinefleisch essen dürfen, und erklärt seinen Vorschlag als Kompromiss für verschiedene Essgewohnheiten. Argumente und Beispiele überzeugen. Die Argumente 2 und 3 können auch als entkräftende Argumente aufgefasst werden.*

Zu Beispiel 2:
*In der **Einleitung** wird der Grund der Stellungnahme genannt: Die Schülerinnen und Schüler möchten bei dem Projekt der GUT-DRAUF-Schule mitmachen. Anschließend wird die These formuliert, die der Stellungnahme zugrunde liegt. Die Überleitung zum Hauptteil ist knapp, kann aber so stehen bleiben.*
*Der **Schluss** rundet die Stellungnahme ab, indem abermals der Grund der Stellungnahme – die Teilnahme am Projekt der GUT-DRAUF-Schule – genannt wird. Es wird deutlich dargestellt, dass neben allen wichtigen Pro-Argumenten auch mit Schwierigkeiten gerechnet werden muss. Dieser Punkt wird aufgegriffen und zur Werbung für das Projekt genutzt.*
Zu Beispiel 3:
*Die **Einleitung** nimmt Fastfood und Ernährungsvorlieben von Jugendlichen in den Fokus. Der Bezug zum Projekt der GUT-DRAUF-Schule fehlt und sollte in der Überleitung zum Hauptteil ergänzt werden. Sprachlich ist die Einleitung lebendig gestaltet.*
*Der **Schluss** beginnt umgangssprachlich und ist in gesprochener Sprache formuliert. Inhaltlich stellt der Verfasser/die Verfassein sich gegen seine/ihre eigenen Argumente: Er/Sie nennt Beispiele, warum er/sie Fastfood bevorzugt, und bringt ein neues Gegenargument: Nicht alle können so gut kochen.*

2 *So könnte die Stellungnahme lauten:*
Wir möchten uns für das Projekt „GUT-DRAUF-Schule" bewerben. „Gut drauf" sein bedeutet für uns gut gelaunt sein, gesund sein und Freude am Leben haben. Wichtig sind dafür gute Ernährung und viel Bewegung.
Kinder und Jugendliche sind noch im Wachstum. Damit sich ihr Körper richtig entwickeln kann, braucht er genügend Nährstoffe und Vitamine. Hamburger und Pommes, die fast allen schmecken, haben zu wenig davon. Darum ist es besser, täglich Obst und Gemüse zu essen. So eine Ernährung versorgt auch das Gehirn gut mit Nährstoffen. Man kann besser lernen und ist auch beim Sport fitter.
Sport und Bewegung sind sowieso ganz wichtig. Sie helfen gegen Stress. Beim Sport kann man sich körperlich abreagieren und baut auch Aggressionen ab: Man wird ausgeglichener. Beim Sport kann man zeigen, was man kann, und zum Beispiel seine Mannschaft unterstützen. Das macht gute Laune und selbstbewusst. Den Durst, den man nach einer Stunde Training hat, löscht man am besten mit Mineralwasser, Saftschorle oder ungesüßtem Tee. Diese Getränke haben weniger Kalorien als Limonade oder Cola.
Wenn der Körper gesund ist, braucht man nicht so oft zum Arzt. Man fühlt sich gut und kann jeden Tag genießen. Manchmal hat man allerdings keine Zeit zum Kochen, dann ist ein schneller Hamburger oder ein Döner die bequemere Lösung. Wenn man sich ausreichend bewegt und nicht jeden Tag Fastfood isst, ist das nicht so schlimm.
Es ist bestimmt nicht immer ganz einfach durchzuhalten. Darum möchten wir am GUT-DRAUF-Projekt teilnehmen. Wir lernen, was wir alles machen können, und bekommen Unterstützung.

S. 42 Schritt 4 **Die eigene Stellungnahme überarbeiten**

1 *Die Checkliste dient als Leitfaden für die selbstständige Überarbeitung. Weitere Kriterien, die die Überarbeitung unterstützen, finden sich im Orientierungswissen des Schülerbands auf Seite 296: „Selbst geschriebene Texte überarbeiten".*

2 *Die Kriterien und Abläufe einer Schreibkonferenz sind im Schülerband auf den Seiten 297 und 298 beschrieben.*

S. 43 **Der Projekt-Antrag – Ein Formular ausfüllen**

1 *Der Weg zum Formular ist kurz: www.gutdrauf.net → So machen Sie mit → Bewerbungsbogen (Download). In Druckschrift oder in gut lesbarer Handschrift werden die Felder ausgefüllt. Beispiellösung:*
***Allgemeine Angaben:** Adresse der Schule, zentrale Telefonnummer und die Faxnummer des Sekretariats sowie die E-Mail-Adresse der Schule. Ansprechpartner ist die Lehrkraft, die das Projekt leitet.*
***Kurzbeschreibung:** Wir sind eine Realschule mit 530 Schülerinnen und Schülern. Unsere Schulbroschüre liegt der Bewerbung bei. – Bisherige Erfahrung: keine.*
***Umsetzung:** Wir möchten gerne lernen, wie man es schafft, im Alltag gut drauf zu sein und es auch zu bleiben. Uns ist es besonders wichtig, zu erfahren, wie man schnell leckere Mahlzeiten kochen kann, die nicht viel kosten und doch alle wichtigen Nährstoffe enthalten. – Anmerkungen/Fragen: Wir möchten auch erfahren, wie man den Schulhof für Spiele und Sport gestalten kann.*
***Terminplanung:** Erstberatung im September, Beginn der Umsetzung im Oktober*

2.3 Das perfekte Dinner? – Einen Forumsbeitrag schreiben

S.44

Das perfekte Dinner

1 *Es lassen sich einige **Argumente für** die Sendung „Das perfekte Dinner" nennen, z. B.:*
- *Die Zuschauer/-innen lernen neue Rezepte kennen.*
- *Man kann sehen, wie bestimmte Speisen zubereitet werden.*
- *Die Tischdekorationen sind immer anders und regen die eigene Fantasie an.*
- *Es macht auch Lust, mal selbst mit Freunden oder der Familie zu kochen.*
- *Es ist interessant zu sehen, wie andere Leute wohnen.*

*Es lassen sich auch **Argumente gegen** die Sendung nennen, z. B.:*
- *Selbst kochen macht mehr Spaß, als anderen beim Kochen zuzugucken.*
- *Die Sendung läuft, während die meisten selbst Abendbrot essen.*
- *Kochen soll Spaß machen und kein Wettrennen sein.*
- *Es gibt schon genug Kochsendungen.*
- *Irgendwann ist jede Sendung gleich.*

2 *a) Die Schülerinnen und Schüler können u. a. folgende Punkte ansprechen:*
- *Tischdekoration*
- *Zubereitung der Speisen und ihr Geschmack*
- *Passende Getränke*
- *Festliche Kleidung*
- *Musik*

b) Folgende Unterschiede lassen sich u. a. nennen:
- *Normalerweise kennt man die Leute, die man einlädt.*
- *Es werden keine Noten für das Essen und den Abend vergeben.*
- *Der Gastgeber wird nicht von den Gästen geprüft und bewertet.*
- *Man gewinnt kein Geld.*
- *Eine Einladung zum Essen ist keine Aufforderung zur Teilnahme an einem Wettkampf.*

c) So könnte die Top-Ten-Liste aussehen:
1. *Supernette Gäste*
2. *ALLES eigenhändig und FRISCH gekocht; nichts aus der Dose*
3. *Mehrere Gänge*
4. *Passende Getränke*
5. *Schöne Tischdecke und passende Servietten*
6. *Blumenschmuck*
7. *Kerzenlicht*
8. *Gute Musik*
9. *Man isst nicht nur, sondern unterhält sich auch gut.*
10. *Zufriedene Gäste: Jedem hat es geschmeckt.*

S.45

„Das perfekte Dinner" – wirklich?

1 *Vera schreibt, weil sie ihren Unmut äußern möchte. Sie findet, dass die Sendung die Esskultur zerstört.*

2 *Vera mag die Sendung nicht, weil sie einen Wettkampf zeigt und kein geselliges Beisammensein.*

3 *Vera nennt folgende Argumente und Beispiele:*
- *Die Sendung zeigt einen Wettbewerb. Alle wollen sich übertrumpfen und gewinnen.*
- *Es gibt schon genug Kochsendungen. Zur schönsten Abendbrotzeit sitzen nun Menschen vor dem Fernseher, womöglich mit einer Tüte Chips, statt selbst zu kochen.*

4 *Gemeinsam Essen bedeutet für Vera Geselligkeit mit der Familie oder mit Freunden. Sie möchte das Essen mit anderen gemeinsam genießen und ihnen eine Freude machen.*

5 *Forumsteilnehmer SuKa91 gefällt die Sendung „Das perfekte Dinner" sehr gut. Er lässt sich von den Rezepten inspirieren und interessiert sich für die Kandidaten. Er will sich nun auch mit Freunden zum gemeinsamen Kochen treffen und dafür auf einen Fernsehabend verzichten.*

6 *Suko91 hat sein Posting umgangssprachlich und in gesprochener Sprache geschrieben. Formale Kriterien wie die Gliederung des Textes durch Absätze werden nicht eingehalten. Statt eines realen Namens benutzt er ein Pseudonym. Er verwendet Abkürzungen und Zeichen, die typisch für die Kommunikation in Foren und Chats sind (LG statt Liebe Grüße; ein zwinkerndes Smiley oder Emoticon ;-) als Ausdruck dafür, dass die vorangegangene Bemerkung nicht ernst bzw. ironisch gemeint war).*

7 *Die Schülerinnen und Schüler diskutieren, welchem Posting sie sich anschließen. Sie führen Argumente und Beispiele an, um ihre Entscheidung zu begründen. – Die genannten Argumente sollten an der Tafel gesammelt werden, um sie bei der Bearbeitung von Aufgabe 8 zur Verfügung zu haben.*

8 *Diese Aufgabe eignet sich als Hausaufgabe, die am Computer erstellt werden kann, um die Form des Threads nachzuvollziehen. Hierdurch bietet sich die Möglichkeit der ausführlichen Planung und Überarbeitung. Sollten ausreichend Computer in der Schule zur Verfügung stehen, können die Threads später in einem Netzwerk oder per Beamer visualisiert und besprochen bzw. überarbeitet werden.*

Vorschläge für Übungen und Klassenarbeiten

Vorschlag 1: Eine Stellungnahme zum Thema „Schulverpflegung" formulieren.

Siehe die **Kopiervorlage** „Studie: Fastfood macht Kinder dick – Bessere Ernährung in der Schule gewünscht", S. 48 (Lösungen siehe S. 236 ff. und CD-ROM).

Erwartungshorizont
Formale Vorgaben (Schülerband, S. 42 Checkliste)
Inhaltliche Auseinandersetzung: Die Schülerinnen und Schüler benennen Gründe, warum sie sich für die Teilnahme am Projekt „Schule + Essen = Note 1" aussprechen. Sie führen Argumente und Beispiele aus dem vorliegenden Text an und erweitern ihn um eigene Argumente oder Beispiele. Auch Kompromisse wie ein Fastfood-Tag in der Woche bzw. im Monat sind möglich.

Vorschlag 2: Eine Stellungnahme zum Thema Schulverpflegung formulieren.

Siehe die **Kopiervorlage** „Die Küche ist für Kinder ein fantastischer Ort – Einen Forumsbeitrag schreiben", S. 49 (Lösungen siehe S. 236 ff. und CD-ROM).

Kriterien für die Bewertung
Einhalten der formalen Kriterien, die im Unterricht erarbeitet wurden (Schülerband, S. 46)
Quantität und Qualität der formulierten Meinung
Quantität und Angemessenheit der vorgebrachten Beispiele

Weiteres Übungsmaterial

Übungen im **„Deutschbuch Arbeitsheft 8":**
– Sprechen und Schreiben: Schriftlich Stellung nehmen – steigernde Argumentation, S. 18;
 TESTE DICH! – Schriftlich Stellung nehmen, S. 21

Unter www.cornelsen.de/deutschbuch-realschule und www.cornelsen.de/deutschbuch-gesamtschule finden Sie weitere Übungsmaterialien.

Sätze geschickt miteinander verknüpfen

1 *Verbinde die folgenden Sätze. Verwende dazu jeweils ein passendes Gelenkwort aus dem Wortspeicher.*

Für die körperliche Entwicklung von Kindern und Jugendlichen spielt die Ernährung eine wichtige Rolle.
Sie muss alle wichtigen Nährstoffe enthalten.

Ein ausreichendes Maß an Bewegung ist aber auch wichtig.
Die Muskeln sollen sich optimal entwickeln und der Kreislauf muss trainiert werden.

Viele Kinder essen zu viel, zu süß und zu fettig.
Überall können preisgünstige Snacks und Softdrinks gekauft werden

Viele Kinder und Jugendliche machen zu wenig Sport.
Sie sitzen gerne vor dem Fernseher oder spielen und chatten am Computer.

Dicke Kinder und Jugendliche genieren sich beim Sport.
Sie werden oft gehänselt und geärgert.

WORTSPEICHER

außerdem, auch, demnach, daher, deshalb, folglich, denn, da, weil, damit, sodass, wenn, falls, trotzdem, dennoch, obwohl

KOPIERVORLAGE

Studie: Fastfood macht Kinder dick – Bessere Ernährung in der Schule gewünscht

Projekt: Schule + Essen = Note 1

Zu süßes und zu fettes Essen, kaum Obst und Gemüse, Bewegungsmangel und fehlende gemeinsame Mahlzeiten in der Familie führen zu alarmierenden Zahlen von übergewichtigen Kindern und Jugendlichen. Untersuchungen zeigen, dass im Schulalter erlerntes Ernährungsverhalten auch das Erwachsenenleben prägt: Dicke Jugendliche werden meist übergewichtige Erwachsene.

Unter dem Motto „Von der Butterstulle zum Powersnack“ wurde auf der Internationalen Grünen Woche in Berlin das Projekt „Schule + Essen = Note 1“ vorgestellt, ein Projekt der Deutschen Gesellschaft für Ernährung e. V. Das Angebot reichte von allgemeinen Informationen zur ausgewogenen Pausenverpflegung über die gemeinsame Zubereitung vollwertiger Pausensnacks bis zum Füllen von Teigtaschen zu den Rhythmen des „Rap zum Wrap“.

Das bundesweite Projekt soll die Erziehung zu gesundem Essen in die Schulen verlagern; vor allem die zunehmende Zahl der Ganztagsschulen eröffnet hier große Chancen. Die Schule ist der Ort, an dem Kinder und Jugendliche täglich ihren Hunger stillen, immer seltener mit mitgebrachten Pausebroten, immer häufiger am Schulkiosk oder Automaten. Daher ist die Schule auch der geeignete Ort, die Ernährungsmängel auszugleichen und der zunehmenden Dickleibigkeit der Kinder und Jugendlichen entgegenzuwirken. Die gemeinsame Erstellung von Speiseplan und Pausensnackliste, die Zubereitung der Speisen in der Gemeinschaft und die Erfahrung, dass gesunde Ernährung wohlschmeckend und abwechslungsreich sein kann, soll den Trend zu Fastfood, Softdrinks und Süßigkeiten stoppen.

(nach: www.vzbv.de)

Eltern und Schule in der Verantwortung

Dass Hamburger, Döner, Pizza oder Fritten bereits in jungen Jahren dick machen, wird schon lange vermutet. Wissenschaftler des Forschungsinstituts für Kinderernährung – einer der Universität Bonn angegliederten Einrichtung – haben nun erstmals belastbare statistische Daten für diesen Zusammenhang vorgelegt.

Schon bei sechsjährigen Fastfood-Konsumenten ist der so genannte Body-Mass-Index (BMI) demnach höher als bei Kindern, die auf Burger & Co. verzichten. Der BMI berechnet sich aus Körpergröße und -gewicht; je höher der Wert, desto dicker das Kind.

Jungen mögen Fritten

Die Zahlen aus den USA sind alarmierend: Bei mehr als 30 Prozent aller 2- bis 19-Jährigen steht dort mindestens jeden zweiten Tag Fastfood auf dem Speiseplan. Deutschlands Nachwuchs ist (noch) nicht so weit. Doch auch hierzulande speist bereits jeder dritte männliche Jugendliche mindestens einmal pro Woche in der Frittenbude oder dem Schnellrestaurant um die Ecke – Tendenz: steigend. Bei Mädchen ist die Zahl halb so hoch. Die Daten entstammen der so genannten DONALD-Studie (Dortmund Nutritional and Anthropometric Longitudinally Designed Study), die das Forschungsinstitut für Kinderernährung (FKE) seit 1985 durchführt. Rund 7400 Ernährungsprotokolle von Kindern und Jugendlichen zwischen 1 und 18 Jahren wurden für die Fastfood-Untersuchung ausgewertet.

(www.bildungsklick.de)

1 *Nenne die Thesen, die dem Projekt „Schule + Essen = Note 1“ zugrunde liegen.*

2 *Nenne die Gründe für die zunehmende Übergewichtigkeit von Kindern und Jugendlichen.*

3 *Warum ist die Schule der ideale Ort für das Erlernen einer gesunden Ernährungsweise?*

4 *Notiere in Stichworten, welche Argumente und Beispiele für die Teilnahme am Projekt sprechen.*

5 *Verfasse aus deinen eigenen Argumenten und den im Text angeführten eine Gliederung für deine Stellungnahme.*

6 *Schreibe den Hauptteil deiner Stellungnahme und formuliere anschließend Einleitung und Schluss.*

7 *Überarbeite deine Stellungnahme anhand der Checkliste im Schülerband.*

KOPIERVORLAGE

„Die Küche ist für Kinder ein fantastischer Ort" – Einen Forumsbeitrag schreiben

Jamie Oliver bringt alle mit Büchern, TV-Shows und jetzt mit „Kitchen-Shops" ans Kochen. BRIGITTE-Mitarbeiterin Kristin Büsing hat ihn befragt.

© picture-alliance/dpa: © dpa-Photoshot

Brigitte: Was haben Sie als Kind am liebsten gegessen?

Jamie Oliver: Spaghetti bolognese von meiner Mutter. Für mich ist Essen auch eine nostalgische Sache – mir fallen besonders die Momente ein, wo ich mit meiner Familie oder auch guten Freunden zusammen gegessen habe.

Brigitte: Heute haben schon Kinder Probleme mit dem Essen.

Jamie Oliver: Klar, Kinder essen viel zu viel Junk-Food und Lebensmittel von schlechter Qualität: zu viele chemische Zusätze, Zucker und Fett. Früher haben sie noch auf dem Rasen Fußball gespielt, jetzt nur noch am Computer. Und dazu Eltern, die nicht kochen können, weil sie es nicht mehr gelernt haben.

Brigitte: Was steckt hinter ihrem Projekt „School Dinners"?

Jamie Oliver: Damit wollte ich auch auf die Missstände der Verpflegung an englischen Schulen aufmerksam machen und praktisch beweisen, wie wichtig gutes, nahrhaftes Essen ist. Lehrern ist es wichtig, den Schülern Stoff in Physik oder Geografie einzupauken, aber beim Thema Ernährung versagen sie. Kinder wissen gar nicht, wie sie sich gesund ernähren können oder gar aus frischen Zutaten etwas kochen… Das ist frustrierend, denn eine gesunde Ernährung ist so wichtig für Kinder im Wachstum.

Brigitte: „Keep ist simple", einfach kochen – gilt auch für Kinder?

Jamie Oliver: Ja klar! Einfache und schnelle Rezepte bringen Menschen überhaupt erst dazu, mit dem Kochen anzufangen. Oft steht am Anfang die Angst, es nicht zu schaffen. Kocht man aber ein leichtes Rezept und es schmeckt dann allen, ist man stolz.

Brigitte: Wie sieht ein gutes Rezept für Kinder aus?

Jamie Oliver: Kinder wollen mitmachen. Nimm Kinder mit auf einen Bauernhof oder einen Markt. Zeig ihnen beim Einkaufen, ob ein Obst schon reif ist, lass sie es anfassen, daran riechen. Das ist wichtig und spannend. Auch die Küche ist ein interessanter Ort für Kinder. Ich liebe es, mit meinen beiden Töchtern Poppy und Daisy Brot zu backen. Aber wir backen nicht einfach nur ein Brot, nein, aus dem Teig formen wir Lippen, Augen und Ohren und backen daraus lustige Gesichter. Meine Töchter haben eine Menge Spaß, und wir backen gutes Brot!

(aus: www.brigitte.de/kochen/kinderkueche/ki_oliver/index.html; © Büsing)

1 *Kläre mithilfe eines Lexikons oder Wörterbuchs die folgenden Wörter und Ausdrücke:*

Spaghetti bolognese (Z. 3), ______

nostalgisch (Z. 4), ______

Junk-Food (Z. 10/11), ______

frustrierend (Z. 26), ______

keep it simple (Z. 28) ______

2 *Welche Probleme sieht Jamie Oliver in der Ernährung der heutigen Kinder und Jugendlichen?*

3 *Erkläre, warum ihn der Zustand frustriert.*

4 *Beschreibe, welche Lösung Jamie Oliver sieht.*

5 *Formuliere einen Forumsbeitrag, in dem du deine Meinung zu Jamie Olivers Interview zum Ausdruck bringst.*

KOPIERVORLAGE

Meine Lieblingsbeschäftigung – Beschreiben und Schildern

1 *Klebe in das Rechteck ein Foto, das dich bei deiner Lieblingsbeschäftigung zeigt. Schreibe in die Gedankenblase deine Gedanken, die ausdrücken, wie du dich bei dieser Beschäftigung fühlst.*

2 *a) Verfasse auf den Schreiblinien eine ausführliche Schilderung deiner Lieblingsbeschäftigung.*
b) Lest anschließend in Partnerarbeit die Texte vor, ohne die Beschäftigung zu nennen. Könnt ihr gegenseitig erraten, über was ihr geschrieben habt?

Einfach super! – Besondere Situationen schildern und beschreiben

© Sabine Matthäus, Rahden-Varl

Beschreibung der Situation

© imago sportfotodienst, Berlin

Beschreibung der Situation

1 *a) Schreibe in der Gedankenblase eine* ***Schilderung*** *der Situation aus der Sicht des Mädchens bzw. des Jungen.*
b) Verfasse auf den Schreiblinien unter den Bildern eine ***Beschreibung*** *der Situation aus deiner Sicht.*

2 *Bewertet in Partnerarbeit eure Texte gegenseitig.*

3 *Bringt Fotos oder Zeitungsausschnitte von besonderen Situationen mit und verfasst dazu Beschreibungen und Schilderungen. Achtet darauf, dass sich die Beschreibungen deutlich von den Schilderungen abgrenzen.*

Frage nach einem Praktikumsplatz – Ein offizielles Telefongespräch

	Gespräch	Verbesserung
Sekretärin:	Guten Tag, Firma „Büro und Sohn“, Frau Heegemeister am Telefon. Was kann ich für Sie tun?	
Schüler:	Ja hi, ähm, kann man bei euch ein Praktikum machen?	
Sekretärin:	Grundsätzlich ja. Wir geben Schülern die Möglichkeit, hier ein Praktikum zu absolvieren. Darf ich „du“ sagen?	
Schüler:	Na klaro!	
Sekretärin:	Warum hast du dir denn gerade unseren Betrieb ausgewählt?	
Schüler	Ja, äh, keine Ahnung, äh, also mein Cousin, der war letztes Jahr auch bei euch, der meinte, das wäre ganz cool. Er hat ja sogar ein bisschen Kohle gekriegt.	
Sekretärin:	Welcher Bereich in unserer Firma würde dich denn besonders interessieren?	
Schüler:	Da habe ich echt keine Peilung.	
Sekretärin:	Das trifft sich gut! Hier im Büro könnten wir einen Praktikanten gut gebrauchen.	
Schüler:	Hey, voll cool.	
Sekretärin:	Hast du schon einmal am Computer gearbeitet?	
Schüler:	Na, logisch. Ich sitze zu Hause stundenlang und daddel mit der Kiste rum, gibt ja so coole Spiele.	
Sekretärin:	Dann sag mir doch mal deine Telefonnummer, damit wir dich anrufen können, wenn eine Praktikantenstelle frei ist. In welchem Zeitraum soll das Praktikum denn stattfinden?	
Schüler:	Also, Vorwahl von Köln, dann 333444555. Wann das Praktikum sein soll? Oh, da muss ich noch mal nachfragen, hab ich voll vergessen.	
Sekretärin:	Gut, ich habe alles notiert. Ich denke, wir melden uns in ein paar Tagen bei dir.	
Schüler:	Ja, tschüss!	

1 *Spielt das Telefongespräch.*

2 *Markiert die Textstellen im Dialogteil des Schülers, die euch nicht gefallen.*

3 *Schreibt rechts in die leeren Spalten, wie der Schüler eurer Meinung nach besser geantwortet hätte. Korrigiert auch die Antworten der Sekretärin, wenn notwendig. Spielt euch die neu formulierten Telefongespräche vor.*

Ein schwarzer Tag für Anika – Eine Schilderung abfassen

Seit einem halben Jahr waren Anika und Tom ein Paar. „Ein Traumpaar, die beiden!", wurde oft in der Klasse getuschelt. Doch heute in der großen Pause sahen beide plötzlich ganz ernst aus. Zwar standen sie – wie sonst auch in der Pause – an ihrem Lieblingsplatz unter der alten Eiche, diesmal hielten sie aber nicht Händchen wie sonst.

Ganz ruhig erklärte Tom, dass er mehr Zeit für sich brauche, dass er sich noch nicht alt genug für eine längere Beziehung fühle und dass eine Trennung deshalb das Beste wäre. Er wolle lieber wieder mehr mit seinen Kumpels unternehmen. Trotzdem sei die Zeit mit Anika sehr schön gewesen und er möchte auch weiterhin mit ihr befreundet sein. Anika stand ganz starr, sie schien ihn nicht richtig zu verstehen. Langsam drehte sie sich um und ging zu ihren Freundinnen. Dann fiel sie ihrer besten Freundin um den Hals und begann zu weinen.

Bearbeite eine der beiden Aufgaben:

1 *a) Verfasse einen Tagebucheintrag aus der Sicht* ***Anikas****, in dem sie ausführlich schildert, wie sie sich in der beschriebenen Situation gefühlt hat. Verwende dabei viele Adjektive, Vergleiche und Bilder.*

b) Verfasse einen Tagebucheintrag aus der Sicht ***Toms****, in dem er ausführlich schildert, wie er sich in der beschriebenen Situation gefühlt hat. Verwende dabei viele Adjektive, Vergleiche und Bilder.*

Der Herbst – Beschreibung und Schilderung

Die folgenden Textauszüge stammen aus drei Schüleraufsätzen.

Maximilian: **Herbst**

O du Herbst, du Nebelzubereiter, du Naturerkältung! Du regnerische, ungemütliche Jahreszeit. Wir haben einen schönen, warmen Sommer hinter uns, aber dann kommst du und alles wird kalt, regnerisch, stürmisch und ungewiss. Der Wind pfeift uns laut um die Ohren, der Regen peitscht uns ins Gesicht. Du jagst uns in unsere Häuser, wo wir frierend am Ofen sitzen und uns den Sommer zurückwünschen. Große, unheilbringende Stürme schickst du über das Land, Bäume knicken, Laubblätter fegen über die Felder. Du Herbst, du machst mich unglücklich, depressiv, du gibst mir das Gefühl, dass die schöne Zeit vorbei ist. Die Bäume verlieren ihren Saft, die Menschen verlieren ihre Kraft und Zuversicht. Du bereitest den Winter vor. Gibt es bald wieder Hoffnung?

Laura: **Der Herbst**

Am 23. September ist Herbstanfang.

Der Herbst ist die dritte Jahreszeit in einem Jahr. Es ist die Übergangszeit zwischen Sommer und Winter. Die Blätter beginnen langsam sich zu verfärben und sie fallen allmählich von den Bäumen. Die Bauern bringen die Ernte der Kornfelder in ihre Scheunen. Das Erntedankfest wird in den Kirchen gefeiert. Die Zugvögel versammeln sich, um gen Süden zu fliegen. Im Herbst gibt es starke Stürme. Die Tage werden wieder kürzer, die Nächte länger. Kinder lassen ihre Drachen steigen. Die Menschen bleiben lieber im Haus. Am 31. Oktober wird Halloween gefeiert.

Im Herbst stellen wir unsere Uhren von der Sommerzeit wieder auf die normale Zeit um.

Louisa: **Herbst**

Ich freue mich schon so sehr auf den Herbst. Es ist so eine geheimnisvolle Jahreszeit. Die Bäume tragen nun prachtvoll gefärbtes Laub, das in vielen Farben wunderbar schillert und den Menschen die Schönheit der Natur auf vielfältige Weise nahebringt. Wie schön ist es am Morgen, die Sonne zu beobachten, wie sie ihre Strahlen durch die noch taunassen Laubblätter unseres Eichenbaumes schickt und die bunten Blätter hell erstrahlen lässt. Dann wird mir immer ganz warm ums Herz und ich bin glücklich über den Herbst. Es wird viele gemütliche Abende geben, an denen wir, in eine warme, kuschelige Decke gehüllt, in der Wohnstube sitzen und uns bei einer heißen Tasse Tee in Ruhe unterhalten. Dann fühle ich mich wie auf einer kleinen einsamen Insel, die mir Schutz bietet. Der Herbst ist wie ein freundlicher alter Mann, wie ein Großvater, der mich umarmt, mir Geschichten vorliest und mir freundlich zuhört. Herbst, ich mag dich und freue mich jedes Jahr auf dich.

1 *Erkläre, worin sich die drei Texte inhaltlich unterscheiden.*

2 *Notiere noch einmal in Stichworten die Merkmale einer Schilderung und die Merkmale eines Berichts. Entscheide anhand der Merkmale, bei welchem der drei Texte es sich um eine Schilderung und bei welchem Text es sich um eine Beschreibung handelt. Erkläre mit Textbelegen.*

3 *Bearbeite* ***eine*** *der beiden folgenden Aufgaben:*
- *Verfasse eine Schilderung zu einer Jahreszeit deiner Wahl.*
- *Überarbeite die drei Texte, indem du weitere Sätze hinzufügst.*

KOPIERVORLAGE

Kurt Marti

Mit Musik im Regenwind fliegen (Auszug) – Einen Text untersuchen

Es regnet. Das Karussell steht leer. Der Platz vor der Schießbude ist ein Morast. Die Eisbude ist geschlossen. Nur eine der Schiffsschaukeln schwingt noch auf und nieder, Schlagermusik orgelt ins graue Land. Aus dem Dorf kommt niemand bis hier hinaus bei diesem Regen. Nur einmal tauchten zwei Knaben auf, in Winterblusen und Kapuzen vor dem Regen geschützt. Sie drehten für dreißig Rappen* einige Karussellrunden. Dann platschten sie durch braune Ackerpfützen zurück ins Dorf. Es regnet, regnet, der Nebel hängt in den Bäumen, nasskalt bläst Wind übers offene Feld. Sie ist verrückt, denkt er und fröstelt im Regenmantel. He, ruft er, du holst dir noch was. Sie schwingt ihre Schaukel. Du holst dir noch eine Lungenentzündung, sagt er, als er die Schaukel stoppt und sie wiederum vierzig Rappen aus dem Handtäschchen klaubt. Sie zuckt die Schultern, das blonde Haar hängt strähnig und nass. Nur dass du es weißt, sagt er und stößt die Schaukel von Neuem an, und nach drei, vier Schwüngen sticht der Bug bereits in die blaue Deckenbespannung, sodass er beim nächsten Durchgang unten die Bretterbremse betätigen muss. Die ist verrückt, denkt er sich, und nass bis auf die Knochen dazu. Hast du nicht kalt, fragt er, als sie das nächste Mal zahlt. Nass klebt ihr Sommerkleidchen am Leib. Wie alt bist du denn, fragt er. Schnippisch blickt sie an ihm vorbei und sagt ins Ungefähre, vierzehn. Dann fliegt sie wieder, fliegt hoch, dass er bremsen muss, und die Schlager orgeln in den Regen hinaus. Hast du noch viel Geld, fragt er beim nächsten Halt. Jetzt lacht sie mit weißen Zähnen. Oh, denkt er, als die Schaukel von Neuem fliegt, was für ein Kind, ein mickriges Kaff, und dann dieser Regen, doch was für ein Kind! Jetzt lass ich dich nur noch einmal, sagt er beim nächsten Halt, ich habe kalt und du auch, du wirst ja noch krank.

Er lässt sie noch einmal; sie fliegt, er bremst, sie fliegt von Neuem, er bremst, die Schlager orgeln, der Regen kommt schräg und kalt mit dem Wind. Also, sagt er, Schluss jetzt, geh heim, es wird bald dunkel. Ja, sagt sie, jetzt geh ich, und schlendert davon, das Täschchen schwenkend, sie zeigt keine Eile, sie schlendert und tapst mit den Sommersandalen in Schlamm und in Pfützen, sodass es die nackten Waden bespritzt. Mit Musik im Regenwind fliegen, es gibt so viel Musik in der Welt.

(aus: Kurt Marti: Neapel sehen. Erzählungen.
© 1996 Nagel & Kimche im Carl Hanser Verlag, München)

* Rappen: Schweizer Währung; 1 Schweizer Franken = 100 Rappen

1 *Aus wessen Sicht wird das Ereignis geschildert?*

2 *Die Satzzeichen der wörtlichen Rede fehlen, fügt sie nachträglich ein.*

3 *Kennzeichne die Wörter, die diesen Text zu einer Schilderung machen.*

4 *Warum hält der Erzähler das Mädchen für verrückt?*

5 *Verfasst in Partnerarbeit einen Tagebucheintrag des Mädchens, in dem sie genau schildert, wie es ihr auf der Schiffsschaukel gefallen hat. Notiert zunächst Stichpunkte und verfasst anschließend einen zusammenhängenden Text.*

6 *Recherchiert im Internet und sucht Informationen zu Kurt Marti. Verfasst einen Steckbrief.*

4 Respekt, Respekt – Adressatengerecht sprechen und schreiben

Konzeption des Gesamtkapitels

Fachliches Anliegen des Kapitels ist eine Stärkung der kommunikativen Kompetenz in schriftlicher und mündlicher Form. Anhand von unterschiedlichen Gesprächsanlässen sollen die Schülerinnen und Schüler sensibilisiert werden, sach-, situations- und adressatengerecht zu sprechen und zu schreiben sowie die Wirkung der Sprache einschätzen zu können. Hierbei werden auch die Kommunikationsformen des Chattens und der E-Mail behandelt.
Im ersten Teilkapitel **(„Wie sag ich's bloß? – Vom richtigen Reden und Zuhören")** geht es um adressatengerechtes Sprechen und Schreiben. In vielfältigen Gesprächsanlässen werden diese Kompetenzen erarbeitet. Ein Schwerpunkt liegt hierbei auf dem Gesprächsverhalten zwischen Jugendlichen und Erwachsenen. Ebenso wird das Zuhören als wichtige Voraussetzung einer gelungenen Kommunikation anhand eines Ausschnitts aus Michael Endes „Momo" thematisiert und vertieft. Jugendliche sollen lernen, sich in den unterschiedlichsten Kommunikationssituationen zurechtzufinden und dabei den richtigen Ton zu treffen. Übungen zum aktiven Zuhören beschließen das Kapitel.
Das zweite Teilkapitel **(„Respekt dem Respekt – Wortbedeutungen erschließen")** beschäftigt sich mit der Erschließung des Wertbegriffs „Respekt". Ausgangspunkt ist ein Plakat zum Respekt (Jugendkampagne: Respekt – Youth for Peace), das den Begriff in verschiedenen Sprachen darstellt. Träger der Kampagne ist das deutschlandweite Offene Forum zur „Dekade zur Überwindung von Gewalt". Kirchliche Initiativen aus ganz Deutschland setzen sich in dieser Kampagne mit dem Thema der Überwindung von Gewalt auseinander. Rap, Leserbrief und Zeitungsartikel modifizieren den Respektbegriff in unterschiedlichen Situationen. Das Teilkapitel schließt mit einer produktiven Aufgabe: der Gestaltung eines Posters oder Flyers und der Abfassung eines Raps.
Im Mittelpunkt des dritten Teilkapitels **(„Chat und E-Mail – Sprechweisen in den neuen Medien")** stehen die sprachlichen Besonderheiten der elektronischen Kommunikation. Anhand einer Schüler-E-Mail (Anfrage an ein Gästehaus zur Vorbereitung einer Klassenfahrt) sollen die formalen und inhaltlichen Punkte einer korrekten E-Mail erarbeitet werden. Darüber hinaus soll mittels eines Interviews auf die Gefahren des Chattens hingewiesen werden.

Literaturhinweise

Erlebnis Zuhören. Eine Schlüsselkompetenz wiederentdecken. CD mit Begleitbuch. Vandenhoeck & Ruprecht, Göttingen 2007

Grunow, Cordula/Breilmann, Sybille (Hg.): Computer, Internet & Co. Im Deutschunterricht. Cornelsen Scriptor, Berlin 2003

Respekt und Anerkennung. Pädagogik 02/2008

Sprachliche Heterogenität. Praxis Deutsch 202/2007

Till, Jochen: Zugeinander. Ravensburger Verlag, Ravensburg 2005

Verlan, Sascha (Hg.): Rap – Texte. Reclam, Stuttgart 2003 (= Arbeitstexte für den Unterricht)

Zuhören lernen und lehren. Hg. v. Hessischen Rundfunk 2006/2007 (= Das neue Funkkolleg)

Die Homepage des Schulwebs www.schulweb.de bietet neben dem Chatten eine Reihe weiterer interessanter Angebote, wie Kontakte zu anderen Schulen, Materialien für den Unterricht und Hilfen für Schülerinnen und Schüler.

	Inhalte	Kompetenzen
S. 65	**4.1 Wie sag ich's bloß? – Vom richtigen Reden und Zuhören**	Die Schülerinnen und Schüler können – Ursachen von Kommunikationsstörungen erkennen und über Lösungswege nachdenken – unterschiedliche Perspektiven einnehmen – sich in verschiedene Rollen versetzen – Situationen szenisch darstellen – Wirkungsabsichten von sprachlichen Äußerungen unterscheiden und vergleichen – Gedanken, Wünsche und Forderungen strukturiert, situationsangemessen und adressatenbezogen äußern – Grundregeln des aktiven Zuhörens anwenden – die Bedeutung nonverbaler Kommunikation erkennen
S. 66	*Jochen Till* Zugeinander	
S. 68	**Hey Alter ... ! – Auf die Adressaten achten**	
S. 69	**Bestimmt in der Sache, höflich im Ton – Sich beschweren, sich entschuldigen**	
S. 71	**Verstehst du mich? – Aktiv zuhören**	
S. 73	**4.2 Respekt dem Respekt – Wortbedeutungen erschließen**	– die Bedeutung eines Wortes in unterschiedlichen Verwendungskontexten bestimmen – Absicht und Wirkung eines Textes erkennen und bewerten – einen Text in seinen Kernaussagen schriftlich zusammenfassen
S. 74	*Bas Böttcher* Respekt dem Respekt	
S. 75	**Rezept für mehr Respekt**	
S. 77	**4.3 Chat und E-Mail – Sprechweisen in den neuen Medien**	– sprachliche Besonderheiten des Chattens und der E-Mail-Kommunikation benennen – eine E-Mail nach formalen und inhaltlichen Punkten überarbeiten – ziel-, adressaten- und situationsbezogen schreiben – sich kritisch mit den sozialen Regeln innerhalb des Chat-Rooms auseinandersetzen – Vor- und Nachteile elektronischer sowie traditioneller Mitteilungsformen erkennen und die jeweils passende Anwendung begründen
S. 77	**Der Chatroom – Ein besonderer Raum**	
S. 79	**Chattest du noch oder mailst du schon? :-)**	
S. 80	*Bastian Sick* E-Mail for you	

4.1 Wie sag ich's bloß? – Vom richtigen Reden und Zuhören

Zu diesem Themenbereich können die **Kopiervorlagen** „Körpersprache: unhörbar, aber wirkungsvoll – Die Macht der wortlosen Sprache", S. 76 und „‚So habe ich das nicht gemeint!' – Auf Inhalt und Beziehung achten", S. 77 (Lösungen siehe S. 236 ff. und CD-ROM) eingesetzt werden. Sie sind besonders für *Leistungsschwache* geeignet.

S. 65 **Auftaktseite**

1–**3** ***Die Situationen im Uhrzeigersinn*** *(Beispiellösung): Im Unterricht – Zu Hause, am PC, beim Chatten – Beim Ansichtskartenschreiben – Diskussion im Freundeskreis – Frage nach dem richtigen Weg bei einer Wanderung – Fahrradausflug – Skater entschuldigt sich bei Radfahrerin – Im Gespräch per Handy und mit einem Gegenüber*

S. 66 *Jochen Till*

Zugeinander

Der Textausschnitt aus dem Jugendroman von Jochen Till dient als Einstieg in das Thema „adressatenorientiertes Sprechen". In der verbalen Auseinandersetzung zwischen dem älteren Herrn und Max lassen sich zentrale Aspekte eines missglückten Gesprächs aufzeigen.

1 *Hierbei geht es um eine erste Annäherung an den Textausschnitt. Die Meinungen können durchaus geteilt sein: Das Verhalten des alten Mannes kann als unangemessen empfunden werden, seine Forderung allerdings ist berechtigt: Cartmann sitzt auf seinem reservierten Platz. Wenn es andererseits stimmt, dass Cartmann zum ersten Mal mit dem ICE fährt, dann kann es sein, dass er die Anzeige der reservierten Plätze nicht beachtet hat und daher nicht weiß, wann er den Platz frei machen muss. Außerdem: Er schläft und kann daher den rechtmäßigen Platzbesitzer gar nicht zu seinem Recht kommen lassen. Der alte Mann unterstellt ihm, dass er den Schlaf vorschützt, um sitzen bleiben zu können. Er unterstellt ihm damit bewusste Täuschung. Schließlich muss man aber zugunsten des Alten auch bedenken, dass man einen Menschen durch die Art der Reaktion, durch Sprache und Mimik provozieren kann.*

2 *Mithilfe eines Erzählers/einer Erzählerin kann hierbei schon der „Ton" der Äußerungen deutlich gemacht und somit auf die Bedeutung nonverbaler Aspekte hingewiesen werden (Z. 1: „polterte eine Stimme"; Z. 5: „bellt die Stimme"; Z. 26: „schimpft er" etc.).*

3 *Unhöfliche oder unangemessene Formulierungen sind z. B.:*
„Na, das haben wir ja gerne!", polterte eine Stimme … (Z. 1).
„Sie glauben wohl, nur weil Sie jung sind, können Sie sich alles erlauben!" (Z. 17 ff.).
„Diese Generation hat einfach vor nichts mehr Respekt …! Eine Bande von Rüpeln, allesamt!" (Z. 69 ff.).
„Und das Einzige, was Sie verdient haben, ist die Hämorriden-Kolonie, die in Ihrem reservierten Hintern hoffentlich … eine wilde Party feiern wird" (Z. 88 ff.).

4 *Die Form des Rollenspiels dient dem affektiven Zugang zur Problematik. Hierbei werden verbale Mittel, aber auch die besondere Bedeutung von Mimik, Gestik und Lautstärke als nonverbales Mittel deutlich gemacht.*
Der Konflikt ist dann vermeidbar, wenn der alte Mann Max weckt und ihn höflich darauf hinweist, dass er auf seinem reservierten Platz sitzt. Max entschuldigt sich.

5 *Impuls könnte sein, Höflichkeit als Ausdruck des Respekts vor anderen zu verstehen, sowohl untereinander als auch Erwachsenen und vor allem Fremden gegenüber. Dies betrifft auch die Kommunikation im Alltag – in der Familie, in der Schule und auch – mit entsprechenden Abstufungen: untereinander, in der Klassengemeinschaft und im Freundeskreis. Ein allgemein höfliches Verhalten drückt sich in der Sprache, aber auch in Mimik, Gestik und Körperhaltung aus. In bestimmten Situationen kann auch Kleidung Respekt oder Missachtung, Geringschätzung zum Ausdruck bringen. – Höflichkeit als Ausdruck der Achtung des anderen ist Thema von Bas Böttchers „Respekt dem Respekt" (S. 74, Kap. 4.2), einem Rap zum höflichen Umgang miteinander.*

6 *Das Geschehen wird aus der Perspektive des Ich-Erzählers (Max Cartmann) dargestellt (Z. 6 f.: „Ich öffne mühsam die Augen", „ich sitze im Zug").*

S. 68

Hey, Alter ...! – Auf die Adressaten achten

Die folgenden Aufgaben bieten Möglichkeiten zur adressatengerechten Kommunikation. Max muss sich auf unterschiedliche Gesprächspartner einstellen und der Situation entsprechend sprachlich flexibel agieren.

1 *a) Passende Sätze: „Grüße dich, Mike, hier ist Max, könnte ich den Thorsten sprechen?" – Auch möglich, aber nicht mehr so höflich und freundlich: „Hallo, hier Max, kann ich mal den Thorsten sprechen?"*

b) Sehr höflich: „Guten Tag, Frau Meissner, hier ist Max, ich bin ein Freund von Thorsten. Wäre es möglich, ihn zu sprechen?" Variante: „Guten Tag, Frau Meissner, ... Kann ich Thorsten sprechen?" Die Formulierung kann auch als übertrieben empfunden werden, wenn Frau Meissner z. B. eine Nachbarin ist, die sehr wohl weiß, dass Max und Thorsten Freunde sind. Dann eignet sich eher die Anrede: „Hallo, ich bin Max, ich möchte gern den Thorsten sprechen." – Variante: „Hallo, Frau Meißner, hier ist Max, kann ich den Thorsten sprechen?" Hier kann auch auf die Bedeutung des Bekanntheitsgrads für die Wahl des sprachlichen Ausdrucks eingegangen und z. B. in Rollenspielen thematisiert werden.

3 ***Leistungsschwächeren** Gruppen können auch folgende Anfänge als Einstiegshilfen angeboten werden:*
„Salve Thorsten, im Abteil eben die Hammerstory erlebt. Sitze gemütlich auf meinem Platz, plötzlich kommt da so'n Grufti und scheißt mich zusammen. Würde auf seinem Platz sitzen, ob ich nicht lesen könne, Jugend von heute und diese Kiste. Hab dann gesehen, dass er reserviert hatte, hab mich entschuldigt, aber der Knacker hat das überhaupt nicht geschnallt ..."
„Tag, Frau Meissner, Sie können Sich nicht vorstellen, was ich eben im Zugabteil erlebt habe. Ich sitze gemütlich auf meinem Platz im Abteil, als mich plötzlich ein älterer Herr anmotzt. Würde auf seinem reservierten Platz sitzen, ob ich nicht lesen könne ... Habe mich natürlich entschuldigt ..."

S. 69

Bestimmt in der Sache, höflich im Ton – Sich beschweren, sich entschuldigen

Ausgangspunkt ist eine alltägliche Schulsituation: Schüler beschweren sich über die Menge der Hausaufgaben. Ronja, eine betroffene Schülerin, wendet sich in einem Brief an ihren Deutschlehrer.

1 *a) Das Anliegen Ronjas ist sicherlich diskutabel: Häufung von Klassenarbeiten, Zeitdruck, Verplanung des gesamten Tages, kein Platz für Freizeit, mangelnde Absprache der Lehrer in Bezug auf Hausaufgaben untereinander etc.*

b) Unhöfliche oder unangemessene Formulierungen: Anrede „Hi, Herr Walter"; „Irgendwie kriege ich leicht die Krise – echt krass!"; „Die mit ihrem Tunnelblick ..."; „Geht mir echt auf den Wecker!"; „... an den blöden Aufgaben"; „Ich finde das echt eine Zumutung"; „... und vor allem einer bestimmten Kollegin"; „So nicht mit uns!!"

2 *Hierbei sind sowohl die nicht beachteten Höflichkeitsregeln zu thematisieren als auch die sachlichen Aspekte des Hausaufgabenproblems anzusprechen. Herr Walter kann in ruhigem, sachlichem Ton auf die unangemessene Ausdrucksweise eingehen und Ronja klarmachen, dass dies eher schadet als nutzt, wenn man eine – durchaus begründete – Beschwerde vorbringt. – Ronja könnte sich dafür entschuldigen und näher auf die notwendige Vorbereitungszeit sowie den zeitlichen Aufwand für die Hausaufgaben in den einzelnen Fächern konkret und detailliert eingehen. Die „bestimmte Kollegin" kann durchaus mit Namen genannt werden, das dient der Klärung und ist nicht als „Verpetzen" zu verstehen. Auch hier könnte auf den Rat von Herrn Walter ein zusätzliches klärendes Gespräch anberaumt werden.*

3 *Für die formale Bearbeitung können die Schülerinnen und Schüler im Orientierungswissen, S. 269 f. (offizieller Brief) oder auch z. B. im Wahrig, S. 22 bzw. S. 24 f. (formal und inhaltlich ausgearbeitetes Reklamationsschreiben) nachschlagen. Beispiellösung:*
Sehr geehrter Herr Walter, [neue Zeile] heute muss ich meinem Herzen mal Luft machen. Es geht um die Deutscharbeit am nächsten Freitag und die vielen Hausaufgaben.
Da wir alle noch ziemlich intensiv für den Deutschtest üben müssen, haben wir mit unseren Lehrern schon gesprochen, ob sie uns nicht mal weniger Hausaufgaben aufgeben könnten, damit wir für die Deutscharbeit üben können. Leider sind Ihre Kolleginnen und Kollegen in diesem Punkt unnachgiebig. Ich habe den Eindruck, dass es in ihrem Leben nur die Schule gibt. Es bleibt mir kaum noch Zeit für meine Hobbys (ich habe zweimal die Woche Fußballtraining) und ein bisschen Sport als Ausgleich für das viele Sitzen sollte schon sein.

Benny, Carsten und Tina geht es auch so. [neue Zeile] Vielleicht können Sie mit Ihren Kolleginnen und Kollegen reden und erreichen, dass wir ein bisschen weniger Hausaufgaben bekommen. [neue Zeile] Mit freundlichen Grüßen [neue Zeile] Ronja

4 *Die einzelnen „Etappen" vom Zugeben bis zum Versprechen können an der Tafel in Form einer Treppe dargestellt werden: 1. zugeben; 2. verstehen; 3. sich entschuldigen; 4. die Verantwortung für das Geschehene auf sich nehmen; 5. Versprechen; sich in Zukunft anders zu verhalten; 6. Angebot, den entstandenen Schaden wiedergutzumachen. Darstellung am konkreten Beispiel „Bierflasche auf dem Schulhof kaputt schlagen":*

S. 71

Verstehst du mich? – Aktiv zuhören

Der Begriff des „aktiven Zuhörens" ist mittlerweile weit bekannt. Von Carl R. Rogers (1902–1987) für die psychotherapeutische Arbeit geprägt, wird er seit Jahren in Kommunikationsschulungen gelehrt, gelernt und eingeübt. Dass für eine konstruktive Gesprächsführung das aufmerksame Zuhören ebenso wichtig ist wie das klare und verständliche Reden, ist längst gesichertes Allgemeinwissen. Dennoch steht als Merkmal einer gelungenen Kommunikation immer noch eher gekonntes adressatengerechtes Reden als gutes Zuhören im Mittelpunkt der Aufmerksamkeit. – Die Schülerinnen und Schüler sollen sensibilisiert werden, den anderen in seiner Persönlichkeit, seinem sachlichen Anliegen, seiner Sprache, aber auch in seiner Mimik, Gestik und Körperhaltung wahrzunehmen.

1 *In dem Cartoon geht es darum, dass der Mann völlig auf das Fußballspiel im Fernsehen fixiert ist und deshalb die Mitteilung seiner Frau nur teilweise korrekt versteht und auch nur unvollständig wiedergeben kann.*
- *Auch Zuhören will gelernt sein.*
- *Zuhören erfordert Aufmerksamkeit.*

2 *Die Fragen dienen der Analyse des Gesprächs; im Fokus sollen die Mimik und die Gestik der beiden Personen stehen. Der Mann ist ein schlechter Zuhörer, denn er ist auf das Fußballspiel im Fernsehen fixiert. Auch die Frau ist am Misslingen des Gesprächs beteiligt, da sie im Rücken ihres Mannes mit ihm spricht und keinen Augenkontakt mit ihm aufnimmt. Keiner von beiden wendet sich dem anderen zu: Die Frau spricht mit abgewandtem Körper in die Richtung des Fernsehers, der Mann sieht fern und ist vom Fußballspiel ganz gefangen genommen (beugt sich während einer Torszene gespannt vor); er gibt die aufgenommenen Gesprächsfetzen in falscher Reihenfolge wieder.*

3 *Für ein geglücktes Gespräch sind Blickkontakt, geistige und körperliche Zuwendung sowie die Einhaltung minimaler Höflichkeitsregeln notwendig: Die Frau nimmt Blickkontakt auf und spricht vor ihrem Mann stehend, sodass dieser sie ebenfalls sehen kann; der Mann wendet sich vom Fußballspiel ab und seiner Frau zu. Er hört, was sie zu sagen hat, und gibt eine entsprechende, höfliche Antwort. In jeder Nichtbeachtung drückt sich Unhöflichkeit und mangelnde Achtung vor dem anderen aus. Abschließend kann die Frau nachfragen, ob sie verstanden wurde (was bei diesem sehr einfachen Sachverhalt, minimale Aufmerksamkeit vorausgesetzt, allerdings kaum angezweifelt werden kann).*

S. 71

Michael Ende

MOMO

1 *Die Schülerinnen und Schüler sollen hier erkennen, dass sich im Grad der Aufmerksamkeit die Wertschätzung der anderen Person ausdrückt. Der Zuhörer im Cartoon ist abgelenkt, seine Aufmerksamkeit gilt ganz dem Geschehen im Fernsehen, er wendet sich seiner Frau nicht zu. (Was allerdings auch schlecht möglich ist, er müsste dazu aufstehen und sich umdrehen; seine Frau spricht ja in seinem Rücken.)*
Im Gegensatz dazu hört Momo mit ungeteilter Aufmerksamkeit ihrem Gegenüber zu und sieht ihm in die Augen; sie ist also in der Lage, auch die nonverbalen Informationen zu erfassen. Voraussetzung dafür ist, dass die Person Momo gegenübersitzt. Momo unterbricht ihr Gegenüber nicht, träumt nicht, schenkt ihm ihre ganze Aufmerksamkeit.

2 *Mögliche Gründe: allgemeine Reizüberflutung; unterentwickelte soziale Kompetenzen; Unfähigkeit, sich in andere Menschen hineinzuversetzen; Fehlen elementarer Regeln der höflichen Kommunikation (den anderen ausreden lassen, genau hinhören, Stimmmodulation, Pausen, Augensprache beachten), starke Ichzentriertheit*

3 *Wer wirklich zuhört, „sieht" innerlich, was erzählt wird, ist mit dem Herzen dabei und versetzt sich in die Lage des Gegenübers. Zuhören bedeutet weitaus mehr als das rein akustische Hörvermögen.*

4 *Bei eher* ***leistungsschwachen*** *Klassen kann der kontrollierte Dialog auch mit Rollenkarten zu verschiedenen Themen geführt werden. Beispiel für die Rollenkarte „Soll man eine Quote für deutsche Musik im Radio einführen?":*
Pro:
- *Deutsche Interpreten würden durch die Quote eine größere Chance bekommen und wir würden uns vielleicht an deutsche Musik gewöhnen, die uns dann irgendwann genauso gut gefällt wie englische.*
- *Es gibt viele Gruppen, die machen einen guten Sound und darüber hinaus auch anspruchsvolle Texte, z. B Sportsfreunde „Stiller", Rosenstolz, „Wir sind Helden".*

Kontra:
- *Die deutsche Sprache ist für Lieder nicht so gut geeignet wie die englische, die klingt einfach besser!*
- *Die Quote gibt es schon lange, z. B. in Frankreich, Italien und Spanien. Da wird dann alles in der jeweiligen Landessprache gespielt, auch wenn es viel bessere ausländische Interpreten gibt.*

5 *Das Plakat könnte in Clusterform angelegt werden:*

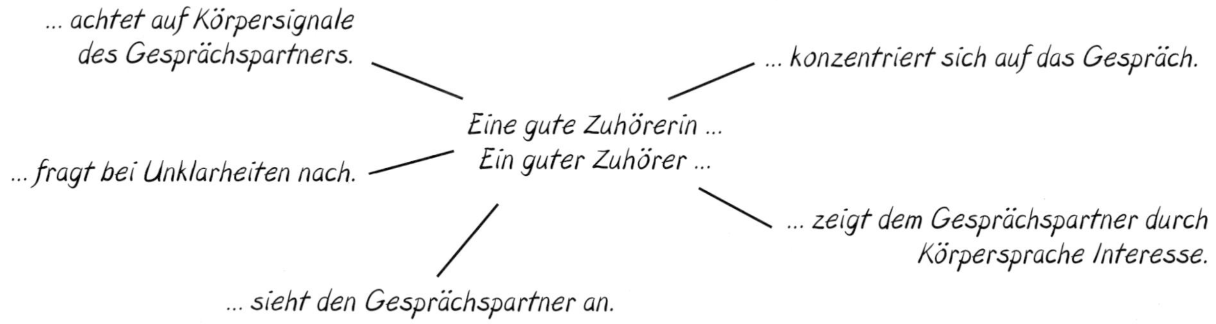

4.2 Respekt dem Respekt – Wortbedeutungen erschließen

Zur Problematik der Wertevermittlung allgemein und im Besonderen der Achtung vor dem anderen eignet sich die **Kopiervorlage** mit dem Cartoon „Wertevermittlung", S. 78 (Lösungen siehe S. 236 ff. und CD-ROM). Die Kopiervorlage kann auch auf Folie gebrannt und im Klassenplenum besprochen werden. Vor allem bei der Bearbeitung der Aufgaben 5 und 6 könnte der Cartoon als Einstieg verwendet werden.

S. 73

Die „Respekt"-Kampagne

1 *Die Sprachen nach Feldern geordnet:*

Griechisch	Kisuaheli (Ostafrika)	Arabisch	Russisch
Finnisch	Tamil	Englisch / Französisch / Niederländisch / Rumänisch	Ungarisch
Chinesisch	Spanisch	Türkisch	Hindi
Italienisch	Hebräisch	Serbisch	Kurdisch

3 *Der Satz „Respekt bedeutet für mich ..." kann an die Tafel geschrieben werden. Zunächst vervollständigt jede Schülerin/jeder Schüler in Einzelarbeit den Satz. Anschließend werden alle Zettel oder Karteikarten an die Tafel geheftet. Daraufhin können die Jugendlichen die Karten clustern bzw. Überschneidungen aussortieren. Im Anschluss werden Oberbegriffe gebildet. Der Austausch kann in Form von Murmelgruppen stattfinden.*

S. 74 *Bas Böttcher*

Respekt dem Respekt

Rap ist ein Sprechgesang und Teil der Kultur des Hip-Hop. „To rap" (deutsch: klopfen, pochen, meckern oder aber R. a. P. – Rhythm and Poetry, zu Deutsch: Rhythmus und Poesie) deutet die Art der Musik und des Sprechgesangs an. Heute hat sich der Rap teilweise von seinen Wurzeln gelöst und wird auch in anderen Musikstilen eingesetzt, z. B. in Pop, Eurodance, Crossover und Nu Metal. (Wikipedia)

1 *Worterklärungen:*
*Z. 13 **MC** = Master of Ceremony. Der Begriff MC kommt u. a. aus der Showbranche. Ein Conferencier, der in einer Gala-Show durchs Programm führt und die Künstler ansagt, wird im anglikanischen Sprachraum auch als MC bezeichnet.*
*Z. 17 **Gimmicks:** Diese kleinen Werbegeschenke sollen zum Kauf einer Ware anreizen und sind dieser oft beigefügt, z. B. winzige Spielfiguren oder Schokoladetäfelchen in Cornflakes- oder Kaffeepackungen.*
*Z. 26 **dissen:** Das umgangssprachliche Verb „dissen" (von engl. „disrespect" oder „discriminate" und als Abkürzung für „diskreditieren"), hauptsächlich von Jugendlichen verwendet, bedeutet „jemanden schlechtmachen", „jemanden schräg anmachen", „respektlos behandeln" oder „jemanden schmähen". Ursprünglich ein Slangausdruck aus den USA, kam es über die Hip-Hop-Szene – in der sich das Dissen zu einer eigenen Stilrichtung, dem Battle-Rap, entwickelte – auch nach Deutschland. Einige Rapper drücken ihre Beziehung vor allem zu anderen Rappern durch so genannte Diss-Tracks aus. (Wikipedia)*

2 *a/b) Mögliches Tafelbild (mit Lösung der Aufgabe 8 b in der zweiten Zeile):*

Respekt, respektieren	Gegenteil
achten, schätzen	Verachtung, vorverurteilen, ächten, Ächtung, dissen
Gespräche führen, höflich begrüßen, sich gegenseitig achten, anerkennen, sich auf der gleichen Ebene begegnen, akzeptieren, respektvoll behandeln	Strafen, ausgrenzen

3 *Bas Böttcher übt Kritik an seinen Rap-Kollegen, die den Begriff „Respekt" oft als Worthülse gebrauchen.*

4 *a) Peter M. beklagt das Fehlen von Respektspersonen.*

b) Die genannten Bereiche „Sport", „Schule", „Medien" und „Familie" können mit den Schülerinnen und Schülern daraufhin untersucht werden. So kann die Frage gestellt werden, inwieweit die Reaktionen der Profifußballer auf Entscheidungen der Schiedsrichter im Schulsport Nachahmung finden.

5 *Es kann auch der umgekehrte Weg gegangen werden: Die Schülerinnen und Schüler erstellen in kleinen Gruppen eine Rangliste ihrer Respektspersonen. Anschließend werden die Hitlisten vorgestellt und die Reihenfolge begründet. Aus diesen Begründungen ergeben sich die Eigenschaften, die die Respektspersonen auszeichnet.*

6 *Es werden folgende „Rezepte" genannt:*
- *Keine Strafen, sondern Gespräche führen (Z. 4/5)*
- *Andere höflich und mit einem Lächeln begrüßen (Z. 11/12)*
- *Körperlich und geistig behinderte Schüler nicht ausgrenzen (Z. 12/13)*
- *Alle Nationalitäten akzeptieren (Z. 18/19)*
- *Schüler und Lehrer behandeln sich gegenseitig respektvoll (Z. 21, 26/27)*

8 *a/b) Siehe die Tabelle zu Aufgabe 2 a/b, zweite Zeile.*

9 *Die Aufgabe sollte in Form einer Gruppenarbeit durchgeführt werden. Die erstellten Produkte könnten am Schulfest oder in der Projektwoche aufgeführt werden.*

4.3 Chat und E-Mail – Sprechweisen in den neuen Medien

Freizeitgestaltung mithilfe der Möglichkeiten, die das Internet bietet, Nutzung der elektronischen Kommunikation auch per E-Mail und Chat ist Thema der **Kopiervorlage** „Internet-Aktivitäten 2008 – Ein Diagramm auswerten und interpretieren", S. 79 (Lösungen siehe S. 236 ff. und CD-ROM). Sie kann als Grundlage zur Selbstbeobachtung und Analyse des eigenen Verhaltens dienen.

S. 77 Der Chatroom – Ein besonderer Raum

1 *Das Thema dieses Chat-Auszugs ist die Frage, ob und wenn ja, inwieweit Schüler an der Planung und Organisation einer Klassenfahrt beteiligt werden können. – Auffällig sind hierbei bereits die sprachlichen Besonderheiten der Chatkommunikation, die später (Schülerband, S. 78, Aufg. 1; S. 79, Aufg. 1–3) untersucht werden.*

2 ***Teilnahme an einem Chat:** Man ruft das Internet auf, wählt eine bestimmte Homepage oder gibt in eine Suchmaschine wie Google bestimmte Begriffe ein und gelangt zu einem Chatforum. Hier kann man in der Regel die Beiträge zu einem Problem/einer Frage zunächst nur lesen und erhält erst nach Anmeldung über ein Passwort die Erlaubnis zur Teilnahme am Chat. Man unterhält sich – meist unter einem eigenen Chatnamen, gewissermaßen unter einem Pseudonym (Sunny13, frodo4ever, Boogie) – über ein bestimmtes Thema, stellt eine Frage, legt ein Problem dar oder antwortet auf Fragen, gibt einen Ratschlag, berichtet über die persönliche Lösung eines Problems. Sämtliche Chat-Teilnehmer können nach der Eingabe des Textes (nach Betätigen der Entertaste) den Text lesen und ihrerseits antworten. Die Pseudonyme verbergen die eigentliche Person, man weiß also nicht, wie das Gegenüber wirklich heißt, und letztlich auch nicht, wie alt es ist, welches Geschlecht, welche nationale, religiöse oder politische Zugehörigkeit (und welche Absichten) es hat.*
***Treffpunkte** für diese meist nach Themen geordneten Chats sind die Chatrooms.*
*Die **Umgangsformen** sind durch sog. Chatiquetten festgelegt, Beschimpfungen sind verpönt bzw. verboten und ziehen laut Satzung vieler Chats den Ausschluss des Chat-Teilnehmers nach sich (www.chatiquette.de). Eine weitere Eigenheit des Chats: Chatter duzen sich, die Anrede „Sie" ist unüblich.*
***Typische Themen** sind, abhängig vom Alter des Chatteilnehmers und von seinen Interessen: Musik, Schulprobleme, Haustiere, Freundschaften, Gesundheit, Geld, Liebe.*

3 *Der Auszug des Interviews mit A. Arnemann soll den Blick der Schülerinnen und Schüler auf mögliche Gefahren des Chattens lenken. Allerdings nicht, um den Chatroom zu meiden, sondern ihn bewusst und kritisch zu nutzen. Vielleicht besteht im Unterricht die Möglichkeit, die im Tipp aufgeführten Internetseiten aufzurufen.*

S. 78 Chat-Kommunikation – Getippte Gespräche?

1 *Im Netzjargon können Verständigungsprobleme oder die Gefahr von Missverständnissen gegenüber gesprochener Sprache teilweise kompensiert werden durch Emoticons und Smileys.*
Rechtschreibung, Zeichensetzung, Satzbau:
Schreibweise in Kleinbuchstaben; Großbuchstaben dienen der Hervorhebung, Betonung; unvollständige Sätze; auffallend intensiver Gebrauch von Satzschlusszeichen und Doppelpunkt; Kommasetzung entfällt weitgehend, erfolgt fast nur bei Aufzählungen
Sprachstil, Wortwahl:
Abkürzungen, Wortkürzungen/Umgangssprache (ich finds, mal planen was, un was man son ganzen tag, ne hütte), Jugendsprache (echt supi, ey, mega probleme); Slang/Dialekt/gesprochene Sprache (oh, nee; warste schon mal)
Sonderzeichen:
Buchstabenbilder, Smileys, Emoticons, Akronyme

S. 79 Chattest du noch oder mailst du schon? :-)

Neben der Nutzung von Instant-Messengern ist der Austausch von E-Mails der wichtigste Bestandteil der Online-Nutzung Jugendlicher. Die Anzahl eigener E-Mail-Adressen ist in den letzten Jahren kontinuierlich gestiegen. Anknüpfend an den Chatauszug auf Seite 77 im Schülerband wird das Thema der Klassenfahrt wieder aufgegriffen. Kathrin und Erkan haben es übernommen, sich per E-Mail beim Jugendgästehaus zu informieren.

Körpersprache: unhörbar, aber wirkungsvoll – Die Macht der wortlosen Sprache

- Direkter Blickkontakt
- Arme vor der Brust verschränkt
- Fingertrommeln
- Nervosität, Gereiztheit
- Abwarten, Distanz
- Zur Faust geballte Hände
- Offene Armbewegungen
- Selbstbewusstsein, Sicherheit
- Sicherheit, Wohlgefühl
- Verkrampfung
- Arme in die Seite stemmen
- Erregung
- Zeichen für „O. K.!"
- Füße um Stuhlbeine wickeln
- Erhobener Zeigefinger
- Daumen hochstrecken
- Drohung, Belehrung
- Wut, Zorn, Entschlossenheit

1 *Welche Körpersignale passen zu welcher Bedeutung? Übertrage die Tabelle in dein Heft und ergänze sie.*

Körpersignale	**Bedeutungen**
	Selbstbewusstsein, Sicherheit
Zur Faust geballte Hände	

2 *Sammle weitere Körpersignale und überlege, welche Bedeutung sie haben. Ergänze die Tabelle entsprechend.*

3 *Vergleicht eure Ergebnisse: Gibt es unterschiedliche Interpretationen? Wenn ja, bei welchen Körpersignalen? Wodurch könnte die unterschiedliche Interpretation begründet sein?*

4 *Körpersprache: Weltcode oder Geheimsprache? Es gibt Länder, in denen Körpersignale anders interpretiert werden als bei uns. Kopfnicken versteht man nicht weltweit als Ja. Nennt weitere Beispiele.*
a) Informiert euch dazu auch im Internet: www.planet.wissen.de, Stichwort „Körpersprache" (Lexikonsuche „K").
b) Woran liegt es, dass Körpersprache anders verstanden werden kann?

5 *Sucht in Zeitungen und Zeitschriften nach Bildern einzelner Personen oder Personengruppen und gestaltet Plakate zum Thema „Körpersprache". In den Bildunterschriften könnt ihr die Körpersprache kurz interpretieren und gegebenenfalls auch angeben, welche Bedeutung diese Mimik/Geste/Körperhaltung in einem anderen Land hätte. Stellt eure Plakate im Klassenraum aus und macht einen „Museumsgang".*

KOPIERVORLAGE

„So habe ich das nicht gemeint!“ – Auf Inhalt und Beziehung achten

1 *Beschreibt, wie Annika reagiert.*
Warum reagiert Annika so? – Wie hat sie Melissas Frage wohl verstanden?

2 *Experimentiert mit Melissas Frage, indem ihr Tonfall, Mimik, Gestik verändert.*
Wie verändert sich dadurch möglicherweise Annikas Reaktion?

3 *Spielt diesen Dialog in einem Rollenspiel. Überlegt euch, wie das Gespräch fortgesetzt werden könnte.*
a) Warum habt ihr euch für diese Möglichkeit entschieden? – Begründet.
b) Vergleicht und besprecht, wenn alle vorgespielt haben, eure Lösungen.

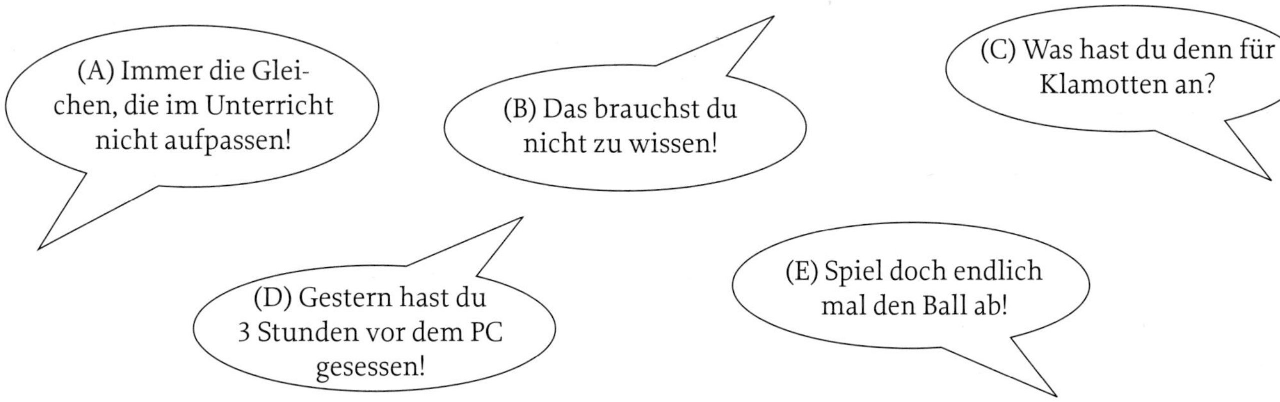

4 *Schreibt auf, was der Sprecher/die Sprecherin mit den Äußerungen meinen könnte.*
a) Vergleicht eure Ergebnisse. Stellt fest, was die Gesprächspartner anders verstehen könnten, als der Sprecher meint.
b) Sprecht die Sätze mit unterschiedlichen Betonungen.
c) Überlegt euch, wie die Gesprächssituation aussehen könnte, in denen diese Äußerungen gemacht werden. Spielt diese Situationen in einem kleinen Rollenspiel. Überlegt euch, welche Bedeutung es für das Verstehen einer Äußerung hat, wenn man die Gesprächssituation kennt.

„Wertevermittlung" – Bildern Informationen entnehmen

(Plaßmann/CCC, www.c5.net)

1 *Seht euch die beiden Bilder genau an.*
- *Wie unterscheidet sich die Mimik der beiden Jungen in den beiden Bildern?*
- *Worauf ist das zurückzuführen?*

2 *Im Untertitel heißt der Cartoon „Wertevermittlung".*
- *Wie passt das zur Aussage des Jungen?*
- *Welche Wertvorstellung hat er?*

3 *Bildet Gruppen und bearbeitet eine der folgenden Aufgaben:*
a) Denkt euch eine Fortsetzung der Bildergeschichte aus und zeichnet sie.
b) Der schweigsame Junge kritisiert die „Wertvorstellung" des anderen.
- *Formuliert den Inhalt der Sprechblase(n).*
- *Überlegt euch die dazu passende Mimik und Gestik und auch die sich verändernde Körperhaltung.*
- *Zeichnet zwei weitere Bilder.*

4 *Mit Sprache kann man seine Meinung zum Ausdruck bringen, Gefühle mitteilen, aber auch lügen, Sachverhalte vertuschen, eine Straftat verleugnen und verharmlosen. Ergänzt den folgenden Satz mit den vorgegebenen Wörtern und diskutiert darüber:*
Gewaltandrohung – Abzocken – räuberische Erpressung – verharmlosend

„Abziehen" und ______________ sind ______________ Begriffe aus der Jugendsprache.

Gemeint ist damit Raub oder ______________, d. h. Diebstahl bzw. die Aneignung

fremden Eigentums unter ______________ oder -ausübung.

KOPIERVORLAGE

Ein Diagramm auswerten und interpretieren

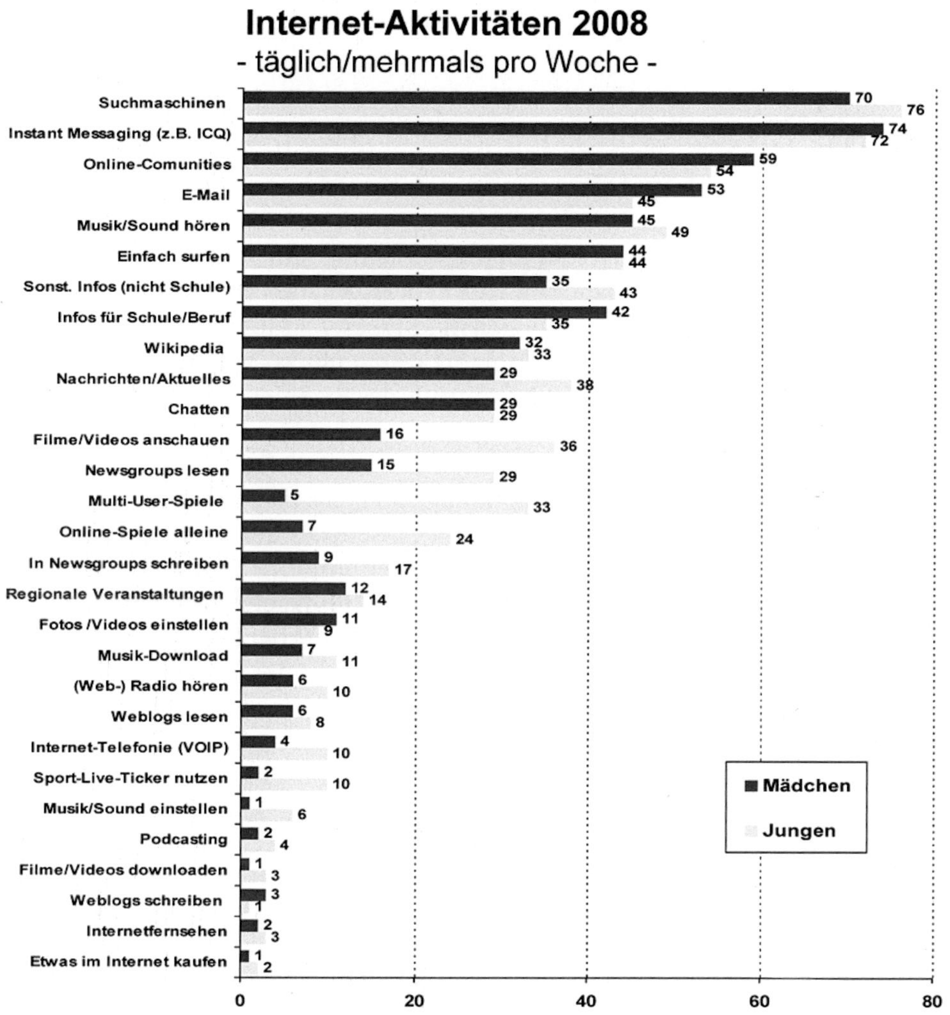

Basis: Internet-Nutzer, n = 1.171 Angaben in Prozent

(Medienpädagogischer Forschungsverband Südwest mpfs www.mpfs.de; JIM Studie 2008)

1 *Sieh dir das Diagramm genau an.*
a) Um welches Thema geht es in dem Diagramm?
b) Formuliere eine passende Überschrift.
c) Was soll dem Leser mit diesem Diagramm verdeutlicht werden?

2 *Welche der folgenden Aussagen sind richtig, welche sind falsch? Kreuze die richtigen Antworten an.*
- ☐ *42% der Mädchen nutzen das Internet für Infos für die Schule oder Ausbildung.*
- ☐ *Jungen versenden und empfangen häufiger E-Mails als Mädchen.*
- ☐ *Kommunikative Tätigkeiten stehen bei Jungen und Mädchen im Vordergrund.*
- ☐ *Der größte Unterschied zwischen Jungen und Mädchen zeigt sich in der Rubrik „Multi-User-Spiele".*

3 *Überlege: Welche Vorteile, welche Nachteile hat ein Diagramm?*

4 *Auf welche Fragen zur Internet-Aktivität gibt das Diagramm keine Antwort?*

KOPIERVORLAGE

5 Nicht ganz alltägliche Situationen – Kurzgeschichten

Konzeption des Gesamtkapitels

Eine Abgrenzung der Kurzgeschichte etwa zur Novelle, Anekdote und anderen kurzen Erzähltexten, aber auch zur Shortstory, die der Kurzgeschichte in Deutschland den Weg ebnete, gestaltet sich schwierig. Walter Höllerer folgend können jedoch einige Merkmale benannt werden, die sich in Kurzgeschichten (nicht in allen!) finden lassen: Augenblicksfixierung, scheinbare Belanglosigkeit der Situationen / Wendepunkt, Mehrdeutigkeit der Geschehnisse, Subjekt-Objekt-Annäherung, abschnitthaftes Erzählen, Bekenntnis des Erzählers zu seiner Erzähltätigkeit, offener Anfang und offenes Ende.
Thematischer Fokus des eher analytisch orientierten ersten Teilkapitels **(„‚Nachts schlafen die Ratten doch' – Kurzgeschichten erschließen")** sind Kinder und Jugendliche als Zentralfiguren der ausgewählten Geschichten. In der gebotenen didaktischen Reduktion ergibt sich ein Merkmalscluster der Kurzgeschichte, das anhand der vier Kurzgeschichten erarbeitet wird und am Ende in eine schriftlichen Interpretation mündet.
Die Auftaktseite visualisiert die vier Autoren des ersten Teilkapitels und bietet die Möglichkeit, sich über die Verfasser den Werken zu nähern. Daran anschließend werden zentrale Aspekte der Kurzgeschichte erarbeitet: In der Bearbeitung von Julia Francks „Streuselschnecke" wird die Perspektive und damit verbunden der Wendepunkt akzentuiert. In den Aufgaben zu Wolfgang Borcherts „Nachts schlafen die Ratten doch" geht es vor allem um die Typisierung der Figuren. Anhand von Wladimir Kaminers „Schönhauser Allee im Regen" kann vor allem die überraschende Wendung erarbeitet werden. Ernest Hemingways „Ein Tag Warten" thematisiert den Spannungsverlauf, greift die bereits erarbeiteten Kriterien der Kurzgeschichte wieder auf und mündet schließlich in der Bündelung der Ergebnisse sowie der schriftlichen Interpretation.
Im zweiten Teilkapitel **(„‚Sommerschnee' – Kurzgeschichten umgestalten")** werden produktive Verfahren genutzt, um Schülerinnen und Schülern einen produktionsorientierten Zugang zu den Texten zu ermöglichen. Die Schreibaufträge sind immer an die Ausgangstexte rückgebunden und liefern Einsichten in die Figurenwelt der Protagonisten. Leonie Ossowskis „Die Metzgerlehre" zeigt die Auseinandersetzung eines Jugendlichen mit der „brutalen" Berufswelt der Erwachsenen. Fietschers Auflehnung gegen seinen Ausbilder, als Ausdruck der Ablehnung des von ihm ungeliebten Berufs, wird über die Erarbeitung der Gedanken formuliert. „Sommerschnee" von Tanja Zimmermann reizt wegen der positiven Grundstimmung der Ich-Erzählerin (die sich letztlich aber ins genaue Gegenteil verkehrt) zum Weiterschreiben.
Im dritten Teilkapitel **(„Ein Film- und Hörspiel-Projekt")** geht es darum, mediale Transformationsprozesse anzuregen, die vertiefende Einsichten in die spezifischen Strukturen der Texte von Kaminer und Hemingway aus dem ersten Teilkapitel ermöglichen. Das Projekt legt ein arbeitsteiliges Vorgehen in Gruppen nahe und kann bei größeren Klassen durchaus thematisch erweitert werden. Die Kürze der Texte ermöglicht ein zeitlich begrenztes, aber dennoch ertragreiches Arbeiten im Bereich Medien (Hörspiel und Kurzfilm).

Literaturhinweise

Haas, Gerhard: Handlungs- und produktionsorientierter Literaturunterricht. Kallmeyer, Seelze 1997

Herold, Theo (Hg.): Klassische und moderne Kurzgeschichten. Cornelsen, Berlin 1998

Langbein, Elvira/Lange, Rosemarie (Hg.): Rund um kurze Geschichten. Kopiervorlagen für den Deutschunterricht. Cornelsen, Berlin 2005

Neue kurze Prosa. Praxis Deutsch 206 / 2007

Spinner, Kasper H.: Kreativer Deutschunterricht. Kallmeyer, Seelze 2002

Waldmann, Günter: Produktiver Umgang mit Literatur im Unterricht. Schneider, Hohengehren 2004

	Inhalte	Kompetenzen
S. 81	**5.1 „Nachts schlafen die Ratten doch" – Kurzgeschichten erschließen**	Die Schülerinnen und Schüler können – sich über Autoren / -innen informieren – im Internet recherchieren
S. 82	*Julia Franck* Streuselschnecke	– Figuren beschreiben – die Figurenkonstellation eines Textes skizzieren – eine Geschichte in Sinnabschnitte gliedern
S. 84	*Wolfgang Borchert* Nachts schlafen die Ratten doch	– die Erzählperspektive erkennen und erklären – die sprachlichen Besonderheiten eines Textes erfassen
S. 87	*Wladimir Kaminer* Schönhauser Allee im Regen	– schreibend einen Perspektivwechsel vornehmen und dessen Wirkung reflektieren – den Inhalt eines Textes erfassen und das Wesentliche wiedergeben
S. 89	*Ernest Hemingway* Ein Tag Warten	– einen Text historisch einordnen – sprachliche Mittel erkennen und ihre Wirkung beschreiben
S. 92	**„Ein Tag Warten" – Schriftlich interpretieren**	– ein erstes Textverständnis formulieren – selbstständig eine Inhaltsangabe verfassen – den Verlauf einer Geschichte durch eine Spannungskurve verdeutlichen – die Autorenabsicht erkennen und eine eigene Stellungnahme formulieren – selbstständig eine Interpretation verfassen – Kriterien für die Textsorte „Kurzgeschichte" an Beispielen überprüfen – eigene Texte in Schreibkonferenzen überarbeiten
S. 93	**5.2 „Sommerschnee" – Kurzgeschichten umgestalten**	– mit produktiven Verfahren einen Zugang zu Texten gewinnen – durch das Hineinversetzen in eine Figur das Thema der Geschichte analysieren
S. 93	*Leonie Ossowski* Die Metzgerlehre	– Vorausdeutungen für das Weiterschreiben einer Geschichte nutzen
S. 95	*Tanja Zimmermann* Sommerschnee	
S. 96	**5.3 Ein Film- und Hörspiel-Projekt**	– von einem Text ausgehend einen Kurzfilm drehen – filmische Gestaltungsmittel gezielt einsetzen
S. 96	**„Schönhauser Allee" im Film**	– einen Text in ein Hörspiel umgestalten – die akustische Sinnebene gestaltend einsetzen
S. 97	**„Ein Tag Warten" im Hörspiel**	– die Wirkung der eingesetzten Medien vergleichen

5.1 „Nachts schlafen die Ratten doch" – Kurzgeschichten erschließen

S. 81

Auftaktseite

1/**2** *Der Einstieg in die Texte erfolgt über die Visualisierung ihrer Verfasser/-innen. Da die Autorinnen und Autoren dem überwiegenden Teil der Schülerinnen und Schüler unbekannt sein dürften, bietet sich hier die Möglichkeit einer Recherche im Internet und die Aufbereitung der Informationen für die eigene Klasse an (siehe dazu „Arbeitstechnik Kurzvortrag" im Schülerband, S. 23). Die Informationsentnahme und die Frage nach dem Ort der Recherche, daneben aber auch die Sichtung und vor allem die Auswahl des Materials sollten die unterrichtlichen Schwerpunkte bilden.*
Die Schülerinnen und Schüler könnten sich arbeitsteilig in Gruppen mit jeweils einem der sechs Autorinnen bzw. Autoren beschäftigen. Bei der Behandlung der entsprechenden Geschichte wird die entsprechende Autorin bzw. der entsprechende Autor vorgestellt.

S. 82

Julia Franck

Streuselschnecke

1 *a/b) Die Ich-Erzählerin ist die Tochter des Mannes. Das Verhältnis der Ich-Erzählerin zu ihrem Vater ist ausgesprochen distanziert. Das Verschweigen der Identität zeigt die Entfremdung der beiden zueinander; die Tochter nimmt ihren Vater als „Mann" (Z. 6) und nicht als Vater wahr, weil er diese Rolle in ihrem Leben offensichtlich nicht ausgefüllt hat. Die Spannung der Geschichte basiert darauf, dass der Leser die zentrale Information über den Mann – dass er nämlich der Vater der Ich-Erzählerin ist – erst ganz am Ende erhält (Z. 65). Außerdem gibt es Textsignale, die eine Liebesbeziehung oder einen Liebesdienst andeuten: Schminken (Z. 13f.), ins Kino gehen, Essen gehen (Z. 15ff.), „ob er mir Geld geben würde" (Z. 24f.).*

2 *a) Es handelt sich um eine Ich-Erzählung. Die Tochter des Regisseurs erzählt, wie sie den Vater kennen lernt und wie sie selbst die Beziehung zu ihm erlebt. Auffallend ist die emotionslose Erzählweise, die sich auf die äußere Handlung beschränkt und wenig vom Innenleben der Personen preisgibt.*

b) Mögliches Tafelbild:

Ich-Erzählerin	Vater
14 Jahre (Z. 1) wohnt in Berlin bei Freunden (Z. 4f.) geht zur Schule (Z. 30) sorgt für sich selbst (Z. 30) jobbt als Putzfrau und Kindermädchen (Z. 31) will später als Kellnerin arbeiten (Z. 32f.) bringt ihm Blumen (Z. 48) und Streuselschnecken ins Krankenhaus (Z. 53ff.)	lässig gekleidet (Z. 13) ist eher schüchtern (Z. 17) hat ein feines ironisches Lächeln (Z. 19f.) schreibt Drehbücher, führt Regie bei Filmen (Z. 23f.) erkrankt zwei Jahre später (Z. 35f.) liegt im Krankenhaus zum Sterben (Z. 37f.) hat Angst vor dem Tod und will sich nach einjährigem Leiden selbst töten (Z. 37ff.) möchte, dass ihm die Tochter Morphium besorgt (Z. 41f.) hätte seine Tochter gern besser kennen gelernt (Z. 56f.) stirbt nach dem 17. Geburtstag der Tochter (Z. 60f.)

c) Die Schülerinnen und Schüler können z. B. folgende Fragen aufwerfen:
- *Warum lebt die Ich-Erzählerin nicht mehr bei ihrer Mutter und ihren Schwestern?*
- *Was denkt die Ich-Erzählerin über das ironische Lächeln des Vaters, was könnte sein Lächeln ihr verraten (Z. 19ff.)?*
- *Welche Gefühle hat die Ich-Erzählerin beim Tod des Vaters empfunden?*
- *Warum erkundigt sich der Vater erst ein Jahr nach ihrem Auszug bei der Mutter nach seiner Tochter?*
- *Welche Filme machte der Vater der Ich-Erzählerin und was hat sie bei ihren Besuchen (Z. 22f.) erlebt?*
- *Woher will die Ich-Erzählerin eigentlich wissen, dass ihre Mutter ihren Vater „nicht geliebt" (Z. 65f.) hat?*

3 a) So könnte der Brief beginnen:
Ich hörte, dass sie seit einem Jahr hier in Berlin wohnt. Da rief ich sie an. Sie wohne jetzt bei Freunden, sagte sie. Ich fragte sie, ob sie mich kennen lernen wolle. Ich war unsicher. Ich hatte schon viel über solche Treffen gehört und schließlich hatte ich kaum Zeit, weil ich mitten in den Dreharbeiten für meinen neuen Film steckte ...

b) Der entscheidende Gestaltungsspielraum für die Parallelgeschichte liegt im emotionalen Bereich des Erzählers (also des Vaters). Hier müssten die Schülerinnen und Schüler antizipieren, wie sich der Vater in der Situation des ersten Kennenlernens fühlt, und dies deutlich machen. Die Gefühle des Mädchens gehen durch den Perspektivwechsel verloren. Gegebenenfalls können Beobachtungen oder Interpretationen des Erzählers die Gefühle des Mädchens thematisieren.

4 Ein wichtiges Qualitätsmerkmal für die Briefe der Schülerinnen und Schüler bildet die Thematisierung der Distanz zwischen den Eltern und der Ich-Erzählerin. Dass die Ich-Erzählerin bereits im Alter von 14 Jahren nicht mehr bei ihrer Mutter lebt, lässt auf ein zerrüttetes Verhältnis schließen. Ein weiteres Thema des Briefes können Fragen nach der Vergangenheit sowie Vorwürfe über die Kindheit sein. So könnte der Brief beginnen:
Hallo Mama,
endlich habe ich mal ein wenig Zeit und kann dir schreiben. Ich hoffe, du bist mir nicht mehr böse und der Brief freut dich. Es geht mir ganz gut, ich bin ziemlich eingespannt mit der Schule und meinem Nebenjob. Vor einiger Zeit bekam ich einen überraschenden Anruf. Vater hat sich bei mir gemeldet und ...

5 Mögliches Tafelbild:

Das Kennenlernen

1. Der Anruf (Z. 1–12):
Überraschender Anruf des unbekannten Vaters. Der Vater möchte die Tochter kennen lernen. Sie reagiert unsicher und empfindet Unbehagen.
2. Die Verabredung (Z. 12–21):
Erste Annäherung von Vater und Tochter. Die Tochter schminkt sich, vielleicht möchte sie älter wirken. Er trägt eher betont jugendliche Sachen. Sie findet ihn nicht unsympathisch, eher schüchtern.
3. Mehrere Treffen innerhalb von zwei Jahren (Z. 22–34):
Die Tochter besucht den Vater bei der Arbeit; weitere Begegnungen werden nicht thematisiert, sodass der Eindruck entsteht, dass man sich letztlich nicht nähergekommen ist.

Das Sterben des Vaters

1. Krankheit (Z. 34–59):
Die Tochter besucht den Vater im Krankenhaus. Er spricht mit ihr über den Tod und fragt sie, ob sie ihm Morphium besorgen könne. Sie geht darauf nicht ein, aber die Zuneigung der Tochter drückt sich in ritualisierten Handlungen aus. Sie bringt ihm Blumen und backt ihm Kuchen. Er sagt ihr, dass er gerne mit ihr gelebt hätte.
2. Tod des Vaters (Z. 60–66):
Die Teilnahme an der Beerdigung des Vaters, zusammen mit der Schwester, stellt das Ende der Beziehung dar. Die Mutter bleibt dem Begräbnis fern. Der letzte Satz legt die Vermutung nahe, dass die Tochter, die den Vater etwas näher kennen gelernt hat, sich ihm auch emotional verbunden fühlt.

6 Beispiellösung:
Im Mittelpunkt der Kurzgeschichte „Streuselschnecke“ steht die Ich-Erzählerin, die rückblickend das distanzierte Verhältnis zu ihrem Vater beschreibt, den sie erst im Alter von 14 Jahren kennen gelernt hat und der kurz nach ihrem 17. Geburtstag stirbt.

7 a) Die Überschrift bezieht sich auf die Streuselschnecken, die die Tochter bäckt. Sie sind für den Vater Symbol des „Einfachen“. Zu diesen einfachen Dingen des Lebens kann man auch das Zusammenleben mit Kindern zählen, das der Vater verpasst hat. Das Bild der „Schnecke“ evoziert auch das Bild einer zurückgezogenen Person: „Sich in sein Schneckenhaus verkriechen“. Die Tochter wirkt sehr zurückhaltend, sie erzählt sehr sachlich von der Beziehung zum Vater. Gefühle werden im Text nicht thematisiert.

b) Mögliche Überschriften: Ein Vater für drei Jahre; Der Tod meines Vaters; Zu spät

8 a) *Mögliches Tafelbild:*

Text in indirekter Rede	In direkte Rede umgewandelt
„... der Mann [...] sagte mir, er lebe in Berlin, und fragte, ob ich ihn kennen lernen wolle.“ (Z. 6 f.)	Der Mann sagte: „Ich lebe in Berlin und würde mich gerne mit dir treffen. Willst du mich kennen lernen?“
„... sagte er mir, er sei krank.“ (Z. 36 f.)	Er sagte: „Ich bin krank.“
„Er fragte mich, ob ich ihm Morphium besorgen könne.“ (Z. 41 f.)	Er fragte mich: „Kannst du mir Morphium besorgen?“
„... ich fragte ihn, ob er sich Kuchen wünsche ...“ (Z. 49 f.)	Ich fragte ihn: „Möchtest du Kuchen haben?“
„Er sagte, die einfachen Dinge seien ihm jetzt die liebsten – er wolle nur Streuselschnecken, nichts sonst.“ (Z. 51 ff.)	Er sagte: „Die einfachen Dinge sind mir jetzt die liebsten. Ich will nur Streuselschnecken, sonst nichts.“
„Er sagte, er hätte gerne mit mir gelebt, es zumindest gern versucht, er habe immer gedacht, dafür sei noch Zeit, eines Tages – aber jetzt sei es zu spät.“ (Z. 56 ff.)	Er sagte: „Ich hätte gerne mit dir gelebt, es zumindest versucht. Ich habe immer gedacht, dafür ist noch genügend Zeit – aber jetzt ist es zu spät.“

b) Der Vergleich beider Fassungen sollte deutlich machen, dass durch das bewusste Verwenden der indirekten Rede die Distanz der beiden Figuren noch unterstrichen wird. Letztlich findet kaum ein persönliches Gespräch statt.

9 *Die Verbform „buk“ ist eine veraltete Form des Präteritums von „backen“.*

S. 84

Wolfgang Borchert

Nachts schlafen die Ratten doch

1 *a) Der neunjährige Jürgen trifft am frühen Abend auf einem Schuttfeld in der Ruine eines zerbombten Hauses auf einen älteren Mann. Das Treffen findet einige Tage nach einem Luftangriff statt (Z. 66 f., 98 f.), vermutlich in der Endphase des Zweiten Weltkriegs oder der unmittelbaren Nachkriegszeit.*

b) Z. 48: „Neun“; Z. 21: „Jürgen“; Z. 3: „früher Abendsonne“; Z. 5: „Schuttwüste“; Z. 16: „einen älteren Mann“; Z. 66 f: „Seit Sonnabend schon“; Z. 98 f.: „Unser Haus kriegte eine Bombe“ (= Luftangriff)
Folgende Textstellen weisen auf die historische Situation hin: „Schornsteinresten“ (Z. 4), „Schuttwüste“ (Z. 4), „ein halbes Brot“ (Z. 70 f.), Tod des Bruders (Z. 96), Bombe (Z. 99), Mauerreste (Z. 129) und Schutt (Z. 152).
Auf den Zweiten Weltkrieg weist kein Textsignal direkt hin, aber der Rückschluss kann über den Autor erfolgen.
Die Informationen verdeutlichen die Gefühlslage des Jungen, die von Angst, Unsicherheit und Trauer geprägt ist.

2 a) *Mögliches Tafelbild:*

Jürgen ...	Der ältere Mann ...
ist misstrauisch. (Z. 10 f.) →	stellt Fragen. (Z. 19 f.)
←	erzählt von Kaninchen. (Z. 56 f.)
erklärt, warum er warten muss. (Z. 89) →	nimmt Jürgen ernst. (Z. 79 f.)
←	erklärt, dass Ratten nachts schlafen. (Z. 105 ff.)
lässt sich davon überzeugen. (Z. 115 f.) →	weckt erneut das Interesse des Jungen an Kaninchen. (Z. 120 ff.)
will ein Kaninchen haben. (Z. 133 f.) →	geht und will abends wiederkommen, um den Jungen unter dem Vorwand, dem Vater eine Bauanleitung für Kaninchenställe zu geben, nach Hause zu bringen. (Z. 138 f.)
verspricht zu warten und plant den Bau eines Kaninchenstalls. (Z. 141 ff.) ←	

b) Jürgen bewacht in einer Ruine seinen verschütteten toten Bruder vor den Ratten. Dem Fremden, der plötzlich auftaucht, begegnet er zunächst misstrauisch, verstockt und traurig. In dem darauffolgenden Gespräch entkräftet der Mann die Autorität des Lehrers und gewinnt das Vertrauen des Jungen. Indem er sagt, dass Ratten nachts schlafen, braucht Jürgen seinen toten Bruder nicht mehr zu bewachen und kann nach Hause gehen.

3 a) Der Titel „Nachts schlafen die Ratten doch" deutet auf den Wendepunkt der Geschichte hin: Der Mann kann Jürgen nur mithilfe dieser (Not-)Lüge dazu bringen, das zerstörte Haus abends zu verlassen und nach Hause zu gehen. Nur weil Jürgen dem Mann glaubt, dass die Ratten nachts schlafen, kann er seine „Totenwache" unterbrechen und schlafen gehen. In Wahrheit sind Ratten dämmerungs- und nachtaktive Tiere, aber die schreckliche Wahrheit des Lehrers hilft dem Jungen nicht weiter, weshalb der ältere Mann sie entkräftet, um ihn auf diese Weise – und mit dem Versprechen, ihm ein Kaninchen zu schenken – aus seiner von Trauer geprägten Welt „ins Leben" zurückzuholen.

b) Beispiellösungen: Das weiße Kaninchen; Die Ratten-Lüge; In der Schuttwüste

4 „Das hohle Fenster in der vereinsamten Mauer gähnte blaurot voll früher Abendsonne. Staubgewölke flimmerte zwischen den steilgereckten Schornsteinresten. Die Schuttwüste döste." (Z. 1–6)
Das Besondere an der Textstelle (Z. 1–6) sind die ausdrucksstarken Verben und Adjektive, die die Atmosphäre der Geschichte intensiv erfahrbar machen (Personifikationen, z. B. gähnendes Fenster, dösende Schuttwüste).

5 Borcherts scheinbar „einfache" Kurzgeschichte weist eine komplexe Erzählstruktur auf. Sie beginnt im ersten Abschnitt (Z. 1–6) in auktorialer (allwissender) Erzählweise. Das beschriebene Bild einer vor sich hin dösenden Schuttlandschaft dient als Hintergrund und Rahmen der Geschichte. Mit dem Satz „Er hatte die Augen zu" (Z. 7) knüpft der Autor nahtlos an das Bild der dösenden Trümmerlandschaft an, wechselt aber die Erzählperspektive hin zur Innensicht der Figur Jürgen (personales Erzählen), deren Gedanken mitgeteilt werden („Jetzt haben sie mich!, dachte er"; Z. 10). Das Auftauchen der Gestalt des älteren Mannes treibt die Geschichte in der personalen Erzählperspektive voran. Durch die widerwilligen Antworten des Jungen entwickelt sich ein mühsames Gespräch, bei dem sich der Charakter der beiden Figuren allmählich herauskristallisiert. Dazu tragen auch die auktorialen Eingriffe des Erzählers bei, der Jürgens Perspektive stellenweise wieder verlässt und erneut aus der Außenperspektive erzählt (z. B. beschreibt er das Verhalten und die Redeweise Jürgens als „mutig" (Z. 26), „geringschätzig" (Z. 43) und „unsicher" (Z. 63).
Da das Geschehen in der Kurzgeschichte überwiegend aus der Sicht des Jungen erzählt wird, können sich die Schülerinnen und Schüler bei ihrer Antwort auf die personale Erzählperspektive beschränken.

6 Verständlicher wären durch Anführungszeichen z. B. die Dialoge Z. 23ff. und Z. 120ff.

7 Korrekt müsste der Satz lauten: Es ist wegen **der** Ratten. (Genitiv, vgl. Schülerband, S. 276)

S. 87

Wladimir Kaminer

Schönhauser Allee im Regen

1 Der Titel passt nicht ganz genau zur Geschichte, in der überwiegend von Begebenheiten nach einem Regenschauer erzählt wird (Z. 10: „Wenn der Regen aufhört ..."; Z. 15f.: „... gehen oft nach dem Regen").
Weitere passende Überschriften könnten sein: Das freche Mädchen; Reingelegt; Die Pfütze.

2 Das Geschehen wird aus der Perspektive eines Ich-Erzählers/einer Ich-Erzählerin geschildert, der/die mit seiner/ihrer Tochter namens Nicole nach einem Regenschauer spazieren geht und dabei das Verhalten der Passanten beobachtet.

3 Beispiellösung:
Wladimir Kaminers Geschichte „Schönhauser Allee im Regen" erzählt von einem kleinen vietnamesischen Mädchen, das eine Gruppe von Erwachsenen, die ihr helfen wollen, an der Nase herumführt.

4 a) Mögliche Überlegungen: Das Mädchen spielt mit den Klischeevorstellungen der Erwachsenen. Es täuscht durch sein Schweigen vor, hilflos zu sein und alleingelassen in der Pfütze zu stehen. Als die besorgten Erwachsenen *näher an das Mädchen herantreten, werden sie von ihm mit dem Regenwasser in der Pfütze bespritzt. Die Tatsache, dass es sich offensichtlich um ein ausländisches Kind handelt, ist von Bedeutung, weil dadurch die vorgetäuschte Hilflosigkeit des Mädchens aus der Sicht der Erwachsenen noch plausibler erscheint.*

5 *Die Reaktionen der Betroffenen können unterschiedlich ausfallen. Wahrscheinlich werden sich die meisten Passanten ärgern und ihren Unmut laut äußern, indem sie über die heutige Jugend bzw. Kinder schimpfen und ihnen mangelnde Erziehung vorwerfen. Andere werden das Verhalten des Mädchens und seinen gelungenen Streich belächeln.*

6 *a) Der Ich-Erzähler beurteilt das Verhalten des Mädchens nicht direkt. Aber man kann die ironische Erzählweise dahingehend interpretieren, dass ihn der schon oft wiederholte Streich des Mädchens (Z. 85f.) vermutlich immer wieder amüsiert.*

S. 89

Ernest Hemingway

Ein Tag Warten

Zu dieser Kurzgeschichte wird auf den Seiten 98 bis 101 **Material zur Leistungsdifferenzierung** angeboten (Lösungen siehe S. 236 ff. und CD-ROM).

1 *Der Titel der Geschichte bezieht sich auf das Warten auf den Tod. Besonders hervorzuheben ist dabei der Satz des Jungen: „Um wie viel Uhr glaubst du, dass ich sterben werde?" (Z. 138f.).*

2 *Die Geschichte beruht auf dem Missverständnis, dass ein an Fieber erkrankter Junge denkt, er müsse sterben, weil er die Angaben über seine Körpertemperatur in der Temperaturmaßeinheit Grad Fahrenheit mit Grad Celsius verwechselt.*

3 *Die anwachsende Angst des Jungen wäre zu verhindern gewesen, wenn er frühzeitig offen mit seinem Vater oder dem Arzt darüber gesprochen hätte. Beide hätten ihn über den Unterschied der Temperaturangaben in Europa und Amerika aufklären können.*

4 *Der Junge wirkt anfangs sehr zaghaft und ängstlich, krank und jämmerlich. Nachdem er aber von seinem anscheinend unmittelbar bevorstehenden Tod erfahren hat, wird er sehr tapfer und möchte keinem zur Last fallen.*

5 *Mögliches Tafelbild:*

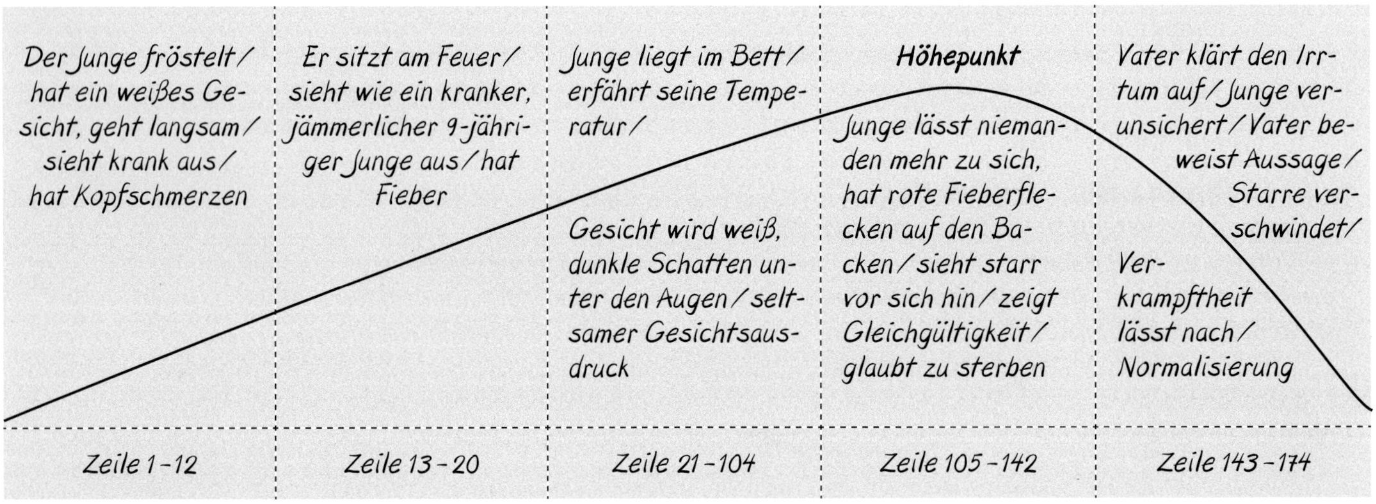

6 *Die Geschichte ist aus der Perspektive des Vaters erzählt. Die Spannung erzeugt Hemingway dadurch, dass der Ich-Erzähler durchaus registriert, dass in dem Jungen Veränderungen vor sich gehen, diese aber nicht deuten kann, sondern sie dem Gesundheitszustand des Jungen zuschreibt. Äußerungen wie: „... du brauchst nicht hier bei mir zu bleiben, wenn es dir unangenehm ist" (Z. 65ff.) oder „Du darfst das nicht bekommen, was ich habe" (Z. 108f.) steigern die Spannung, bis schließlich der Irrtum des Jungen aufgeklärt werden kann.*

7 a) *Beispiellösung:*
Meiner Meinung nach will E. Hemingway mit „Ein Tag W[illegible]en mit seinen Eltern offen reden sollte, um Missverständnisse zu vermeiden.

8 *Mögliches Tafelbild:*

Typische Merkmale der Kurzgeschichte

- *Blitzlichtartiger wichtiger Lebensabschnitt: die Krankheit des Jungen*
- *Einzelnes Geschehen rückt in den Mittelpunkt: der Irrtum (Celsius / Fahrenheit)*
- *„Alltagsmenschen“: Die Episode könnte sich so überall abspielen, die Figuren sind entsprechend austauschbar.*
- *Einfacher Satzbau / Einfache Sprache: Sprache ist bewusst einfach gestaltet, kaum Fremdwörter, Metaphern u. Ä.*
- *Offener Schluss: Dieses Merkmal ist weniger gegeben, da das Missverständnis aufgeklärt wird. Offen bleibt allerdings, ob sich die beiden zukünftig besser verständigen, um Missverständnisse dieser Art zu vermeiden.*

S. 92

„Ein Tag Warten“ – Schriftlich interpretieren

2 *Für die Schreibkonferenz empfiehlt sich ein Beobachtungsbogen, da insbesondere den* ***leistungsschwächeren*** *Schülerinnen und Schülern häufig Kriterien zur Überarbeitung fehlen. Siehe hierzu die* ***Kopiervorlage*** *„Beobachtungsbogen für eine Schreibkonferenz“, S. 91.*

5.2 „Sommerschnee“ – Kurzgeschichten umgestalten

S. 93

Leonie Ossowski

Die Metzgerlehre

1 *Folgende Fragen der Schülerinnen und Schüler sind u. a. möglich:*
- *Wieso erlernt Fietscher eigentlich einen Beruf, den er gar nicht will?*
- *Warum lehnt er sich nicht gegen die schlechte Behandlung durch den Metzger auf?*
- *Warum erschlägt er gegen seinen Willen das Schwein?*
- *Warum wirft er den Schweinskopf auf das Schiff?*
- *Warum lässt er die Tracht Prügel über sich ergehen?*

Folgende Themenkomplexe könnten angesprochen werden (evtl. als Cluster/Tafelbild):
- *die heutige Praxis der Berufswahl*
- *Vermutungen über die zeitgeschichtliche Einordnung der Geschichte*
- *Wunsch und Wirklichkeit eines Berufsbildes / Arbeitsplatzsituation*
- *Befreiung des Schweinekopfes als „symbolischer Akt“ / Schwein darf ans Meer fahren*
- *Umgang von Vorgesetzten / Eltern mit Jugendlichen*
- *Tierhaltung / Schlachtung*

2 a) *Beispiellösung:*
„Weiß der Himmel, wie lange er nutzlos herumgestanden oder auch diesen oder jenen Handgriff gemacht hatte“ (Z. 79 ff.).

Hab ich wirklich das Schwein totgeschlagen? Das gibt's doch nicht. Wie schrecklich. Und dabei hat es so ängstlich gequiekt. Es hat bestimmt bemerkt, was mit ihm passiert. Und ich habe jetzt das Tier getötet. Wie das Blut gespritzt hat! Ich habe etwas Lebendiges getötet. Und warum nur? Weil der Bauer gerne Fleisch ist!
Ich hätte nie gedacht, dass ich so etwas tun könnte. Warum habe ich es nur getan? Ich wollte diesen Beruf nicht. Ich wollte aufs Meer. Ich wollte in die Ferne segeln. Und jetzt muss ich unschuldige Tiere töten. Nie wieder werde ich Schweinefleisch essen.

„Fietscher ließ den Schweinekopf fallen, mitten auf den Koks, wo er still und rosa liegen blieb und nun mit offenen Augen in aller Ruhe bis Stuttgart fahren würde“ (Z. 92 ff.).

Bis Stuttgart! Mindestens! Vielleicht sogar weiter bis ans Meer. Jetzt kann es endlich frei sein. Jetzt muss es nicht mehr im Stall stehen und auf seine Schlachtung warten. Auch der Bauer kann ihm jetzt nichts mehr anhaben. Den Kopf wird er nicht bekommen. Ich denke immer noch an seine vertrauensseligen Augen. Ich habe es getötet, jetzt musste ich es befreien. Jetzt kann es dorthin gehen, wohin ich immer gewollt habe, nämlich zur See. Wie schön ...

b) Bei der Besprechung der Ergebnisse muss als Qualitätsmerkmal darauf geachtet werden, dass Fietschers Perspektive eingehalten wird, also die Schlachtung des Schweins als unfreiwilliger, abscheulicher Akt, und die anschließende Entfernung des Schweinskopfs als symbolische Befreiung beibehalten wird.

S. 95

Tanja Zimmermann

Sommerschnee

1 *a) Die Geschichte wird aus der Perspektive der Ich-Erzählerin geschildert, vermutlich einem jungen, frisch verliebten Mädchen.*

b) Beispiellösung:
- *Die Ich-Erzählerin ist frisch verliebt. Sie fühlt sich beschwingt, alles ist ihr egal (Z. 1).*
- *Der Regen macht ihr nichts aus, ebenso wenig die durchnässten Schuhe (Z. 3 f.).*
- *Die unangenehmen Umstände in der Bahn kümmern sie nicht (Z. 10 ff.).*
- *Sie lacht, während alle anderen fluchen und den Fahrer beschimpfen (Z. 14 f.).*
- *Sie singt zu laut in der Öffentlichkeit (Z. 19 f.).*
- *Ihre Haare sind strähnig und nass, sie glaubt aber, dem Freund würden sie so gefallen (Z. 25 ff.).*

Fazit: Nichts berührt sie, weil sie glücklich verliebt ist.

2 *a) Folgende Handlungsstränge sind u. a. möglich:*
- *Der Partner hat sich verspätet.*
- *Der Partner kommt nicht mehr, da er es sich anders überlegt hat (das tatsächliche Ende).*
- *Dem Partner ist etwas dazwischengekommen.*
- *Der Partner hat eine freudige Überraschung vorbereitet.*

b) Der Titel weist bereits auf das negative Ende hin, denn die Kombination aus Sommer und Schnee passt eigentlich nicht zusammen. Schneefall im Sommer würde einen extremen Kälteeinbruch bedeuten. Auf die Gefühlswelt der Ich-Erzählerin übertragen, folgt auf die Phase der „heißen" Liebe eine frostige Erstarrung der Beziehung. Die Ich-Erzählerin fühlt sich trotz widriger äußerer Umstände (Regen, nasse Füße, überfüllte Bahn) wegen der neuen Liebe zunächst leicht und unbeschwert, wird aber schließlich enttäuscht und die Situation wendet sich ins Gegenteil.

3 *Bei den Lösungen können sich die Schülerinnen und Schüler am Tippkasten orientieren. Insofern sind die Texte im Hinblick auf Perspektive, Ausdrucksweise, aber auch auf allgemeine Kriterien der Kurzgeschichte zu überprüfen. Siehe hierzu die* ***Kopiervorlage*** *„Beobachtungsbogen für eine Schreibkonferenz", S. 91.*

5.3 Ein Film- und Hörspiel-Projekt

S. 96

„Schönhauser Allee" im Film

Über das Ausprobieren und Improvisieren zum Film zu gelangen ist keineswegs konzeptlos, sondern erleichtert es den Schülerinnen und Schülern, einen handlungsorientierten Zugang zu „ihrem" Film zu finden. Auf Grundlage des (spontan) gedrehten Materials können Wirkungen von Kameraperspektive und Einstellungsgröße etc. besprochen werden.

Als alternatives Vorgehen bietet es sich an, zunächst ein **Drehbuch** und / oder **Storyboard** zu verfassen, aus dem die genauen Einstellungen sowie die Dialogtexte und Bewegungen der Darstellenden hervorgehen. Dieses stärker kognitiv orientierte Vorgehen empfiehlt sich jedoch nur in Gruppen, die bereits über Erfahrungen mit dem Medium Film verfügen.

Hinweise für den Dreh:
- Das parallele Aufnehmen aus mehreren Kameraperspektiven erleichtert den Schnitt.
- Man sollte, wenn man mehrere Varianten dreht, entweder ein Aufnahmeprotokoll (mit genauer Angabe der Bandlaufzeit/Timecode!) anfertigen oder Regieklappen aus Pappkarton („Szene 1,1“, „Szene 1,2“ etc.) vor dem Beginn des Spiels ins Bild halten, damit man anschließend beim Schnitt die entsprechende Szene (oder Variante) wiederfindet.
- Es empfiehlt sich, mit Stativen zu arbeiten, um eine ruhige Kameraführung zu gewährleisten.

S. 97

„Ein Tag Warten“ im Hörspiel

Wenn die technischen Einrichtungen zur Nachbearbeitung des Materials nicht vorhanden sind (oder man den Aufwand scheut), sollte das Hörspiel mehrfach geprobt und dann gewissermaßen „live“ aufgezeichnet werden. In diesem Fall ist auch ein einzelnes Mikrofon, das den Raumton aufnimmt (kein Richtmikrofon!), ausreichend.

Hinweise für beide Medien:
Für Film und Hörspiel gilt, dass die Figuren nach ihrer Transformation eindeutiger werden. Die Polyvalenz der Figuren des Textes wird durch die Medien zugunsten einer konkreten Ausgestaltung aufgelöst. Die Fantasie des Lesers / der Leserin wird durch die mediale Umsetzung eingeschränkt. Weiterhin sind z. B. die Erzählperspektive oder der Erzählerkommentar in den audiovisuellen Medien nicht mehr vergleichbar zu realisieren.
Andererseits bieten die visuellen Möglichkeiten Spielraum für Interpretation und Kreativität. Letztlich sollten die Schülerinnen und Schüler begründet Stellung zu den verschiedenen Varianten nehmen.

Vorschläge für Übungen und Klassenarbeiten

Vorschlag 1: Das Textverständnis einer Kurzgeschichte sichern (eher für *leistungsschwächere* Schülerinnen und Schüler geeignet)

Siehe die **Kopiervorlage** „William M. Harg: Der Retter“, S. 92 f. (Lösungen siehe S. 236 f. und CD-ROM).

Vorschlag 2: Einen literarischen Text mithilfe von Fragen auf Wirkung und Intention hin untersuchen und bewerten (eher für *leistungsstärkere* Schülerinnen und Schüler geeignet)

Siehe die **Kopiervorlage** „Wolfgang Borchert: Die Küchenuhr“, S. 94 f. (Lösungen siehe S. 236 f. und CD-ROM).
Erwartungshorizont/Bewertungskriterien siehe S. 90.

Vorschlag 3: Zu einem literarischen Text eine schriftliche Interpretation abfassen (eher für *leistungsstärkere* Schülerinnen und Schüler geeignet)

Siehe die **Kopiervorlage** „Irene Dische: Anton wird erwachsen“, S. 96 f.

Weiteres Übungsmaterial

Übungsmaterial im **„Deutschbuch Arbeitsheft 8“:**
- Umgang mit Texten: Einen Erzähltext erschließen (Die Handlung erschließen; Die Inhaltsangabe schreiben; Eine Figur beschreiben), S. 75 ff.; TESTE DICH! – Erzähltexte erschließen, S. 80
- Ich teste meinen Lernstand: A1 Einen erzählenden Text verstehen, S. 87; C Einen Text überarbeiten, S. 94

Unter www.cornelsen.de/deutschbuch-realschule und www.cornelsen.de/deutschbuch-gesamtschule finden Sie weitere Übungsmaterialien.

Erwartungshorizont/Bewertungskriterien zu Wolfgang Borchert: „Die Küchenuhr“:

Nr.	Bereich	Konkrete Inhalte	Punkte maximal	Punkte erreicht	Bemerkungen
1	Einleitung (15 P.)	Nennung von Autor, Titel und Thema	5		
2		Kurze Inhaltsangabe	10		
3	Analyseleistung (45 P.)	Hauptfigur: - Zwanzigjähriger, der alt aussieht: „ganz altes Gesicht“ (Z. 2) - traumatisiert wegen des Todes der Eltern - hat offenbar die Situation nicht verarbeitet: „Ja, ja, sagte er freudig“ (Z. 29), „das Schönste“ (Z. 36, 38 u. a.), „Witz“ (Z. 51), „er lachte“ (Z. 98)	15		
4		Sprachliche Besonderheiten: - weite Teile als direkte Rede (ohne Anführungszeichen) - häufig kurze Sätze - Wiederholungen: „altes Gesicht“, „das Schönste“, „halb drei“, „so selbstverständlich“, „Alles weg“, „Sie ist übrig“ - insgesamt einfache Sprache	15		
5		Merkmale einer Kurzgeschichte: - unvermittelter Beginn / offenes Ende - Alltagssituation / scheinbare Belanglosigkeit - Wendepunkt: „Paradies“	15		
6	Fazit (10 P.)	Zusammenfassung; eigene Bewertung des Textes, ggf. Anknüpfung an „Nachts schlafen die Ratten doch“	10		
7a	Darstellungsleistung (30 P.)	Logik / Schlüssigkeit der Ausführungen	7		
7b		Auswahl / Integration der Zitate in den Text	7		
7c		Komplexität der Darstellung / Satzbau / Fachbegriffe	9		
7d		Angemessenheit: Ausdruck und Tempus	7		
		Punktzahl:	100		Note:

Beobachtungsbogen für eine Schreibkonferenz

Um zu überprüfen, ob eure Texte auch alle wichtigen Aspekte einer schriftlichen Interpretation beinhalten, könnt ihr folgende Checkliste verwenden:

Inhaltliche Gestaltung	**Trifft zu**	**Trifft überwiegend zu**	**Trifft fast nicht zu**	**Trifft gar nicht zu**
Einleitung – Textsorte – Titel – Autor – Thema werden genannt.				
Hauptteil Die Inhaltsangabe beinhaltet alle wesentlichen Ereignisse.				
Besonderheiten – im Verhalten der Figuren – der Handlung werden benannt.				
Auffälligkeiten von – Wortwahl – Satzbau – Redeweisen werden genannt.				
Typische Merkmale der Kurzgeschichte werden mit passenden Textbeispielen belegt.				
Schluss – Die Hauptaussage des Textes wird zusammengefasst. – Die eigene Meinung wird begründet.				
Sprachliche Gestaltung / Äußere Form	**Trifft zu**	**Trifft überwiegend zu**	**Trifft fast nicht zu**	**Trifft gar nicht zu**
– Die Regeln der Rechtschreibung und Zeichensetzung wurden beachtet.				
– Der Satzbau ist korrekt.				
– Es wurden angemessene Wörter verwendet (Ausdruck).				
– Die Inhaltsangabe ist im richtigen Tempus (im Präsens) abgefasst.				

William M. Harg

Der Retter (1)

Der Schoner „Christoph“ ging so sanft unter, dass Senter, der einzige Mann am Ausguck, nichts empfand als Staunen über das Meer, das zu ihm emporstieg. Im nächsten Augenblick war er klatschnass, das Wasser schlug über ihm zusammen, und das Takelwerk, an das er sich klammerte, zog ihn in die Tiefe. Also ließ er es los. Senter schwamm benommen und verwirrt, wie ein Mensch, dessen Welt plötzlich verschwunden ist. Mit einem Mal erhob sich, wie aus der Kanone geschossen, eine Planke mit einem Ende aus dem Wasser und fiel dröhnend zurück. Er schwamm darauf zu und ergriff sie. Er sah, dass noch etwas auftauchte, und das musste einer seiner acht Kameraden sein. Als aber der Kopf sichtbar wurde, war es nur der Hund. Senter mochte den Hund nicht, und da er erst so kurze Zeit zur Schiffsmannschaft gehörte, erwiderte das Tier seine Abneigung. Doch jetzt hatte er die Planke erblickt. Er mühte sich ab, sie zu erreichen, und legte die Vorderpfoten darauf. Dadurch sank das eine Ende tiefer ins Wasser. Senter überkam die furchtbare Angst, sie könnte ganz untergehen. Er zog verzweifelt an seinem Ende, die Pfoten des Hundes rutschten ab und er versank. Aber der Hund kam wieder hoch, und wieder schwamm er schweigend, ohne Hass oder Nachträglichkeit, zur Planke zurück und legte seine Pfoten darauf. Wieder zog Senter an seinem Ende, und wieder versank der Hund. Das wiederholte sich ein Dutzend Mal, bis Senter, vom Ziehen ermüdet, mit Entsetzen und Verzweiflung erkannte, dass der Hund es länger aushalten konnte als er.

Senter wollte nicht mehr an das Tier denken. Er stützte die Ellenbogen auf die Planke und hob sich, so weit es ging, aus dem Wasser empor, um sich umzusehen. Der Schrecken seiner Lage überwältigte ihn. Er war Hunderte von Meilen vom Land entfernt. Selbst unter den günstigsten Umständen konnte er kaum hoffen, aufgefischt zu werden. Mit Verzweiflung sah er, was ihm bevorstand. Er würde sich einige Stunden an der Planke festhalten können – nur wenige Stunden. Dann würde sich sein Griff vor Erschöpfung lösen und er würde versinken. Dann fiel sein Blick auf die geduldigen Augen des Hundes. Wut erfüllte ihn, weil der Hund offenbar nicht begriff, dass sie beide sterben mussten. Seine Pfoten lagen am Rande der Planke. Dazwischen hatte er die Schnauze gestützt, sodass die Nase aus dem Wasser ragte und er atmen konnte. Sein Körper war nicht angespannt, sondern trieb ohne Anstrengung auf dem Wasser.

Er war nicht aufgeregt wie Senter. Er spähte nicht nach einem Schiff, dachte nicht daran, dass sie kein Wasser hatten, machte sich nicht klar, dass sie bald in ein nasses Grab versinken mussten. Er tat ganz einfach, was im Augenblick getan werden musste.

In der halben Stunde, seit sie sich beide an der Planke festhielten, war Senter bereits ein Dutzend Mal gestorben, aber der Hund würde nur einmal sterben. Plötzlich war es Senter klar: Wenn er selbst zum letzten Mal ins Wasser rutschte, würde der Hund noch immer oben liegen. Er wurde böse, als er das begriff, und zog sich die Hose aus und band sie zu einer Schlinge um die Planke. Dann streckte er die Arme durch und legte den Kopf auf die Planke, genau wie der Hund. Und er triumphierte, denn er wusste, so konnte er es länger aushalten. Dann aber warf er einen Blick auf die See und Entsetzen fasste ihn aufs Neue. Schnell sah er den Hund an und versuchte, so wenig

William M. Harg

Der Retter (2)

an die Zukunft zu denken wie das Tier. Am Nachmittag des zweiten Tages begannen die Pfoten des Hundes von der Planke abzurutschen. Mehrere Male schwamm er mit Anstrengung zurück, aber jedes Mal war er schwächer. Und jetzt wusste Senter, dass der Hund ertrinken musste, obschon er selbst es noch nicht ahnte. Aber er wusste auch, dass er ihn nicht entbehren konnte. Ohne diese Augen, in die er blicken konnte, würde er an die Zukunft denken und den Verstand verlieren. Er zog sich das Hemd aus, schob es vorsichtig auf der Planke vorwärts und band die Pfoten des Tieres fest.

Am vierten Abend kam ein Frachter vorüber. Senter schrie mit heiserer, sich überschlagender Stimme, so laut er konnte. Der Hund bellte schwach. Aber auf dem Dampfer bemerkte man sie nicht. Als er vorüber war, ließ Senter in seiner Verzweiflung und Enttäuschung nicht ab zu rufen. Aber als er merkte, dass der Hund aufgehört hatte zu bellen, da hörte er auch auf zu rufen. Danach wusste er nicht mehr, was geschah, ob er lebendig war oder tot. Aber immer suchten seine Augen die Augen des Hundes ...

Der Arzt des Passagierdampfers „Vermont“, der zur Freude und Aufregung von Passagieren und Mannschaft einen jungen Seemann und einen Hund auf der See entdeckt und auffischen hatte lassen, schenkte den abgerissenen Fieberfantasien des jungen Menschen keinen Glauben. Denn danach hätten die beiden sechs Tage lang auf dem Wasser getrieben – und das war offensichtlich unmöglich. Er stand an der Koje und betrachtete den jungen Seemann, der den Hund in den Armen hielt, sodass seine Decke sie beide wärmte. Man hatte ihn erst beruhigen können, als auch der Hund gerettet war. Jetzt schliefen beide friedlich.

„Können Sie das verstehen“, fragte der Arzt den neben ihm stehenden Ersten Offizier, „warum in aller Welt ein junger Bursche, der den gewissen Tod vor Augen sah, sich solche Mühe gab, das Leben eines Hundes zu retten?“

(Mit freundlicher Genehmigung der F. A. Herbig Verlagsbuchhandlung GmbH, München
© 1948 Limes Verlag, Wiesbaden)

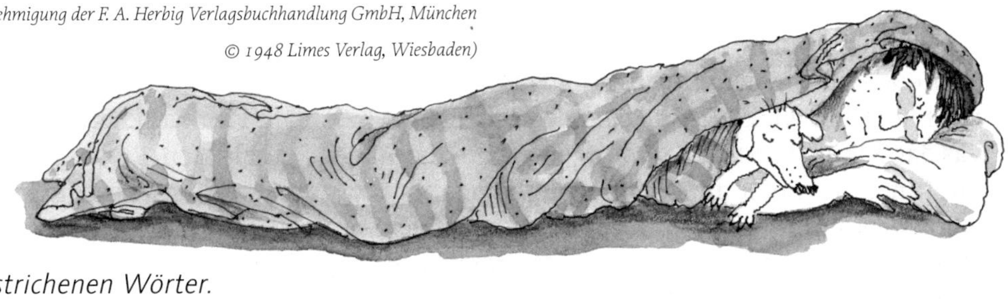

1 *Kläre die Bedeutung der unterstrichenen Wörter.*
Fasse anschließend die Textabschnitte kurz zusammen und schreibe sie auf die Linien neben den Text.

2 *Wie verändern sich Senters Gefühle gegenüber dem Hund im Laufe der Zeit? Notiere die Gefühlsregungen (mit Zeilenangaben) nach Tagen: 1. Tag ...; 2. Tag ... Fasse abschließend deine Ergebnisse in einem Satz zusammen.*

3 *Aus welcher Perspektive ist die Geschichte geschrieben? Belege deine Antwort mit Textstellen.*

4 *Die Geschichte heißt „Der Retter“. Was hast du von einem Text mit dieser Überschrift erwartet?*
Wer hat in dieser Geschichte wen gerettet? Begründe deine Meinung.

5 *Schreibe eine Inhaltsangabe. Denke auch an Einleitung und Schluss.*

6 *Nenne die wichtigsten Merkmale einer Kurzgeschichte und liste sie untereinander auf.*
Belege in einem zweiten Schritt jedes Merkmal am Text (Textbelege).

7 *Überarbeite deine Interpretation in einer Schreibkonferenz. Nimm dabei den Beobachtungsbogen zu Hilfe.*

Irene Dische

Anton wird erwachsen (1)

Irene Dische, geb. 1952, lebt in New York und Berlin. Sie schreibt u. a. Romane, Erzählungen und Kinderbücher.

Zuerst war der Krieg nur ein Gesprächsthema, später wurde er für die Familienväter der Stadt zum Bestimmungsort – sie „zogen in den Krieg". Eine Weile war er ein hartes, knappes Wort des Triumphs, und schließlich, etwa um die Zeit, als die Väter „fielen" und nicht wieder aufstanden, da war der Krieg ein Übeltäter, den man besser nicht beim Namen nannte, der Schuldige an Lebensmittelmangel, Gereiztheit und heulendem Elend. Und dann bekann sich Antons Mutter zusehends für das weiß-schokoladenbraune, blauäugige Kaninchen zu interessieren, das sie ihm vor zwei Jahren zu seinem zehnten Geburtstag geschenkt hatte.

Anton hatte das Kaninchen Alice getauft, weil alle wichtigen Personen einen Namen trugen, der mit A begann: Antons Vater hieß Andreas, und Antons Mutter hieß Anna. Nachdem Papa im Krieg gefallen war, nannte Mama Alice nur noch „das Kaninchen". Es schien sie regelrecht zu ärgern, dass das Kaninchen so fett war, weil an Gras ja nie Mangel herrschte. „*Wir* können leider kein Gras essen", sagte sie und musterte Alice missmutig.

Je dünner Mama wurde, desto schöner wirkten ihre blauen, traurigen Augen, weil immer weniger Gesicht von den beiden Sternen ablenkte. Beim Anblick ihrer Schönheit krampfte sich Anton sonderbarerweise das Herz zusammen, und dieses Gefühl bekämpfte er, indem er den ganzen Herbst das im Garten hinter dem Haus gehortete Holz hackte. Als sie das letzte Holzscheit verbrannt hatten, schmuste er mit seinem Kaninchen Alice so, wie er es früher als kleiner Junge getan hatte. Er nahm Alice auf den Schoß und vergrub das Gesicht in ihrem Fell. Es war so plüschig und weich, dass Antons Kummer im Nu aufgesogen wurde.

Der Winter hatte dieses Jahr schon früh seinen grimmigen Einzug gehalten. Seit Wochen hatten sie nur noch von alten Kartoffeln und Kohl gelebt, und als sie auf dem Kalender sahen, dass Weihnachten war, gab es im Keller fast keine Vorräte mehr. Mama stellte Anton für den heutigen Abend ein Festmahl in Aussicht. „Wir essen das Kaninchen."

Anton protestierte nicht. Ihm war aufgefallen, wie oft sich seine Mutter bei der Hausarbeit zum Ausruhen hinsetzen musste. Sie war ganz abgemagert, ein warmer Strich in steifen Kleidern, und ihr dunkles Haar zeigte schon viele weiße Strähnen, obwohl sie erst dreißig war. „Anton, bitte bring das Kaninchen zum Metzger. Er schlachtet es für uns. Mir fehlt einfach die Zeit dazu", sagte sie, aber Anton vermutete, dass ihr einfach die Kraft dazu fehlte. Es war ein langer Weg, mit einer schweren Bürde, von einem Ende des Dorfes zum anderen.

Anton war zwölf, beinahe schon dreizehn, und er hatte Gerüchte gehört, dass er in wenigen Wochen alt genug für die Armee sein würde; der Krieg verlief nicht eben erfolgreich, und so wie es an Essen und Holz fehlte, fehlte es auch immer mehr an Männern, die Soldaten werden konnten. Früher wurde man mit achtzehn erwachsen. Heute mit dreizehn.

Antons Mutter hatte oft gesagt: „Vielleicht musst du dich schon bald allein durchschlagen", und selber möglichst wenig gegessen, damit mehr für Anton übrig blieb. Vielleicht hatte sie ja das im Hinterkopf, als sie in den eisigen Garten hinausging, den Stall öffnete und Alice am Specknacken packte, um ihren Plänen fürs Abendessen Nachdruck zu verleihen.

Alice baumelte mit verblüffter, aber zugleich geduldiger Kaninchenmiene in der Luft, bis Mama sie in einen großen braunen Korb stopfte und den Deckel zuklappte. Diesen Korb reichte sie ihrem Sohn mit den Worten: „Der Metzger macht das schon."

Der Metzger war ein kleiner rundlicher Mann, dessen Figur sich den ganzen Krieg über nicht verändert hatte. Er besaß ein vergnügtes Wesen; im Dorf hieß es, er könne sich das auch leisten. Er hatte keine Familie, die er ernähren musste, nur einen Bruder, der Offizier in der Armee war und ihm aus fremden Ländern Delikatessen schickte.

In den ersten Kriegsjahren hatte er die Metzgerei nur geführt. Inzwischen herrschte er darüber und galt im Dorf als wichtiger Mann. Man erbat sich keine Gefälligkeiten, weil irgendwann einmal der Tag kommen konnte, wo man unbedingt auf einen Gefallen angewiesen war, darum war es besser, ihm gefällig zu sein. Man sagte Guten Tag und schenkte ihm ein paar der letzten Äpfel. Anton rächte sich, indem er beim Fleischkaufen den Türknauf fixierte oder auf seine Füße starrte. Dieser Kunde war stolz darauf, dass er noch nie das Gesicht des Metzgers gesehen hatte. Normalerweise machte er einen großen Bogen um die Metzgerei, nur damit er nicht den runden Schatten erblicken musste, der im Schaufenster hin und her glitt. Heute jedoch führte ihn sein Weg direkt dorthin. [...]

Als Anton den Metzger zum ersten Mal richtig ansah, fielen ihm die winzigen grauen Augen des wichtigen Mannes auf, die wie Polsternägel in seinem breiten, flachen Gesicht steckten. Die ausgefransten braunen Haare des Metzgers bedeckten den spitzen Schädel nur teilweise, und wenn seine Nase gefehlt hätte, wäre das eigentlich keinem aufgefallen. [...] Im ganzen

Irene Dische

Anton wird erwachsen (2)

Land war das Fleisch rationiert, und jeder durfte nur ein kleines Stück pro Woche kaufen. In letzter Zeit hatte es solche Engpässe gegeben, dass selbst der Metzger um sein Abendessen bangte. Sein Bruder hatte ihm schon seit Wochen kein Paket mehr geschickt, obwohl die Feiertage vor der Tür standen.

„Womit kann ich dienen?", sagte der Metzger zu Anton. Der Junge konzentrierte sich und unterbreitete seinen Vorschlag. Während er sprach, schob er die Hand in den Korb und hielt sich an Alices Fell fest.

„Eine ausgezeichnete Idee!", meinte der Metzger. „Wirklich! Obwohl", überlegte er, „ich als Fachmann sagen würde, dass dein Arm keinerlei Ähnlichkeit mit Kaninchenfleisch besitzt. Und wahrscheinlich schmeckt er auch gar nicht wie Kaninchenfleisch." Nachdenklich betastete er Antons blassen Arm, der auf dem Ladentisch lag. „Ziemlich muskulös und wohlgenährt, das wäre sicher schmackhaft. Wahrscheinlich viel schmackhafter als das Kaninchen. Mir läuft das Wasser im Mund zusammen. Wir könnten deinen linken Arm nehmen. Du bist doch Rechtshänder? Stell deinen Korb hin, dann sehen wir mal."

Er winkte den Jungen hinter den Ladentisch, legte Antons zitternden Arm auf den feuchten, blutbefleckten Hackklotz und schob den Ärmel bis über die Schulter hoch.

„Aber wie willst du deiner Mutter erklären, wo dein Arm geblieben ist?", fragte er. Anton war ratlos.

„Na ja", sinnierte der Metzger, „da hier ja ziemlich schlimme Zustände herrschen, fast so schlimm wie in den Großstädten, könnten wir schwindeln und einfach sagen, dass eine Bombe oder Mine dir den Arm abgerissen hat. Das würde jeder ohne Weiteres glauben. Obwohl ich zuverlässig weiß, dass es der Feind gar nicht bis zu uns schaffen wird. Das hat mir mein Bruder geschrieben. Aber der hat ja keine Ahnung, welche Ängste wir hier ausstehen. Wie verzweifelt wir sind. Und – ach, das war natürlich nur ein Witz." Der Metzger bekam es plötzlich mit der Angst. So etwas hätte er nie und nimmer sagen dürfen. Zuzugeben, dass der Krieg den Menschen irgendwelche Unannehmlichkeiten bereitete, das war ein klassischer Fall von „Defätismus". Das konnte ihm Ärger mit der Polizei bescheren. Die hatte ihre Augen und Ohren überall. Es konnte ihn das Leben kosten. Der Metzger befürchtete, Anton könnte das, was er gerade gesagt hatte, wiederholen. Er schwankte zwischen Angst, Gier, Mitleid und Selbstmitleid, und aus dieser Mixtur widersprüchlicher Gefühle braute sich ein schlauer Plan zusammen.

„Du setzt dich hierhin und wartest", sagte er, „bis ich was richtig Scharfes gefunden habe."

Er verschwand nach hinten, und der ebenso erschrockene wie entschlossene Anton hörte ihn die Treppe hinunterstapfen. Er war also in den Keller gegangen. Anton hörte, wie der Metzger einen Schrank öffnete und laut seufzte. Der Seufzer klang nicht erleichtert, sondern bedrückt, voller Bedauern. Dann kam er wieder die Treppe herauf. Er trat mit finsterer Miene durch die Hintertür. Er trug eine ganze französische Salami.

„Erzähl deiner Mutter, das sei dein Arm", meinte er. „Sie wird nicht glauben, dass es das Kaninchen ist. Du musst den Arm aus dem Ärmel ziehen und ganz fest an den Körper pressen, dann wird sie schon glauben, dass dein Arm nicht mehr da ist. Und jetzt scher dich zum Teufel!"

Der Metzger hatte die Wurst vor einigen Jahren aus Paris von seinem Bruder geschickt bekommen und sie die ganze Zeit für einen besonderen Anlass aufgespart. Er hatte sich aufrichtig auf den Moment gefreut, wo er diese herrliche Wurst endlich probieren durfte. Doch jedes Mal, wenn sich ein besonderer Anlass bot – eine Hochzeit oder eine Taufe –, hatte er es nicht übers Herz gebracht, sich von der Wurst zu trennen. Jetzt war sie schon vier Jahre alt und – wie er neulich bemerkt hatte – von einer weißen Schicht überzogen.

Die Wurst war verdorben. Aber nicht so sehr, dass Anton und seine Familie daran sterben würden. Sie bekamen höchstens Bauchschmerzen, doch die Freude über die Wurst würde sie rasch über die Krämpfe hinwegtrösten. Und da sich alles in ihm sträubte, die Wurst einfach wegzuwerfen, war dies ein wunderbarer Kompromiss. Keine wirklich gute Tat, aber auch keine wirklich schlechte. Mehr konnte man in Kriegszeiten nicht erwarten.

Anton brachte Alice wieder heim und erzählte, der Metzger hätte sich geweigert, so ein süßes Tierchen zu töten, weil er ein Herz für Haustiere habe. Die französische Salami sei als Ersatz gedacht. Die Familie aß die Salami scheibchenweise während der nächsten Monate, und niemand kriegte je Bauchschmerzen davon. [...] Als die Salami aufgegessen war [...], kam der Feind, und alle Dorfbewohner, einschließlich des Metzgers, mussten fliehen.

Anton ließ das Kaninchen ohne langes Zögern zurück. Inzwischen war es Frühling geworden. Vielleicht konnte sich Alice ja allein durchschlagen.

(aus: Irene Dische: Lieben. Hoffmann und Campe, Hamburg 2007)

1 *Verfasse eine schriftliche Interpretation mit Einleitung, Hauptteil und Schluss.*

DIFFERENZIERUNGSMATERIAL

Ernest Hemingway

Ein Tag Warten (Schülerband, S. 89 ff.)

Allgemeine Hinweise zum Einsatz der Differenzierungsmaterialien zum Textverstehen siehe Vorwort, S. 9ff.

Vorschlag zum Unterrichtsverlauf (4 Unterrichtsstunden)

1. Einstieg (Partnerarbeit)
Die Schülerinnen und Schüler lesen zu zweit den Anfang der Kurzgeschichte, formulieren Fragen an den Text und überlegen sich, wie die Geschichte weitergehen könnte (Differenzierungsmaterial / Arbeitsblatt mit Textanfang, S. 99). Der Textanfang wirft Fragen auf: „Was hat der Junge?" – „Wer ist der Ich-Erzähler?" – „Wo befinden sich die Personen?" – „Wie viele sind beteiligt?" – „Warum zeigt das Thermometer hundertundzwei Grad an?" Im Anschluss an die Partnerarbeit tauschen sich die Schülerinnen und Schüler in einem Klassengespräch über ihre Fragen und über mögliche Fortsetzungen der Handlung aus.

2. Erstes Lesen des gesamten Textes (Einzelarbeit und Gesamtgruppe)
Die Schülerinnen und Schüler lesen die Kurzgeschichte und überprüfen dabei ihre Vermutungen. Die Lehrkraft erfragt direkt nach dem Lesen erste Eindrücke und notiert diese stichwortartig an der Tafel (z. B.: „Wieso fragt der Vater nicht nach?" – „Warum redet der Junge nicht über seine Angst?")
Anschließend tauschen sich die Schülerinnen und Schüler darüber aus, ob ihre Vermutungen zur Fortsetzung der Geschichte zutrafen oder nicht und was für sie vielleicht überraschend oder ungewöhnlich war.

3. Zusammenfassung des Inhalts (Partnerarbeit und Gesamtgruppe)
Zur Sicherung des Textverstehens erarbeiten die Schülerinnen und Schüler zu zweit die Handlung der Kurzgeschichte. Hierfür schreiben sie die wichtigsten Handlungsschritte auf und vergleichen anschließend ihre Ergebnisse. Die Lehrkraft notiert abschließend eine Grobstruktur der Handlung an der Tafel. Die Schülerinnen und Schüler übertragen diese bzw. ergänzen ihre Hefteinträge.

4. Einsatz des Differenzierungsmaterials
Eine Figur zum Sprechen bringen (Einzel- oder Partnerarbeit)
Die Schülerinnen und Schüler bekommen zum Textverstehen zwei verschiedene Angebote, die sie in Einzel- oder Partnerarbeit bearbeiten können.
- Differenzierungsmaterial 1 (S. 100) ist für *leistungsstarke* Schülerinnen und Schüler gedacht,
- Differenzierungsmaterial 2 (S. 101) für *leistungsschwache.*

Vorstellen der Ergebnisse (Gruppenarbeit und Gesamtgruppe)
Die Perspektive des kranken Jungen rückt beim Austausch über die Ergebnisse in den Mittelpunkt. Hierbei können die Schülerinnen und Schüler die unmittelbare Gedanken- und Gefühlsäußerung in einem inneren Monolog (S. 101, Aufgabe 1, Differenzierungsmaterialien für *Leistungsschwache*) mit einer Darstellung vergleichen, die auch Distanz zum Geschehen zulässt bzw. stärkere Reflektion erlaubt (Tagebucheintrag, S. 100, Aufgabe 2, Differenzierungsmaterialien für *Leistungsstarke*). Durch das Vorstellen der Ergebnisse nehmen alle in der Klasse an der persönlichen Deutung ihrer Mitschülerinnen und Mitschüler teil und können dies zum eigenen Textverstehen nutzen. Hierbei ist es auch (abschließend) möglich, die Merkmale der Textsorten „innerer Monolog" sowie „Tagebucheintrag" zu wiederholen.

Lösungen siehe S. 236 ff. und CD-ROM.

Ernest Hemingway

Ein Tag Warten

Wer ist das?

Er kam ins Zimmer, um die Fenster zu schließen, während wir noch im Bett lagen, und ich fand, dass er krank aussah. Er fröstelte; sein Gesicht war weiß und er ging langsam, als ob jede Bewegung weh täte.

„Was ist los, Schatz?"

„Ich hab Kopfschmerzen."

„Dann geh lieber wieder ins Bett."

„Nein, ich bin ganz in Ordnung."

„Du gehst ins Bett. Ich komme zu dir, sobald ich angezogen bin."

Aber als ich herunterkam, war er angezogen und saß am Feuer und sah wie ein kranker, jämmerlicher, neunjähriger Junge aus. Als ich ihm die Hand auf die Stirn legte, wusste ich, dass er Fieber hatte.

„Du gehst rauf ins Bett", sagte ich. „Du bist krank."

„Ich bin ganz in Ordnung", sagte er.

Als der Doktor kam, nahm er die Temperatur des Jungen.

„Wie viel hat er?", fragte ich ihn.

„Hundertundzwei."

[...]

(aus: Ernest Hemingway: Die Stories. Gesammelte Erzählungen. Deutsche Übersetzung von Annemarie Horschitz-Horst. Copyright © 1966, 1977 by Rowohlt Verlag GmbH, Reinbek bei Hamburg)

1 *a) Lies den Anfang der Kurzgeschichte „Ein Tag Warten".*

b) Was ist für dich unklar? Worüber würdest du gerne mehr wissen? Stelle W-Fragen an den Text wie im vorgegebenen Beispiel „Wer ist das?".

2 *Wie könnte die Geschichte weitergehen? Schreibe Vermutungen auf.*

DIFFERENZIERUNGSMATERIAL

Ernest Hemingway

Ein Tag Warten

Liebes Tagebuch,

Passende Textstellen:

DIFFERENZIERUNGSMATERIAL 1

1 *Lies noch einmal die Kurzgeschichte von Ernest Hemingway (Deutschbuch 8, S. 89 ff.).*

2 *a) Stell dir vor, der Junge schreibt am Ende des Tages in sein Tagebuch. Schreibe einen passenden Text.*
b) Belege die Darstellung des Jungen mit passenden Textstellen aus der Kurzgeschichte. In diesen sollte deutlich werden, was in dem Jungen vorgeht. Notiere die Textstellen mit Zeilenangabe in der Randspalte.

Ernest Hemingway

Ein Tag Warten

Er hatte den ganzen Tag auf seinen Tod gewartet, die ganze Zeit über, seit neun Uhr morgens.
„Mein armer Schatz“, sagte ich. „Mein armer, alter Schatz. Es ist wie mit Meilen und Kilometern. Du wirst nicht sterben. Es ist ein anderes Thermometer. Auf *dem* Thermometer ist siebenunddreißig normal. Auf dieser Sorte achtundneunzig.“
„Bist du sicher?“
„Völlig“, sagte ich. „Es ist wie mit Meilen und Kilometern. Weißt du, so wie: Wie viel Kilometer machen wir, wenn wir siebzig Meilen im Auto fahren?“
„Ach“, sagte er.

(Auszug aus: Ernest Hemingway: Die Stories. Rowohlt, Reinbek 1984)

1 *a) Lies den Textausschnitt aus der Kurzgeschichte von Ernest Hemingway.*
b) Was geht wohl in diesem Moment im Kopf des Jungen vor? Schreibe einen inneren Monolog.

Tipps:
- *In einem inneren Monolog äußert die Person unausgesprochene Wünsche, Gefühle und Gedanken.*
- *Die Person kann Dinge auch verkürzt wiedergeben (z. B. abkürzen durch: ...), sich selbst Fragen stellen und diese mehrfach wiederholen oder etwas ausrufen.*

6 „Kleider machen Leute" – Eine Erzählung von Gottfried Keller

Konzeption des Gesamtkapitels

Die Behandlung der Novelle „Kleider machen Leute" ist für Schülerinnen und Schüler der 8. Klasse im 21. Jahrhundert keine leichte Aufgabe: Der Text ist über 130 Jahre alt, er zeigt dadurch eine heute in vielen Dingen fremde Lebenswirklichkeit und weist zudem eine veraltete und damit schwer verständliche Sprache aus dem Schweizer Raum auf. Gerade dadurch entsteht aber auch eine besondere Motivation: ungewöhnliche Lebensumstände kennen lernen, in eine andere Zeit „reisen", die deutsche Sprache „anders" erfahren. Andererseits ist die Erzählung auch aktuell und schülernah, denn die Thematik „Kleider machen Leute" – also sich durch Äußerlichkeiten anders darzustellen bzw. anders zu scheinen, als man wirklich ist – ist den meisten Jugendlichen durchaus vertraut.
Im ersten Teilkapitel **(„Ein Schneider als Graf – Handlungsablauf und Figuren")** lernen die Schülerinnen und Schüler den armen Schneider Wenzel Strapinski und seine Lebensumstände kennen. In einer Mind-Map stellen sie die verschiedenen Informationen über die Figur des Schneiders abschnittsweise zusammen. Zudem werden der Gang der Handlung (allmähliche Annahme der falschen Identität durch den Schneider) reflektiert und die altertümlich wirkende Sprache untersucht. Die Figurenbeschreibung wird an einer weiteren Figur (Nettchen) vertieft; die Beziehung der Figuren zueinander wird untersucht und in einer Skizze festgehalten. Darüber hinaus wird die Erzählperspektive untersucht und der Konflikt der Hauptfigur analysiert.
Im zweiten Teilkapitel **(„Vom Grafen zum Bräutigam – Inhalte zusammenfassen")** erarbeiten die Schülerinnen und Schüler eine Inhaltsangabe. Dabei lernen sie – auch mithilfe von Strukturierungsaufgaben, Negativbeispielen und Hilfsfragen –, worauf es beim Verfassen einer Inhaltsangabe ankommt, um danach selbst eine zu schreiben. Der Einleitungssatz wird besonders trainiert, außerdem gibt es Formulierungshilfen und die Möglichkeit der Textüberarbeitung mit einer Leselupe. Parallel zum Schwerpunkt des Teilkapitels werden immer auch der Fortgang der Handlung und die Figurenentwicklung berücksichtigt.
Das dritte Teilkapitel **(„Drei Projekte zu ‚Kleider machen Leute'")** stellt verschiedene Projekte vor: Im ersten geht es um die szenische Umsetzung einer Textstelle, im zweiten um eine Gerichtsverhandlung, in der der Schneider der Hochstapelei angeklagt wird, und im dritten um eine Modenschau, die ausgehend von der Bekleidung im 19. Jahrhundert, in der Realität der Schülerinnen und Schüler zum Thema „Machen Kleider Leute?" organisiert werden kann.

Literaturhinweise

Haas, Gerhard: Handlungs- und produktionsorientierter Literaturunterricht. 5. Aufl. Kallmeyer, Seelze-Velber 2004

Jezierkowski, Klaus: Gottfried Keller: „Kleider machen Leute". Texte, Materialien, Kommentar. Hanser, München / Wien 1984 (= Hanser Literatur-Kommentare)

Keller, Gottfried: Kleider machen Leute. Erläuterungen und Dokumente von Rolf Selbmann. Reclam, Stuttgart 1984

Keller, Gottfried: Kleider machen Leute. Novelle. Hg. und mit Materialien versehen von Herbert Fuchs und Dieter Seiffert. Cornelsen, Berlin 1980 (mit separaten Handreichungen für den Unterricht von Herbert Fuchs und Dieter Seiffert)

Ossner, Jakob; Rosebrock, Cornelia; Pieper, Irene (Hg.): Interpretationen & Modelle für den Deutschunterricht. Cornelsen, Berlin 2007

Person und Figur. Deutschunterricht 4/2008

	Inhalte	Kompetenzen
S. 100	**6.1 Ein Schneider als Graf – Handlungsablauf und Figuren**	Die Schülerinnen und Schüler können – das Äußere von Leuten beschreiben und ihre Aufmachung bewerten
S. 100	**Ein Schneiderlein auf Wanderschaft – Eine Figur beschreiben**	– eine Mind-Map zur Hauptfigur anlegen – eine Figurenbeschreibung schrittweise anfertigen und mit Textstellen belegen
S. 104	**Ein Fräulein betritt den Schauplatz – Figurenbeziehungen untersuchen**	– die altertümliche Sprache untersuchen und in heutiges Deutsch übertragen – Figurenbeziehungen bewerten und darstellen
S. 107	**Der Schneider am Scheideweg – Einen Konflikt untersuchen**	– die Erzählperspektive erkennen – den inneren Konflikt der Hauptfigur erkennen und in einem inneren Monolog verbalisieren – den Konflikt in einer Tabelle darstellen
S. 109	**6.2 Vom Grafen zum Bräutigam – Inhalte zusammenfassen**	– Stichworte zum Inhalt einer Textstelle ordnen – mithilfe von Fragen die Qualität einer Inhaltsangabe beurteilen
S. 109	**Närrische Verlobung – Eine Inhaltsangabe erarbeiten**	– Textabschnitte kurz zusammenfassen – einen passenden Einleitungssatz ohne Formulierungsfehler erkennen
S. 112	**Der entlarvte Graf – Eine Inhaltsangabe schreiben**	– eine eigene Inhaltsangabe schreiben – die Inhaltsangabe eines anderen überarbeiten – über den weiteren Handlungsverlauf spekulieren
S. 115	**6.3 Drei Projekte zu „Kleider machen Leute“**	– einen Erzähltext in einen dramatischen Text umwandeln
S. 115	**Projekt 1: „Kleider machen Leute“ in Szene setzen**	– die Handlung szenisch spielen – die Handlung für eine Gerichtsverhandlung auswerten
S. 116	**Projekt 2: Der Schneider vor Gericht**	– eine Gerichtsverhandlung planen und spielen – das Thema der Erzählung in die Gegenwart übertragen
S. 116	**Projekt 3: Modenschau**	

S. 99

Auftaktseite

2 *a/b)* ***Thomas Gottschalk:*** *weißes Hemd, Anzugjacke mit ausgefallenem Muster, Anzughose aus Samt, beides dunkelbraun, dunkelbraune Halsbinde aus Samt; wirkt schick und elegant, eher ungewöhnlich, unkonventionell*
Robbie Williams: *weißes Muskelshirt, Nietengürtel, dunkle Jeans, auffällig: Tattoos auf Bauch, Unter- und Oberarmen; wirkt cool, Nacktheit und Tattoos als „Kleidungs“-Stil*
Queen Elizabeth: *weißes glitzerndes Pailletten-Kleid, dunkelblaue Schärpe, schwerer Schmuck: Krone, Ohrringe, Halskette, Armband/Uhr, Abzeichen, Brosche, Hosenbandorden; weiße Lederhandtasche, weiße Handschuhe; wirkt edel, teuer, ungewöhnlich, so würden „normale“ Leute sich nicht kleiden*
Victoria Beckham: *figurbetonendes, elegantes orangefarbenes Kleid, Gürtel, Schmuck (Armreifen, Ringe), wirkt schick, gestylt, Abendgarderobe, festlich*
Gottfried Keller: *dunkler Anzug mit heller Weste, dunkle Schuhe, helles Hemd; wirkt traditionell, altmodisch*

3 *Sprichwort: „Kleider machen Leute“: Kleidung kann wie Verkleidung wirken, einen Menschen anders erscheinen lassen, als er wirklich bzw. normalerweise ist. Mögliche Handlung: Jemand täuscht mithilfe seiner Kleidung andere Menschen, gibt sich als jemand anderes aus, um sich Vorteile zu verschaffen …*

6.1 Ein Schneider als Graf – Handlungsablauf und Figuren

Zu dieser Novelle wird auf den Seiten 116 bis 121 **Material zur Leistungsdifferenzierung** angeboten (Lösungen siehe S. 236 ff. und CD-ROM).

S. 100

Ein Schneiderlein auf Wanderschaft – Eine Figur beschreiben

1 *Beispiel für eine Mind-Map (Tafelbild):*

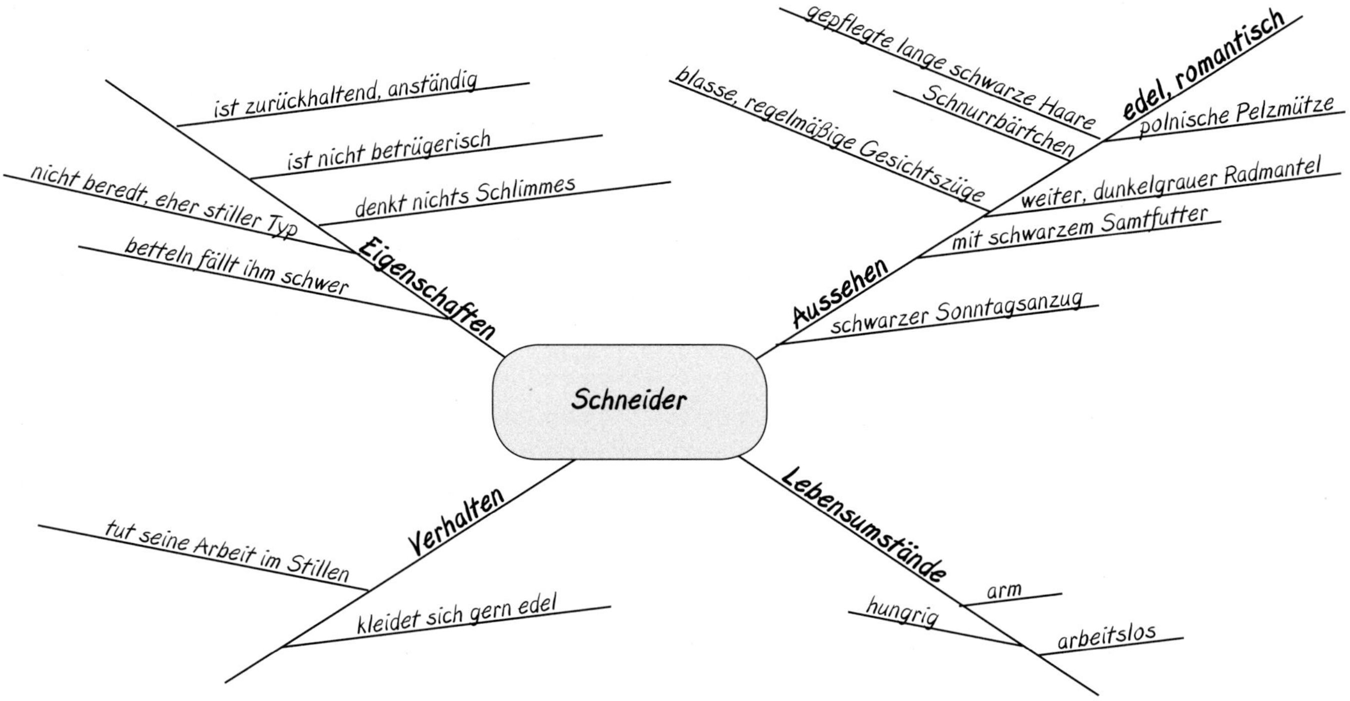

3 **eingebildet –** *Der Schneider kleidet sich gern edel, weil ihm gute Kleidung von Berufs wegen gefällt.*
sonderbar + *Er erregt bei Fremden Verwunderung und Neugierde durch sein ungewöhnliches Äußeres.*
vornehm +/– *Er ist scheinbar vornehm durch sein gepflegtes, edles Erscheinungsbild, von seinem Beruf und seinen Lebensumständen her ist der Schneider eigentlich eher ein einfacher Mensch.*
betrügerisch – *Er hat nicht die Absicht, jemanden durch sein gepflegtes Äußeres zu täuschen.*
anständig + *Siehe oben; er hat nichts Schlimmes vor, ist zurückhaltend und schüchtern.*

4 *b) Es entsteht der* ***Eindruck****, der Fremde sei ein geheimnisvoller Prinz oder Grafensohn.*
Begründung: *„unerhörte Schale“, „ehrwürdiger Mantel“, „ein solcher Herr“, „vornehm“, „Wagen eines Herzogs“, außerdem ist der Fremde blass und schön und wirkt romantisch, schwermütig, öffnet kaum den Mund.*
Verhinderungsmöglichkeiten: *Der Schneider hätte sich nach der Ankunft im Gasthof entfernen können; hätte mit mehr Mut und Geistesgegenwart seine Situation erklären können.*

5 *Unwohlsein: „verdutzt“ und „endlich hervorsprang“ = zögerlich (Z. 15); „peinlichste Angst“ (Z. 49f.); „ängstlich“ (Z. 53); „wünscht zu entfliehen“ (Z. 54f.); „bitterlich seufzend“ (Z. 71); wünscht sich auf die Straße zurück (vgl. Z. 72ff.)*

6 *Die Mind-Map (siehe S. 104 in dieser HRU) wird um folgende „Zweige“ ergänzt:*
Aussehen: *blass, schön*
Lebensumstände: *ausgehungert, wird als edler Mann hofiert*
1 ***Verhalten:*** *sagt nichts, wirkt daher vornehm, zögerlich (= betrügerisch?), will fliehen, widerspricht nicht (= betrügerisch?)*
Eigenschaften: *dankbar, bescheiden, schwermütig, wenig geistesgegenwärtig, wenig mutig, willenlos, ängstlich, sanft, fühlt sich unwohl in seiner Haut*

7 *..., ein Schnurrbärtchen sowie blasse, regelmäßige Gesichtszüge. Er trägt schwarze Sonntagskleidung, einen weiten dunkelgrauen Radmantel, der mit schwarzem Samt gefüttert ist, sowie eine polnische Pelzmütze und wirkt dadurch edel, romantisch und schön.*

8 *Verwertung der Informationen aus der Mind-Map zu Aufgabe 1, Seite 101 (bzw. S. 104 in diesen HRU):*
Durch den Bankrott seines Arbeitgebers ist er arbeitslos und arm (S. 100, Z. 12f.) und befindet sich hungrig auf dem Weg von seinem Heimatort Seldwyla nach Goldach, um dort wieder Arbeit zu finden (vgl. S. 100, Z. 14f.). Er ist jemand, der seine Arbeit gern im Stillen tut (vgl. S. 100, Z. 34f.) und sich gern edel kleidet (vgl. S. 100, Z. 35ff.). Trotz seiner Lage fällt es ihm schwer zu betteln (vgl. S. 100, Z. 19f.). Er ist nicht betrügerisch, sondern anständig und denkt nichts Schlimmes (vgl. S. 100, Z. 31f., Z. 38). Reden gehört nicht zu seinen Stärken (vgl. S. 100, Z. 48).
Verwertung der Informationen aus der Mind-Map von S. 102, Nr. 6
Dadurch wirkt er zusätzlich vornehm (vgl. S. 102, Z. 46f.). Zwar ist er eher dankbar, bescheiden und ängstlich (vgl. S. 101, Z. 2 u. S. 102, Z. 53f.), aber durch diese Willenlosigkeit (vgl. S. 101, Z. 26) gerät er in eine betrügerische Situation, da er nicht widerspricht, ein vornehmer Herr zu sein (vgl. S. 102, Z. 68f.).

.103 **„Alsogleich von dannen rollen“ – Sprache im Wandel**

1 *Mehrstündige Fortbewegung zu Fuß oder mit einer Kutsche, um in einen anderen Ort zu gelangen; Kleidung (Radmantel, polnische Mütze); Eingrenzung eines Ortes mit einer Mauer/Betreten eines Ortes durch einen Torbogen/außerhalb der Stadtmauer freies Feld; Kutscher, der eine Livree anhat und dessen Chef ein Schlossherr ist; Beruf des Hausknechts in einem Gasthof; Anteilnahme der Bevölkerung an dem ungewöhnlichen Ereignis, dass ein Adliger kommt.*

2 *Je nach Leistungsfähigkeit und Größe der Klasse kann* ***zusätzlich*** *der Text auf den* ***Seiten 100/101*** *im Schülerband in die Untersuchung per Gruppenarbeit einbezogen werden. In diesem Fall könnten z. B. folgende Textstellen notiert werden:*

Ungebräuchliche Wörter, Wendungen (Beispiele)	*Moderner Ausdruck, Erklärung*
Novembertage (Z. 1)	*Novembertag*
herwachsen (Z. 18f.)	*herkommen*
gänzlich (Z. 20)	*völlig*
Sonntagskleide (Z. 21f.)	*Sonntagskleid, -anzug, -kleidung*
also dass (Z. 48f.)	*sodass*
des Letztern Sammetfutter (Z. 50f.)	*des Letzteren = Samtfutter des Mantels*
welches/welchen ... (Z. 22 u. 54)	*heute gebräuchlicher: Relativpronomen „das“/„den“*
Schlosse (Z. 59)	*Schloss*
obgleich (Z. 62)	*heute gebräuchlicher: „obwohl“*

3 b) Beispiel für eine Fortsetzung der Figurenbeschreibung:
Sein Äußeres wirkt sehr anziehend, die Goldacher Herren betrachten ihn interessiert und wohlwollend (vgl. Z. 10ff.). Sein Verhalten hingegen wirkt zaghaft, ehrerbietig (Z. 41f.) und ungeschickt (Z. 88), zudem schüchtern und demütig (Z. 43f.); z.B. macht er ehrfurchtsvolle und furchtsame Verbeugungen und errötet (vgl. Z. 37f.). Er ist verliebt in Nettchen (vgl. Z. 62ff.). Um sie zu gewinnen, versetzt er sich in die Rolle des Grafen, spricht feiner und verwendet polnische Wörter (Z. 59ff., 62f.). Er beginnt unehrlich zu werden. Deswegen wird er aber wiederum melancholisch (Z. 69f.) und ist hin- und hergerissen, wie er sich verhalten soll.

4 Beispiel für ein Schaubild zur Figurenkonstellation:

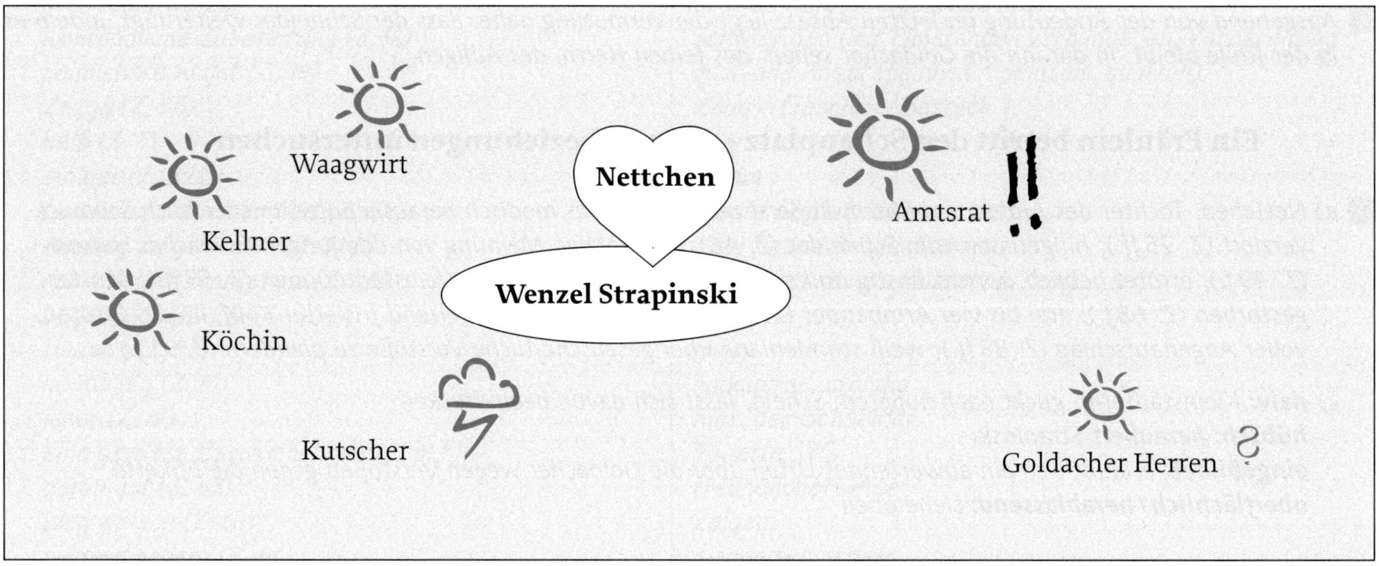

S. 106 **Auf die Perspektive kommt es an**

1 Folgende Aussagen treffen auf den Erzähler zu:
1. Der Erzähler betrachtet das Geschehen von außen, er hat einen Überblick über die gesamte Handlung.
2. Er kommentiert und bewertet das Geschehen.
4. Er weiß nicht nur über eine Figur und ihre Gedanken Bescheid, sondern über alle und das gesamte Geschehen.

2 „Kleider machen Leute" wird aus der Perspektive des **allwissenden Erzählers** erzählt.

S. 107 **Der Schneider am Scheideweg – Einen Konflikt untersuchen**

1 a/b) Der Ausdruck „Jüngling am Scheideweg" bezieht sich auf die griechische Sage von „Herakles am Scheideweg", die dem Bildungsbürgertum und damit der Leserschaft der Keller'schen Novelle wohlbekannt war.
Als Herakles an einer Weggabelung darüber nachdachte, welchen Weg er wählen solle, kamen ihm zwei Frauen entgegen: die Tugend und die Liederlichkeit. Letztere war üppig und kostbar gekleidet, sie versprach ihm ein Leben in Pracht und Reichtum, während die schlicht gekleidete Tugend ihm zwar die Aussicht auf ein Leben in Mühsal und Leid eröffnete, an dessen Ende aber Liebe und Achtung der Menschen und die Liebe Gottes standen. Herakles entschied sich (im Gegensatz zu Wenzel Strapinski) für den steinigen Pfad der Ehre.

2 Beispiel für einen inneren Monolog des Schneiders:
Was soll ich bloß tun? Jetzt muss ich mich wirklich entscheiden: Wähle ich diesen Weg hier, dann kann ich dieses süße neue Leben fortsetzen mit vorzüglichem Essen, geachtet als Graf, hofiert und umworben von den feinen Goldacher Bürgern und Frauenzimmern – und insbesondere von diesem liebreizenden Nettchen. Aber wie lange kann das gut gehen? Wie lange trägt diese Lüge? Das ungute Gefühl, dass ich mich falsch und unehrlich verhalte wie ein Dieb, bleibt immer im Hinterkopf ... Dann wähle ich doch lieber den anderen Weg hier, übers Feld. Ich werde Arbeit suchen müssen und kann jetzt nicht wissen, wann das gelingt. Vielleicht werde ich nie wieder den Luxus genießen wie jetzt. Aber mein Kopf und mein Herz werden frei sein von Schuldgefühlen und Gewissensbissen. Ich werde ehrlich und richtig handeln und wieder der sein, der ich bin: der arme, brave Schneidergeselle Wenzel Strapinski.

3 *Mögliche Fortführung der Tabelle des Schülerbandes (Tafelbild):*

Wenzel Strapinski als Schneider („Sein")	Wenzel Strapinski als Graf („Schein")
- Gedanke, pflichtgemäß seinen Weg von Goldach weg fortzusetzen (S. 107, Z. 4ff., 22f.) - grüßt demütig (S. 107, Z. 29 ff.) - schlaflose Nächte: Furcht vor Schande, entdeckt zu werden, und ehrliches Gewissen (S. 108, Z. 58 ff.) - angeborenes Bedürfnis, durch Kleidung etwas Außergewöhnliches darzustellen (S. 108, Z. 65 ff.) - will abreisen und den Goldachern die entstandenen Ausgaben zurückzahlen (S. 108, Z. 70 ff.)	- schaut sich die Sitten der feinen Gesellschaft an und kopiert sie auf seine Weise - erfüllt auf seine Weise das Bild des Grafen, das die Goldacher Bevölkerung, vor allem aber die Frauen von ihm haben (S. 107/108, Z. 45 ff.)

4 *a) Konflikt, ein ehrlicher armer Schneider zu sein oder ein betrügerischer, aber angesehener reicher Graf*

b) Durch die für einen Schneider ungewöhnliche Wahl der Kleidung, die eigentlich zu edel und zu teuer für ihn ist, wirkt er nicht als das, was er ist (ein armer Mann), sondern als etwas „Besseres" (reicher Graf). Also machen die Kleider aus dem armen Schneider einen reichen Grafen.

c) S. 100, Z. 21–39; S. 104, Z. 10–19; S. 101, Z. 1–19

5 *Der allwissende Erzähler macht sich wie folgt bemerkbar: Vergleich der Situation Wenzels an der „Wegscheidung" mit seiner inneren Gewissensentscheidung = Kommentierung seiner inneren Situation (z. B. „geheimnisvolles Schicksal", „lockend"; S. 107, Z. 11 ff.) und genaue Beschreibung der Umgebung „von außen" (z. B. „gastliche Rauchsäulen"); Vergleich Wenzels mit einem Regenbogen in der Sonne = Zusammenfassung und Kommentierung seines Verhaltens (S. 107, Z. 39 ff.)*

6 *Zwei Möglichkeiten: 1. ehrlicher Weg des Schneiders, 2. unehrlicher Weg des Grafen*
Höhere Wahrscheinlichkeit: Weg 2., da er es mehrfach nicht geschafft hat, Goldach zu verlassen, trotz entsprechender Absicht, und so immer tiefer in die „neue" Rolle hineinrutscht
Prognose: böses Erwachen, indem seine wahre Identität herauskommt, erboste Reaktion der Goldacher
Alternativ: nachsichtige Reaktion der Goldacher, schätzen ihn trotzdem, Happyend (aber eher unwahrscheinlich)

6.2 Vom Grafen zum Bräutigam – Inhalte zusammenfassen

109 Närrische Verlobung – Eine Inhaltsangabe erarbeiten

1 *Die Stichworte in der richtigen Reihenfolge:*
Strapinski und Nettchen im Schlitten vorneweg
Ball
Schlitten mit Anspielungen auf das Schneiderwesen
Verlobung von Wenzel und Nettchen
Schlittenfahrt
Ziel: Gasthaus zwischen Goldach und Seldwyla
Fastnacht
Schlittenzug der Goldacher
maskierter Schlittenzug der Seldwyler
Schlittenfahrt der Seldwyler

2 *a/b) Nur für A können die Fragen bejaht werden. B entspricht zum großen Teil nicht den Anforderungen an eine Inhaltsangabe (Einzelheiten, zu nah an der Textvorlage, Präsens/Präteritum etc.)*

3 *Beispiellösung: Auch von Seldwyla aus ist ein Schlittenzug zum selben Gasthaus unterwegs. Dieser besteht aus maskierten Wagen, die die Göttin Fortuna und Anspielungen auf das Schneiderwesen wie ein riesiges Bügeleisen und eine große Schere darstellen. Die Seldwyler Gesellschaft folgt auf weiteren Schlitten in bunter Tracht und mit viel Gelächter und Gesang.*

5 *Es soll zu einer Konfrontation mit dem Schneider Wenzel Strapinski, dem vermeintlichen Grafen, kommen. Die Seldwyler beabsichtigen seine Entlarvung.*

S. 112

Der entlarvte Graf – Eine Inhaltsangabe schreiben

1 *Die Zusammenfassung der sechs Textabschnitte:*
1 (Z. 1 - 25): Die Seldwyler möchten für die Goldacher einen Schautanz aufführen; die Goldacher stimmen zu.
2 (Z. 26 - 34): Der Seldwyler Schautanz zeigt Vorführungen zum Thema „Kleider machen Leute“.
3 (Z. 35 - 49): Der letzte Teil des Schautanzes stellt Wenzel Strapinski in seiner typischen Kleidung dar.
4 (Z. 50 - 83): Der Darsteller spielt einen Schneider, der sich in einen Grafen verwandelt, und stellt sich am Ende seiner Aufführung neben Wenzel Strapinski, worauf die Musik abrupt endet.
5 (Z. 84 - 91): Das Brautpaar ist geschockt, Nettchen wendet sich Wenzel zu.
6 (Z. 91 - 111): Wenzel Strapinski verlässt weinend den Saal und macht sich auf den Weg nach Seldwyla.

2 *Der zweite Satz ist richtig formuliert. Der erste Satz enthält einen Formulierungsfehler: In der Erzählung … handelt es sich um …; der dritte Satz ebenfalls und zusätzlich einen falschen Satzanschluss: … geht es über …, wo …*

3 ***Im vorliegenden Ausschnitt aus Gottfried Kellers Erzählung „Kleider machen Leute“ aus dem Jahr 1874 geht es um** die Verlobungsfeier Wenzel Strapinskis mit Nettchen, auf der die Lüge des scheinbaren Grafen herauskommt. **Zu Beginn der Textstelle** bitten die Seldwyler die Goldacher Gäste, ihnen einen Schautanz vorführen zu dürfen. Bei dieser Vorführung zeigen sie Darstellungen zum Thema „Kleider machen Leute“. Der letzte Teil des Schautanzes stellt Wenzel Strapinski mit seiner typischen Kleidung dar. **Im Verlauf der Handlung** spielt der Darsteller Wenzels einen Schneider, der einen Grafenrock trägt und sich mit diesem in einen Grafen verwandelt. **Schließlich** stellt er sich neben Wenzel Strapinski, worauf die Musik abrupt endet. **Die Textstelle endet damit,** dass das Brautpaar geschockt ist, Wenzel Strapinski weinend den Saal verlässt und sich auf den Weg nach Seldwyla macht.*

5 *Aufgrund des Happyends ist anzunehmen, dass die Liebe siegt und Nettchen dem Schneider vergibt.*

8 *Die Schülerinnen und Schüler können die Definition der „Novelle“ in ihr Heft übertragen und jedes genannte Merkmal an ein, zwei Beispielen aus Kellers Novelle belegen.*

6.3 Drei Projekte zu „Kleider machen Leute“

Allgemeiner Hinweis: Möglicherweise können auch alle drei Projekte zeitlich parallel arbeitsteilig durchgeführt werden, indem sich jeweils eine Gruppe mit einem Projektthema befasst.

S. 115

Projekt 1: „Kleider machen Leute“ in Szene setzen

1 *Beispiel für die Einteilung in Textabschnitte/Szenen nach Schauplätzen (Handlungsorten) mit beteiligten Personen zur Vorbereitung des Textbuches (Tafelbild):*

Szenen	Handlung	Handlungsort	Beteiligte Personen
(1) Z. 1 - 19	Strapinski verkündet Abreise	Ballsaal	Strapinski, Ballgäste, Nettchen
(2) Z. 20 - 42	Verhinderung der Abreise	Vor dem Gasthaus	Strapinski, Nettchen
Z. 42 - 45	Gespräch Vater - Tochter	Haus des Amtsrats	Stimme aus dem Off
(3) Z. 45 - 65	Rede des Amtsrats	Haus des Amtsrats	Amtsrat, Strapinski

*Beispiel für den Beginn des Textbuches (für **Leistungsschwächere** zum Weiterschreiben geeignet):*

Die Verlobung bahnt sich an – Das Unglück nimmt seinen Lauf

1. Szene: Im Ballsaal. Festlich ausgestattet mit vornehmen Sitzmöbeln und Lampen im Hintergrund (evtl. Kulissenbild), großes Tanzparkett in der Mitte, überall stehen Grüppchen von fein gekleideten Ballgästen, die jungen Herren in feinen dunklen Anzügen, die Damen in bunten Ballkleidern mit Handschuhen, Schmuck und aufwendigen Frisuren. Seitlich die Eingangstür zum Ballsaal, an der der Gastgeber seine Gäste begrüßt. Leise Tanzmusik im Hintergrund.

STRAPINSKI *(tritt ein in seiner schwarzen Robe, zieht alle Blicke auf sich)*
HAUSHERR *(geht auf ihn zu, streckt ihm die Arme entgegen)* Herr Graf! Wie schön! – Herzlich willkommen auf unserem Winterball!
STRAPINSKI *(verbeugt sich vornehm)* Mein Herr! Ich danke für die freundliche Einladung. Leider kann ich nicht bleiben, ich bin gezwungen, noch heute zu verreisen.
(Geraune unter den Anwesenden, man hört einzelne Wortfetzen, vornehmlich von Damen)
ERSTE DAME Oh, wie schade! – Wo er wohl hinmuss?
ZWEITE DAME Ich will auf jeden Fall mit ihm tanzen, hoffentlich bleibt er noch eine Weile.
DRITTE DAME Hoffentlich verreist er nicht für lange! Er ist ein so schöner und vornehmer Mann, solche gibt es nicht so viele in Goldach.
NETTCHEN *(steht erst wie erstarrt, läuft dann aufgeregt ziellos hin und her, würdigt Strapinski keines Blickes, bleibt plötzlich vor einem jungen Herrn stehen, knickst)* Mein Herr, darf ich Sie um diesen Tanz bitten?
JUNGER HERR *(etwas erstaunt, doch sehr erfreut, verbeugt sich)* Aber mit dem größten Vergnügen, Fräulein Nettchen! *(Sie beginnen zu tanzen)*

2 *Hier lässt sich viel über Körperhaltung, Mimik, Gestik und Abstand der Figuren zueinander ausdrücken:*
Am Anfang der Ballszene:
Nettchen und Wenzel: Verliebtheit, Vertrauen, Zuneigung; Wenzel zudem: Selbstsicherheit, Entschlossenheit
Am Ende der Ballszene:
Nettchen: Schock, Trauer, Ratlosigkeit, Verletztheit; Wenzel: Scham, Angst, Selbstvorwürfe

116 Projekt 2: Der Schneider vor Gericht

Es empfiehlt sich, die Klasse in *Dreiergruppen* einzuteilen (je nach Klassengröße müssen die Rollen entsprechend vergeben werden) und drei Gerichtsverhandlungen vorbereiten und präsentieren zu lassen. Dadurch lassen sich mithilfe von *Beobachtungsaufträgen* zudem die Präsentationen besser reflektieren. Aufgrund der Popularität der Gerichtssendungen im Fernsehen sind den Schülerinnen und Schüler sicherlich die Abläufe im Großen und Ganzen bekannt. Folgende **Hinweise** können zusätzlich gegeben werden:

Die Hauptverhandlung beginnt mit dem Aufruf der Zeugen und deren Belehrung durch den *Richter*. Belehrt werden sie über ihre Aussagepflicht und über die Bedeutung des Eides. Dann verlassen die *Zeugen* den Sitzungssaal; der *Angeklagte* tritt in den Mittelpunkt. Zunächst wird der Angeklagte zur Person vernommen und muss über seine persönlichen Verhältnisse und seinen Werdegang berichten. Danach verliest der *Staatsanwalt* die Anklage (Hochstapelei, Betrug, Täuschung). Nun kann der Angeklagte zu den gegen ihn erhobenen Beschuldigungen Stellung nehmen.
Durch die anschließende Beweisaufnahme wird die Unschuld oder Schuld des Angeklagten festgestellt. Als Beweismittel kämen hier z. B. infrage: Zeugenaussagen, Sachverständigengutachten, Urkunden. Das Gericht darf den Angeklagten nur verurteilen, wenn es ihm seine Straftat überzeugend nachweisen kann. Nach Abschluss der Beweisaufnahme hält zunächst der *Staatsanwalt* sein Plädoyer; dann folgt das Plädoyer des *Verteidigers*. Am Ende stellen beide ihre Anträge auf Bestrafung oder auf Freispruch des Angeklagten. Das letzte Wort hat der Angeklagte, sofern er noch etwas äußern möchte.
Danach zieht sich das Gericht zur Urteilsfindung ins Beratungszimmer zurück. Bei seiner Urteilsfindung ist das Gericht vollkommen unabhängig und an den Antrag des Staatsanwalts nicht gebunden. Es liegt im Ermessen des Gerichts, unter Berücksichtigung aller mildernden oder erschwerenden Umstände das Strafmaß zu bestimmen, allerdings innerhalb des im Strafgesetzbuch festgelegten Strafrahmens (wovon hier abgesehen werden kann).

Vorschlag für Personen(gruppen): Richter, Staatsanwalt, Verteidiger, Angeklagter, Zeugen aus Goldach und Seldwyla, Amtsrat, Nettchen, Gerichtsdiener (der die Zeugen in den Sitzungssaal holt), Protokollführer/-in

S. 116 **Projekt 3: Modenschau**

Die Modenschau könnte mit der Verkleidung des Schneiders zum Grafen beginnen, also von der Novelle ausgehend, unterschiedliche Aspekte des Sprichworts aufzeigen und Kleidung als äußeres Statusmerkmal bewusst machen. Auch bei *leistungsschwächeren* Schülerinnen und Schülern kann durch die Betonung des soziologischen Aspekts eine Sensibilisierung für Verhaltensweisen auf diese Weise angeregt werden. Denkbar ist eine Ausweitung des Themas „Verkleidung“ unter den Aspekten gesellschaftlicher Sanktionen, kultureller Eigenheiten; als Signal für die Zugehörigkeit zu bestimmten Volks-, Religions-, Alters-, Berufs- oder anderen Gruppen. Zur Anregung kann hier auf die *Auftaktseite* zurückgegriffen werden. Die Modenschau kann mit passender bzw. jeweils wechselnder Musik, ggf. mit Einsatz von Scheinwerferlicht durchgeführt und auch mit witzigen oder erklärenden Ansagen (Textbuch!), mit einem Programmflyer (Computerarbeit) professionell durchgeführt werden.

Vorschläge für Übungen und Klassenarbeiten

Vorschlag 1: Das Textverständnis sichern / Eine Inhaltsangabe verfassen

Siehe die **Kopiervorlage** „Kleider machen Leute – Strapinskis erster Besuch beim Amtsrat“, S. 113 (Lösungen siehe S. 236 ff. und CD-ROM).

Vorschlag 2: Das Textverständnis sichern / Eine Inhaltsangabe verfassen (eher für *Leistungsstärkere* geeignet)

Siehe die **Kopiervorlage** „Kleider machen Leute – Entlarvung Strapinskis und die Macht der Liebe“, S. 114 f. (Lösungen siehe S. 236 ff. und CD-ROM).

Vorschlag 3: Sich in eine literarische Person hineinversetzen / Einen Bericht schreiben

1 *Stellt euch vor, Melchior Böhni schickt kurz vor der Verlobungsfeier in gemeiner Absicht einen Bericht an die Zeitung „Goldacher Bote“, der vom „Hochstapler Wenzel Strapinski – kein vornehmer polnischer Graf, sondern einfacher Schneider aus Seldwyla“ handelt. Dieser Bericht soll am Tag nach der verhinderten Verlobung in der Zeitung erscheinen. Verfasst diesen Bericht.*

Diese Übung eignet sich zur *Differenzierung*, kann aber auch in Gruppenarbeit zu einem *kleinen Projekt* ausgebaut werden.

Vorschlag 4: Differenzierungsaufgabe zum szenischen Spiel (Projekt 1)

1 *Auch einige der im Buch abgedruckten Textausschnitte eignen sich für eine szenische Umsetzung, z B.*
- *die Ankunft des armen Schneiders im Gasthof „Zur Waage“ (S. 101 f.) und*
- *die erste Begegnung mit Nettchen nach der Glücksspielpartie (S. 104 f.).*

Geht dabei genauso vor wie in Aufgabe 1 auf S. 116 im Buch.

Vorschlag 5: Eine Buchempfehlung schreiben

1 *Würdest du die Erzählung anderen Klassen zur Lektüre empfehlen? Schreibe für eure Schülerzeitung eine Buchempfehlung. Orientiere dich dabei an dem Aufbau eines Klappentextes.*

Weiteres Übungsmaterial

Übungsmaterial im **„Deutschbuch Arbeitsheft 8“:**
- Umgang mit Texten: Einen Erzähltext erschließen (Die Handlung erschließen; Die Inhaltsangabe schreiben; Eine Figur beschreiben), S. 75 ff.; TESTE DICH! – Erzähltexte erschließen, S. 80
- Ich teste meinen Lernstand: A1 Einen erzählenden Text verstehen, S. 87; C Einen Text überarbeiten, S. 94

Kleider machen Leute – Strapinskis erster Besuch beim Amtsrat

Der Schneider, der gerade im Wirtshaus angekommen ist und für einen feinen Grafen gehalten wird, fährt mit den Goldacher Herren zum Haus des Amtsrats. Die Goldacher Herren bewundern sein Geschick, mit Pferden umzugehen, und sehen sich in ihrem Urteil, Strapinski sei ein Adliger, bestätigt. – Der Schneider kann aber deshalb so gut mit Pferden umgehen, weil er einem Gutsherrn gedient und seinen Militärdienst bei den Husaren geleistet hat.

In einer halben Stunde war das Gut des Amtsrates erreicht. Strapinski fuhr in einem prächtigen Halbbogen auf und ließ die feurigen Pferde aufs Beste anprallen; man sprang von den Wagen, der Amtsrat kam herbei und führte die Gesellschaft ins Haus, und alsbald war auch der Tisch mit einem halben Dutzend Karaffen voll karneolfarbigen Sausers besetzt. Das heiße, gärende Getränk wurde vorerst geprüft, belobt und sodann fröhlich in Angriff genommen, während der Hausherr im Hause die Kunde herumtrug, es sei ein vornehmer Graf da, ein Polacke, und eine feinere Bewirtung vorbereitete.

Mittlerweile teilte sich die Gesellschaft in zwei Partien, um das versäumte Spiel[1] nachzuholen, da in diesem Lande keine Männer zusammen sein konnten, ohne zu spielen, wahrscheinlich aus angeborenem Tätigkeitstriebe. Strapinski, welcher die Teilnahme aus verschiedenen Gründen ablehnen musste, wurde eingeladen zuzusehen, denn das schien ihnen immerhin der Mühe wert, da sie so viel Klugheit und Geistesgegenwart bei den Karten zu entwickeln pflegten. Er musste sich zwischen beide Partien setzen, und sie legten es nun darauf an, geistreich und gewandt zu spielen und den Gast zu gleicher Zeit zu unterhalten. So saß er denn wie ein kränkelnder Fürst, vor welchem die Hofleute ein angenehmes Schauspiel aufführen und den Lauf der Welt darstellen. Sie erklärten ihm die bedeutendsten Wendungen, Handstreiche und Ereignisse, und wenn die eine Partei für einen Augenblick ihre Aufmerksamkeit ausschließlich dem Spiele zuwenden musste, so führte die andere dafür umso angelegentlicher die Unterhaltung mit dem Schneider. Der beste Gegenstand dünkte sie hierfür Pferde, Jagd und dergleichen; Strapinski wusste hier auch am besten Bescheid, denn er brauchte nur die Redensarten hervorzuholen, welche er einst in der Nähe von Offizieren und Gutsherren gehört und die ihm schon dazumal ausnehmend wohl gefallen hatten. Wenn er diese Redensarten auch nur sparsam, mit einer gewissen Bescheidenheit und stets mit einem schwermütigen Lächeln vorbrachte, so erreichte er damit nur eine größere Wirkung; wenn zwei oder drei von den Herren aufstanden und etwa zur Seite traten, so sagten sie: „Er ist ein vollkommener Junker!"

Nur Melcher Böhni, der Buchhalter, als ein geborener Zweifler, rieb sich vergnügt die Hände und sagte zu sich selbst: „Ich sehe es kommen, dass es wieder einen Goldacher Putsch gibt, ja, er ist gewissermaßen schon da! Es war aber auch Zeit, denn schon sind's zwei Jahre seit dem letzten! Der Mann dort hat mir so wunderlich zerstochene Finger, vielleicht von Praga oder Ostrolenka[2] her! Nun, ich werde mich hüten, den Verlauf zu stören!"

(aus: Gottfried Keller: Kleider machen Leute. Suhrkamp, Frankfurt a. M. 2005)

1 **Das versäumte Spiel:** Eigentlich hatten die Herren schon im Wirtshaus spielen wollen, waren aber durch die Ankunft des vermeintlichen Grafen nicht dazu gekommen.

2 **Praga und Ostrolenka:** Zwei polnische Orte, wo 1831 entscheidende Schlachten im Befreiungskampf gegen Russland stattfanden. Die Polen kämpften mit Stechwaffen: Der Hinweis auf die zerstochenen Finger war für den zeitgenössischen Leser wohl doppeldeutig; vor allem deutet er auf die Gefahr der Entdeckung Strapinskis als Schneider hin.

1 *a) Lies den Text und kläre alle unbekannten Wörter.*
b) Übertrage die unterstrichenen Textstellen in heutiges Deutsch.
c) Verfasse zur Bedeutung des Wortes „Junker" einen Lexikonartikel.

2 *Unterteile den Text in Sinnabschnitte und fasse jeweils den Inhalt in einer Überschrift/einem Satz zusammen.*

3 *Schreibe eine Inhaltsangabe, bestehend aus Einleitung und Hauptteil, in dein Heft.*

4 *a) Ergänze die wichtigsten Regeln für eine Inhaltsangabe:*
Die Einleitung nennt Textsorte ...
Der Hauptteil informiert über die wichtigsten ...
Wörtliche Reden/Zitate werden ...
Das Tempus der Inhaltsangabe ist ...
b) Überarbeite deine Inhaltsangabe anhand dieser Regeln und verbessere sie.

Kleider machen Leute – Entlarvung Strapinskis und die Macht der Liebe (1)

Die folgende Textstelle zeigt Nettchen am Ende der Verlobungsfeier, nachdem Wenzel Strapinski durch die Seldwyler Vorführung entlarvt worden ist.

Inzwischen erhob auch Nettchen sich von ihrem einsamen Sitze. Sie hatte dem abziehenden Geliebten gewissermaßen aufmerksam nachgeschaut, saß länger als eine Stunde unbeweglich da und stand dann auf, indem sie bitterlich zu weinen begann und ratlos nach der Türe ging. Zwei Freundinnen gesellten sich nun zu ihr mit zweifelhaft tröstenden Worten; sie bat dieselben, ihr Mantel, Tücher, Hut und dergleichen zu verschaffen, in welche Dinge sie sich sodann stumm verhüllte, die Augen mit dem Schleier heftig trocknend. Da man aber, wenn man weint, fast immer zugleich auch die Nase schneuzen muss, so sah sie sich doch genötigt, das Taschentuch zu nehmen, und tat einen tüchtigen Schneuz, worauf sie stolz und zornig um sich blickte. In dieses Blicken hinein geriet Melcher Böhni, der sich ihr freundlich, demütig und lächelnd näherte und ihr die Notwendigkeit darstellte, nunmehr einen Führer und Begleiter nach dem väterlichen Hause zurück zu haben. [...]

Ohne zu antworten, ging sie festen Schrittes voran nach dem Hofe, wo der Schlitten mit den ungeduldigen, wohlgefütterten Pferden bereitstand, einer der letzten, welche dort waren. Sie nahm rasch darin Platz, ergriff das Leitseil und die Peitsche, und während der achtlose Böhni, mit glücklicher Geschäftigkeit sich gebärdend, dem Stallknechte, der die Pferde gehalten, das Trinkgeld hervorsuchte, trieb sie unversehens die Pferde an und fuhr auf die Landstraße hinaus in starken Sätzen, welche sich bald in einen anhaltenden munteren Galopp verwandelten. Und zwar ging es nicht nach der Heimat, sondern auf der Seldwyler Straße hin. Erst als das leicht beschwingte Fahrzeug schon dem Blick entschwunden war, entdeckte Herr Böhni das Ereignis und lief in der Richtung gegen Goldach mit Hoho! und Haltrufen, sprang dann zurück und jagte mit seinem eigenen Schlitten der entflohenen oder nach seiner Meinung durch die Pferde entführten Schönen nach, bis er am Tore der aufgeregten Stadt anlangte, in welcher das Ärgernis bereits alle Zungen beschäftigte.

Warum Nettchen jenen Weg eingeschlagen, ob in der Verwirrung oder mit Vorsatz, ist nicht sicher zu berichten. [...] Sodann sagte sie mehr als einmal laut vor sich hin: „Ich muss noch zwei Worte mit ihm sprechen, nur zwei Worte!“

[...] Auch war es seltsam, als die ‚Fortuna‘ in die Waldstraße gelangte, in welche jetzt der helle Vollmond hineinschien, wie Nettchen den Lauf der Pferde mäßigte und die Zügel fester anzog, sodass dieselben beinahe nur im Schritt einhertanzten, während die Lenkerin die traurigen, aber dennoch scharfen Augen gespannt auf den Weg heftete, ohne links und rechts den geringsten auffälligen Gegenstand außer Acht zu lassen. [...]

Mehr geträumte als gedachte Fragen umfingen die Seele Nettchens, als ihre Augen sich plötzlich auf einen länglichen dunklen Gegenstand richteten, welcher zur Seite der Straße sich vom mondbeglänzten Schnee abhob. Es war der lang hingestreckte Wenzel, dessen dunkles Haar sich mit dem Schatten der Bäume vermischte, während sein schlanker Körper deutlich im Lichte lag.

Nettchen hielt unwillkürlich die Pferde an, womit eine tiefe Stille über den Wald kam. Sie starrte unverwandt nach dem dunklen Körper, bis derselbe sich ihrem hell sehenden Auge fast unverkennbar darstellte und sie leise die Zügel festband, ausstieg, die Pferde einen Augenblick beruhigend streichelte und sich hierauf der Erscheinung vorsichtig, lautlos näherte.

Ja, er war es. Der dunkelgrüne Sammet seines Rockes nahm sich selbst auf dem nächtlichen Schnee schön

Kleider machen Leute – Entlarvung Strapinskis und die Macht der Liebe (2)

und edel aus; der schlanke Leib und die geschmeidigen Glieder, wohlgeschnürt und bekleidet, alles sagte noch in der Erstarrung, am Rande des Unterganges, im Verlorensein: Kleider machen Leute!

Als sich die einsame Schöne näher über ihn hinbeugte und ihn ganz sicher erkannte, sah sie auch sogleich die Gefahr, in der sein Leben schwebte, und fürchtete, er möchte bereits erfroren sein. Sie ergriff daher unbedenklich eine seiner Hände, die kalt und gefühllos schien. Alles andere vergessend, rüttelte sie den Ärmsten und rief ihm seinen Taufnamen ins Ohr: „Wenzel, Wenzel!“ Umsonst, er rührte sich nicht, sondern atmete nur schwach und traurig. Da fiel sie über ihn her, fuhr mit der Hand über sein Gesicht und gab ihm in der Beängstigung Nasenstüber auf die erbleichte Nasenspitze. Dann nahm sie, hierdurch auf einen guten Gedanken gebracht, Hände voll Schnee und rieb ihm die Nase und das Gesicht und auch die Finger tüchtig, so viel sie vermochte und bis sich der glücklich Unglückliche erholte, erwachte und langsam seine Gestalt in die Höhe richtete.

Er blickte um sich und sah die Retterin vor sich stehen. Sie hatte den Schleier zurückgeschlagen; Wenzel erkannte jeden Zug in ihrem weißen Gesicht, das ihn ansah mit großen Augen.

Er stürzte vor ihr nieder, küsste den Saum ihres Mantels und rief: „Verzeih mir! Verzeih mir!“

„Komm, fremder Mensch!“, sagte sie mit unterdrückter zitternder Stimme. „Ich werde mit dir sprechen und dich fortschaffen!“

(aus: Gottfried Keller: Kleider machen Leute. Suhrkamp, Frankfurt a. M. 2005)

1 *a) Lies den Text und kläre alle unbekannten Wörter.*
b) Übertrage die unterstrichenen Textstellen in heutiges Deutsch.

____

____

____

c) Kläre den Widerspruch in der Formulierung „der glücklich Unglückliche“ (Z. 92).

____

____

d) Löse den grau unterlegten Satz (Z. 23–30) in mehrere Sätze auf.

____

____

____

____

2 *Unterteile den Text in Sinnabschnitte und fasse jeweils den Inhalt in einer Überschrift/einem Satz zusammen.*

3 *Schreibe eine Inhaltsangabe, bestehend aus Einleitung und Hauptteil, in dein Heft.*

4 *a) Ergänze die wichtigsten Regeln für eine Inhaltsangabe:*
Die Einleitung nennt Textsorte ...
Der Hauptteil informiert über die wichtigsten ...
Wörtliche Reden/Zitate werden ...
Das Tempus der Inhaltsangabe ist ...
b) Überarbeite deine Inhaltsangabe anhand dieser Regeln und verbessere sie.

Gottfried Keller

Kleider machen Leute (Schülerbuch, S. 104 f.)

Allgemeine Hinweise zum Einsatz der Differenzierungsmaterialien zum Textverstehen siehe Vorwort, S. 9 ff.

Vorschlag zum Unterrichtsverlauf (3 Unterrichtsstunden)

1. Einstieg (Gesamtgruppe)
Zur Vorentlastung und zur Vorbereitung auf die Lektüre des Textausschnitts wiederholen die Schülerinnen und Schüler das bisher Gelesene und geben die Handlung mündlich wieder. Ihre Vermutungen zum Fortgang der Erzählung werden stichwortartig an der Tafel notiert.

2. Lesen des ersten Textteils (Gesamtgruppe)
Drei lesestarke Schülerinnen und Schüler erhalten je einen Teil des Textanfangs (Arbeitsblatt „Textanfang", S. 117) und lesen diesen vor. Da die Textausschnitte (von A bis C vorgelesen) nicht in der richtigen Reihenfolge stehen, müssen die anderen Schülerinnen und Schüler überlegen, wie sie diese sinnvoll ordnen können. Erste Vermutungen zur Reihenfolge können nach einem ersten Lesedurchgang begründet geäußert werden. Anschließend werden die Textteile in der vorgeschlagenen Reihenfolge noch einmal vorgelesen. Falls die Reihenfolge noch nicht stimmt, kann sie nach dem Lesen ggf. korrigiert werden. In einem anschließenden Unterrichtsgespräch wiederholen die Schülerinnen und Schüler, was sie von der Handlung verstanden haben, und vergleichen dies mit ihren Vermutungen zum Fortgang der Erzählung. Anschließend lesen sie den im Schulbuch auf Seite 106 f. abgedruckten Textausschnitt (Arbeitsblatt „Textvorlage", S. 118 f.) und erarbeiten sich diesen mithilfe der beiden Arbeitsaufträge.

3. Einsatz des Differenzierungsmaterials

Textanalyse und Textverständnis (Einzel- oder Partnerarbeit)
Die Schülerinnen und Schüler bekommen zur Textanalyse und zum Textverstehen zwei verschiedene Angebote, die sie in Einzel- und Partnerarbeit bearbeiten können.
– Differenzierungsmaterial 1 (S. 120) ist für *leistungsstarke* Schülerinnen und Schüler gedacht,
– Differenzierungsmaterial 2 (S. 121) für *leistungsschwache.*

Vorstellen der Ergebnisse (Gesamtgruppe)
Mithilfe der Richtig-Falsch-Aussagen (S. 121, Aufgabe 1, Differenzierungsmaterialien für *Leistungsschwache*) wird zunächst das Textverständnis überprüft. Falsche Aussagen können hier anhand passender Textstellen widerlegt werden. Daran schließen sich die Erzählung Strapinskis und der Brief Nettchens an (S. 121, Aufgabe 2, Differenzierungsmaterialien für *Leistungsschwache* und Aufgabe 2, Differenzierungsmaterialien für *Leistungsstarke*, S. 120). Beide Perspektiven werden verglichen und zur Erarbeitung der Figuren genutzt.
Folgende Leitfragen können für die Rückmeldung zu den Schülertexten hilfreich sein: „Tauchen in der Nacherzählung / im Brief die wichtigsten Ereignisse auf und sind sie (folge)richtig dargestellt?" – „Stimmt die Darstellung Strapinskis aus der Sicht Nettchens und umgekehrt in der Nacherzählung / im Brief?" – „Gibt es Dinge, die ihr in der Nacherzählung / im Brief streichen würdet, weil sie sehr weit hergeholt / zu wenig am Originaltext orientiert sind?"

Lösungen siehe S. 236 ff. und CD-ROM;
Reihenfolge der nebenstehenden Textausschnitte: 2 – 3 – 1.

DIFFERENZIERUNGSMATERIAL

Gottfried Keller

Kleider machen Leute (Textanfang)

1

„Wir suchen Sie, Herr Graf!“, rief der Amtsrat, „damit ich Sie erstens hier meinem Kinde vorstelle und zweitens, um Sie zu bitten, dass Sie uns die Ehre erweisen möchten, einen Bissen Abendbrot mit uns zu nehmen; die anderen Herren sind bereits im Hause.“

2

Er hatte ein artiges Reisegeld und nahm sich vor, dem Wirt „Zur Waage“ von der nächsten Stadt aus sein aufgedrungenes Mittagsmahl zu bezahlen. Also schlug er seinen Radmantel malerisch um, drückte die Pelzmütze tiefer in die Augen und schritt unter einer Reihe von hohen Akazien in der Abendsonne langsam auf und nieder, das schöne Gelände betrachtend oder vielmehr den Weg erspähend, den er einschlagen wollte. Er nahm sich mit seiner bewölkten Stirne, seinem lieblichen, aber schwermütigen Mundbärtchen, seinen glänzenden schwarzen Locken, seinen dunklen Augen, im Wehen seines faltigen Mantels vortrefflich aus; der Abendschein und das Säuseln der Bäume über ihm erhöhte den Eindruck, sodass die Gesellschaft ihn von ferne mit Aufmerksamkeit und Wohlwollen betrachtete.

3

Allmählich ging er immer etwas weiter vom Hause hinweg, schritt durch ein Gebüsch, hinter welchem ein Feldweg vorüberging, und als er sich vor den Blicken der Gesellschaft gedeckt sah, wollte er eben mit festem Schritt ins Feld rücken, als um eine Ecke herum plötzlich der Amtsrat mit seiner Tochter Nettchen ihm entgegentrat. Nettchen war ein hübsches Fräulein, äußerst prächtig, etwas stutzerhaft gekleidet und mit Schmuck reichlich verziert.

(aus: Gottfried Keller: Kleider machen Leute. Suhrkamp, Frankfurt a. M. 2005)

DIFFERENZIERUNGSMATERIAL

Deutschbuch Handreichungen für den Unterricht 8

S. 124 *Orhan Veli*

Ich höre Istanbul

S Orhan Veli (1914–1950) lebte in Istanbul. Er arbeitete u. a. im Übersetzungsbüro des Erziehungsministeriums, kündigte dort aber 1947 wegen „antidemokratischen Klimas". Viele seiner Gedichte wurden in Liedern vertont.

1 *b) Das lyrische Ich in Orhan Velis Gedicht „Ich höre Istanbul" nimmt die Stadt am Bosporus vor allem über die Geräusche wahr: das Rauschen des Windes in den Blättern (V. 2ff.), die Glocke der Wasserverkäufer (V. 6), die Schreie der Vögel (V. 9), das Einziehen der Fischernetze (V. 11), das Plätschern des Wassers beim Eintauchen der Füße einer Frau (V. 12), das Geschrei der Verkäufer im Basar (V. 15f.), das Gurren der Tauben (V. 17), das Gehämmer in den Docks (V. 18), das Sausen der Südwinde (V. 24). In ihm kommt die Erinnerung an vergangene Feste (V. 22) auf. Das lyrische Ich meint sogar, das Fallen einer Rose (V. 30), das Zappeln eines Vogels (V. 33) und den „Herzschlag" (V. 37) der Stadt zu hören.*

2 *Über die Wahrnehmung akustischer Eindrücke entsteht das subjektive Bild einer pulsierenden Stadt voller Leben und Geschäftigkeit, der die sprechende Person (das lyrische Ich) gleichsam eine Liebeserklärung macht. Der subjektive Eindruck wird vor allem in der wiederholten Formulierung „**Ich** höre Istanbul, meine Augen geschlossen", mit der alle Strophen beginnen, und in den persönlichen Äußerungen ab Vers 34 („Ich weiß …") deutlich.*

3 *Ein Schülerbeispiel:*

Ich höre Köln, meine Augen geschlossen.
Stimmengewirr der Touristen
vor dem gotischen Dom,
S *der Platz voll gurrender Tauben,*
darüber schwebt der Glockenklang.

Vom Rhein her dröhnt eine Schiffshupe,
Flüche der Arbeiter im Containerhafen.
Vom Melaten-Friedhof herüber
höre ich das Zwitschern der Vögel
und im Radio spielen sie BAP …

S. 126 *Mascha Kaléko*

Windowshopping

S. 126 *Frank Sinatra / Fred Ebb*

New York New York

1 *Das lyrische Ich spricht von der Fifth Avenue (V. 6), der großen Einkaufsstraße in New York.*

2 *a) Das lyrische Ich betrachtet den Konsum aus der Distanz und ist der Meinung, dass vieles von dem, was in den teuren Geschäften angeboten wird, überflüssig ist. Es verweist auf die Gedanken des griechischen Philosophen Sokrates (470–399 v. Chr.) „Wie zahlreich sind doch die Dinge, derer ich nicht bedarf" und bestätigt dessen Auffassung, dass man viele Dinge, die einem als notwendig angepriesen werden, gar nicht braucht.*

*b) Die kritische Einstellung wird an folgenden Formulierungen deutlich: „Brillant**gefunkel**" (V. 1) – „Nerzcape für den **Spitz**" (V. 3) – „hm, Toilettensitz" (V. 4) – „das Volk […] liegt vorm Goldnen Kalb platt auf dem Bauche" (V. 5ff.).*

5 *a) Frank Sinatra machte den Song von Fred Ebb weltberühmt. Alternativ zu einer Übersetzung durch die Schülerinnen und Schüler (z. B. im Englischunterricht) können auch verschiedene Übersetzungen des Songs angeboten werden, die die Schülerinnen und Schüler vergleichen und dann in Gruppen überarbeiten. Eine Übersetzung findet sich z. B. im Internet unter: www.swr.de/swr1/rp/musik/songbook.*

6 *Ebbs Song in der Interpretation von Frank Sinatra ist zur Hymne der Stadt New York geworden. New York erscheint als Stadt, in der alles möglich ist („If I can make it there I'd make it everywhere", V. 15), sie ist das Tor zum Erfolg und garantiert ein außergewöhnliches Lebensgefühl („a city that doesn't sleep", V. 9). Der Sprecher im Songtext spricht seine Stadt, mit der er sich identifiziert, wie eine vertraute Person an. Seine Zuneigung wird spürbar in dem Attribut „old" (V. 14), mit dem er seine Traumstadt belegt. Die Hektik, Nervosität und Schnelligkeit des Stadtlebens werden keineswegs als Zeichen einer zunehmenden Entfremdung der Menschen untereinander begriffen, sondern als Chance des Aufstiegs („king of the hill head of the list", V. 18) und des persönlichen Glücks („I wanna be a part of it", V. 3).*

127 Blaues Berlin – Ein Gedicht schriftlich untersuchen

127 *Oskar Loerke*

Blauer Abend in Berlin

Thema des Gedichts ist die Rolle des Einzelnen in der Großstadt. Menschen erscheinen im Getriebe der Großstadt wie „grober bunter Sand" (V. 13). Sie sind zwar unterschiedlich, können sich aber aus der Masse nicht lösen; Tempo und Richtung ihres Lebens scheinen vorgezeichnet. Sie sind „Bodensatz und Tand" (V. 10), Spielzeug für die Elementarmacht des Wassers. Die Vorstellung des „Gehaltenseins" und des „Geleitetwerdens", daneben die Vorstellung des spielerischen und anmutigen Treibens deuten andererseits darauf hin, dass der Mensch nicht einer Gewalt ausgesetzt ist, die blind wütet, sondern nach scheinbar rationalen Gesetzen lenkt und leitet („Wellenhand", V. 14). Die in der expressionistischen Lyrik häufig auftretende Dämonisierung des Molochs Großstadt, die Kennzeichnung der Großstadt als Ort von Umweltzerstörung und „Un-natur" (Hans Kügler: Oskar Loerke: Blauer Abend in Berlin, in: Lyrik interpretiert. Darmstadt 1972, S. 105) findet sich bei Loerke nicht. Loerke in einem Brief von 1926: „Ich habe die moderne Großstadt erlebt als ein Stück Natur."
Zu diesem Gedicht wird auf den Seiten 140 bis 145 **Material zur Leistungsdifferenzierung** angeboten (Lösungen siehe S. 236 ff. und CD-ROM).

2 *a) Mögliche* ***Schlüsselwörter:*** *„der Himmel fließt" (V. 1) – „steinernen Kanälen" (V. 1) – „Kuppeln gleichen Bojen" (V. 4) – „Schwarze Essendämpfe" (V. 5) – „Wasserpflanzen" (V. 6) – „Leben […] am Grunde" (V. 7) – „Bodensatz und Tand" (V. 10) – „Menschen sind wie grober bunter Sand" (V. 13) – „Spiel der großen Wellenhand" (V. 14)*
Inhalte: *1. Strophe: Man sieht in den engen Straßen der Stadt oben den blauen Himmel.*
2. Strophe: Die Dächer und Schornsteine erinnern an Hafenbefestigungen, der Rauch aus den Schornsteinen an Wasserpflanzen.
3. Strophe: Die Menschen erinnern an Lebewesen, die sich auf dem Grund des Wassers bewegen.
4. Strophe: Es scheint, als würden die Menschen wie Sandkörner von einer Hand hin und her bewegt.

b) ***Sprachliche Besonderheiten:*** *Die Wassermetaphorik lässt die moderne Großstadt lebendig werden. Die Schülerinnen und Schüler sollten exemplarisch auf zentrale Vergleiche oder Metaphern eingehen:*
- *„Der Himmel fließt" (V. 1): Das strahlende Blau des Himmels erscheint wie ein Fluss, der sich durch die Straßen ergießt.*
- *„in steinernen Kanälen" (V. 1): Die Straßen sehen aus wie Schifffahrtskanäle; Verweis auf die steinerne Kälte der Zivilisationslandschaft.*
- *„Kuppeln gleichen Bojen, Schlote Pfählen im Wasser" (V. 4 f.): Kirchenkuppeln und Schornsteine ragen in den Himmel und sehen aus wie Bojen und Pfähle im Wasser.*
- *„Schwarze Essendämpfe […] wie Wasserpflanzen" (V 5 f.): Der Schornsteinrauch hat die Form von Tang und Algen.*
- *„Leben […] am Grunde" (V. 7)/„Wie eines Wassers Bodensatz und Tand" (V. 10): Am Grunde des Wassers befinden sich Sand, Schlick, kleine Wassertiere und Gegenstände.*
- *„Die Menschen sind wie grober bunter Sand" (V. 13): Die Menschen sind so unterschiedlich wie die vielen Sandkörner am Strand, aber sie fallen in der Masse nicht auf.*
- *„Im linden Spiel der großen Wellenhand" (V. 14): Eine gütige Macht lenkt das Geschick der Menschen.*

c) Das Gedicht hat vier Strophen. Die beiden ersten Strophen (Quartette) setzen sich aus jeweils vier Versen zusammen, die 3. und 4. Strophe (Terzette) aus jeweils drei Versen.
Das Reimschema entspricht dem klassischen Sonett: Die 1. und 2. Strophe weisen einen umarmenden Reim

S. 130 *Gottlob Haag*

Lait

S. 130 *Harald Hurst*

Leut

Der in Wildentierbach bei Niederstetten geborene, häufig liebevoll als „Homer Hohenlohes" bezeichnete Dichter Gottlob Haag (1926 – 2008) ist einer der renommiertesten Vertreter der hohenlohischen Mundart-Literatur. Die Welt, die er in seinen Gedichten beschreibt, ist die Kleinstadt, das Dorf, die Hohenloher Heimat, die alles umgebende Natur und das Leben auf dem Lande.
Harald Hurst (geb. 1945) ist ein Karlsruher Mundartautor. Er studierte Romanistik und Anglistik in Heidelberg und Mannheim, er arbeitet seit 1980 als freier Schriftsteller und Journalist.

2 *Beide Gedichte thematisieren die Isolation, die Verlorenheit des Menschen in der Großstadt. Obwohl das lyrische Ich überall von Menschen umgeben ist, findet sich niemand, der dafür echtes Interesse zeigt.*

3 *Beispiellösungen:*

Gottlob Haag
Leute

Leute. Leute. Leute!
Überall Leute!
Haufenweise Leute!
Leute, gerade genug!

Aber selten –
und da musst du schon
Glück haben –,
dass dir einmal
ein Mensch
über den Weg läuft.

Harald Hurst
Leute

So alle paar Wochen
treibt es mich in die Stadt

und kaum bin ich drinnen
treibt es mich schon wieder heraus

nur Leute Leute Leute
und weit und breit
keine Menschenseele

4 *a) Ergänzend zu den Beiträgen der Schülerinnen und Schüler kann auf den großen Publikumserfolg des Gedichtbandes „med ana schwoazzn dintn" hingewiesen werden, mit dem der österreichische Schriftsteller und Übersetzer H. C. Artmann bereits vor 50 Jahren dem Genre des Dialektgedichts zum Durchbruch verhalf.*

b) Mundartliche Texte dokumentieren die Verbundenheit mit der jeweiligen Region. Sie werden häufig bei traditionellen Festen (wie Karneval, Heimatfesten etc.) gesprochen oder gesungen. Außerhalb der sprachlichen Grenzen sind sie nur schwer verständlich.
In mundartlicher Literatur können Gedanken und Emotionen ohne Umweg über die Übersetzung in eine Hochsprache vermittelt werden. Die Komplexität der Gefühle, Erfahrungen, Assoziationen wird über einen Wortschatz transportiert, der häufig wesentlich umfangreicher und differenzierter ist als die Hochsprache.
Goethe, selbst hessischer Mundartsprecher, stellte fest: „Der Dialekt ist das Element, in dem die Seele ihren Atem schöpft." Diese Wertschätzung bringt die Besonderheit der Mundart mit ihrer Wortvielfalt als Sprache der Seele, des unverstellten Ichs zum Ausdruck. Mit geringfügigen Veränderungen, zwischengeschobenen Lauten, für einen (sprachlich) Außenstehenden kaum merkbaren Varianten können facettenreiche Zusatzinformationen gegeben werden.
Mit der Überbewertung der letztlich künstlichen, weil normierten Standardsprache wurde der Gebrauch der Mundart vielfach herabgesetzt. Interessant ist auch der Vergleich der Ausdrucksmöglichkeiten der Mundart mit denen der heute bei vielen Jugendlichen beliebten „Krass-Mann-Sprache" als Gegenpol. Diese ungewöhnlich ausdrucksarme Sprache kommt mit Grundelementen der Sprache aus, mit einem Wortschatz von etwa 35 Wörtern.
Dass Mundart Sprach- und Denkvermögen wenn nicht positiv, so doch auf keinen Fall negativ beeinflusst, zeigen die PISA-Ergebnisse der dialektsprechenden Bundesländer.
Bei entsprechendem Interesse wären hier Kurzreferate zur Mundartdichtung denkbar.

131 **Der Dialekt – Brücke oder Hindernis?**

2 *Vorschlag für ein Tafelbild:*

Die Verwendung des Dialekts: Zusammenhänge zwischen ...	
... Dialekt und Alter	*- häufigere Verwendung bei älteren Menschen (über 60 Jahre)* *- Dialektunkenntnis bei über einem Drittel der jungen Menschen unter 30 Jahren*
... Dialekt und Berufsfeld	*- größere Dialekthäufigkeit bei Menschen in landwirtschaftlichen Berufen* *- geringer Dialektgebrauch bei Beamten, Angestellten und Selbstständigen*
... Dialekt und Größe des Wohnorts	*- Dialektverwendung ist abhängig von der Größe des Wohnorts* *- geringe Verwendung in Großstädten*

132 *Mascha Kaléko*

Frau Wegerich

4 *In Mascha Kalékos Gedicht tritt das lyrische Ich für die Pflege der verschiedenen Mundarten ein. Dies wird an mehreren Stellen im Gedicht deutlich: Dialekt als*
- *Kommunikationsmittel (Strophe 1)*
- *Ausdruck von Sitte und Brauchtum (V. 11)*
- *gewünschtes Lokalkolorit und besondere Form der zärtlichen Ansprache (Strophe 4)*
- *identitätsstiftendes Moment (Strophe 4).*

7.3 Wo wir wohnen – Lyrikwerkstatt

133 **Lyrischer Städtebau – Gedichte schreiben**

Im Zentrum dieses Teilkapitels steht die eigenständige Produktion von Lyrik. Alle Ergebnisse sind als Produktionen im Sinne des kreativen Schreibens zu verstehen. Zentrales Anliegen sollte – über den Akt des ersten Schreibens hinaus – immer auch die Überarbeitung der Texte z. B. in Form einer Schreibkonferenz sein.
Eine Tischgruppe (mit maximal 5 Schülerinnen und Schülern) tauscht die ersten Fassungen ihrer Texte reihum aus und schreibt Kommentare zu den anderen Texten. Jede/Jeder entscheidet am Ende selbst, welche Anregungen sie/er für die Überarbeitung aufnimmt. Dazu kann folgende **Arbeitsblatt** hilfreich sein (s. auch S. 91 in diesen HRU):

<table>
<tr><td colspan="3">Arbeitsblatt zur Schreibkonferenz

Arbeitstitel:</td></tr>
<tr><td colspan="3">Titelvorschläge:</td></tr>
<tr><td>Prima finde ich:</td><td>Verbessern könntest du:</td><td>Eine konkrete Idee:</td></tr>
</table>

S. 133 *Eugen Gomringer*

cars and cars

S. 133 *Burckhard Garbe*

statt planung

Die Gedichte von Eugen Gomringer und Burckhard Garbe konfrontieren die Schülerinnen und Schüler mit einer veränderten Definition des Begriffs „Lyrik". Gomringer, der den Begriff der „konkreten Poesie" entwickelte und als deren Begründer gilt, und Garbe stellen inhaltliche Aussagen bildlich dar. Die Gedichte können nicht „gelesen", sondern müssen in ihrer Ganzheit „gesehen" werden, sie bestehen nicht aus Sätzen, sondern aus Wörtern, wobei jedem Wort eine Bedeutung zukommt. Diese „Spiele mit der Sprache" motivieren zu eigener Aktivität, befreien die Schülerinnen und Schüler von den Gedanken an Reim, Versmaß oder Rhythmus und lassen ihnen Raum für die bildliche Darstellung eines Phänomens.

1 *a) Beide Gedichte beschäftigen sich mit einem Phänomen der Großstadt: Gomringer mit dem durch die zahlreichen Menschen bedingten Verkehr, Garbe mit der Anhäufung von Geschäftshäusern, die – so scheint es zumindest – ungeplant wie Pilze aus dem Boden schießen.*

b) Gomringer wählt die additive Aufzählung von Verkehrmitteln, die weltweit das Leben in den Großstädten bestimmen: Autos, Züge und Aufzüge. Am Ende der Verkehrskette stehen die Menschen.
Garbe entwirft die Silhouette einer Stadt. Bekannte Warenhäuser und Versicherungen prägen das Bild, in dem – im Gegensatz zur Lyrik Gomringers – die Bewohner nicht mehr vorkommen. Der doppeldeutige Titel des Gedichts dokumentiert Macht und Einfluss der Geschäftswelt über die Städteplaner.

2 *Gedichte der „konkreten Poesie" motivieren zu freier Aktivität und lassen viel Raum für die bildliche Darstellung eines städtischen Phänomens. Die Aufgabe, ein „Parallelgedicht" zu erstellen, bietet einen festen Rahmen, in dem die eigene kreative Arbeit eingebettet ist. Die vorgegebene Form des Gedichts sollte nicht verändert werden. Für die Arbeit an den Gedichten bietet sich der Einsatz des Computers an. Dies gilt vor allem für die Gestaltung des Parallelgedichts zu „statt planung". Mögliches Parallelgedicht zu Gomringers „cars and cars":*

Shopping mall
Schaufenster und Schaufenster
Schaufenster und Reklamelichter
Schaufenster und Kunden
Reklamelichter und Reklamelichter
Reklamelichter und Kunden
Kunden und Schaufenster und Reklamelichter
Kunden und Kunden

3 *Neben der Dokumentation der eigenen und fremden Stadtgedichte in Form einer Gedichtemappe bietet sich als alternative Möglichkeit der mündliche Vortrag der Arbeitsergebnisse in Form eines Poetry Slams (vgl. Schülerband, S. 134) z. B. in der Schulbibliothek an.*

S. 134 **Projekt Stadt-Revue – Gedichte präsentieren**

1 *Beim Poetry Slam wird über die Reihenfolge der Vorlesenden per Los entschieden, die Vortragszeit ist begrenzt. Das Publikum bestimmt den Sieger durch Applaus (z. B. durch ein Applaus-Barometer) oder eine Jury anhand bestimmter Kriterien (z. B. Mimik, Bewegung, Klang, Rhythmus), die nach einem Punktesystem bewertet werden.*
Beim Team Slam steht eine Gruppe von zwei bis fünf Poeten gleichzeitig auf der Bühne und präsentiert gemeinsam ihren Text: gleichzeitig, gegeneinander oder in geteilten Rollen.
*Poetry Slams fördern das Hörverständnis und setzen, soll das Gedicht beim Publikum ankommen, eine intensive Vorbereitung des Vortrags voraus. Hier können die Darbietungen professioneller Sprecher/-innen als Vorbild dienen und ausgewählte Gedichte der CD **„Deutschbuch Hörbuch 7/8"** auf die Möglichkeiten der stimmlichen Interpretation untersucht werden. Tipps und Infos für die Entwicklung eines Poetry Slams finden sich unter www.myslam.de/pages/was-ist-poetry-slam.*

Vorschläge für Übungen und Klassenarbeiten

Vorschlag 1: Ein Gedicht schriftlich untersuchen und die Wirkung mit dem eines Gemäldes vergleichen

Siehe die **Kopiervorlage** „Hugo von Hofmannsthal: Siehst du die Stadt? (1890)“, S. 136 (Lösungen siehe S. 236 ff. und CD-ROM). Diese Kopiervorlage ist eher für *leistungsstarke* Schülerinnen und Schüler geeignet.

Das Gedicht von Hugo von Hofmannsthal wird auf der CD **„Deutschbuch Hörbuch 7/8“** von Udo Wachtveitl vorgetragen. Falls die Analyse des Gedichts als weitere Übung im Unterricht dienen soll, können die Schülerinnen und Schüler zunächst ihre eigenen Vorstellungen von einem ausdrucksvollen Vortrag entwickeln und sie später zur Korrektur oder zur Bestätigung ihrer Interpretation vergleichen. Falls das Gedicht als Klassenarbeit eingesetzt wird, kann der mündliche Vortrag zu Beginn der Arbeit eingesetzt werden, um den Schülerinnen und Schülern das Verständnis und die Deutung des Gedichts zu erleichtern.

Vorschlag 2: Ein Gedicht schriftlich untersuchen und mit einem anderen Gedicht vergleichen

Siehe die **Kopiervorlage** „Hans Kasper: Frankfurt“, S. 137 (Lösungen siehe S. 236 ff. und CD-ROM).

Vorschlag 3: Ein Gedicht schriftlich untersuchen (eher für *Leistungsschwächere* geeignet)

Siehe die **Kopiervorlage** „Richard Dehmel: Die stille Stadt (1896)“, S. 138 (Lösungen siehe S. 236 ff. und CD-ROM).

Vorschlag 4: Ein Gedicht schriftlich untersuchen und eine Strophe in einen Rap umarbeiten

Siehe die **Kopiervorlage** „Georg Heym: Berlin I (1911)“, S. 139 (Lösungen siehe S. 236 ff. und CD-ROM).

Weiteres Übungsmaterial

Im **„Deutschbuch Hörbuch 7/8“** werden neben den oben genannten Gedichten „Besuch vom Lande“ (Erich Kästner) und „Siehst du die Stadt?“ (Hugo von Hofmannsthal) zwei weitere Stadtgedichte („Die Stadt“ von Theodor Storm und „Augen in der Großstadt“ von Kurt Tucholsky) von professionellen Sprechern (Udo Wachtveitl und Ulrike Kriener) vorgetragen. Es bietet sich die Möglichkeit, die eingefangene Atmosphäre allein aufgrund des Hörverständnisses wirken zu lassen und zu vergleichen. Das Hörbuch gibt eine Vielzahl von methodischen Hinweisen für den funktionalen Einsatz der CD im Medienverbund mit dem Deutschbuch 8. Konzentrationsfähigkeit und ästhetische Wahrnehmung werden geschult, das sinnerfassende und -gestaltende Lesen wird gefördert, Analyse und Interpretation der Gedichte werden erleichtert.

Übungen im **„Deutschbuch Arbeitsheft 8“:**
– Umgang mit Texten: Gedichte interpretierend vortragen, S. 85

Unter www.cornelsen.de/deutschbuch-realschule und www.cornelsen.de/deutschbuch-gesamtschule finden Sie weitere Übungsmaterialien.

Hugo von Hofmannsthal

Siehst du die Stadt? (1890)

Siehst du die Stadt, wie sie da drüben ruht,
Sich flüsternd schmieget in das Kleid der Nacht?
Es gießt der Mond der Silberseide Flut
Auf sie herab in zauberischer Pracht.

Der laue Nachtwind weht ihr Atmen her,
So geisterhaft, verlöschend leisen Klang;
Sie weint im Traum, sie atmet tief und schwer,
Sie lispelt, rätselvoll, verlockend bang ...

Die dunkle Stadt, sie schläft im Herzen mein
Mit Glanz und Glut, mit qualvoll bunter Pracht:
Doch schmeichelnd schwebt um dich ihr Widerschein,
Gedämpft zum Flüstern, gleitend durch die Nacht.

(aus: Sämtliche Werke, Bd. 2. S. Fischer Verlag, Frankfurt a. M. 1988, S. 27)

Lies zunächst das Gedicht „Siehst du die Stadt?" von Hugo von Hofmannsthal sehr aufmerksam durch und bearbeite anschließend die folgenden Aufgaben.

1 *Untersuche den Inhalt des Gedichts:*
- *Wovon handelt das Gedicht? Fasse den Inhalt der einzelnen Strophen mit eigenen Worten zusammen.*
- *Was wird mit den Worten „der Silberseide Flut" (V. 3) umschrieben?*
- *Wie ist das Verhältnis des lyrischen Ichs zur Stadt?*
- *Welche Stimmung wird vermittelt?*

2 *Untersuche die Form des Gedichts:*
- *Wie stellt Hofmannsthal die Stadt dar? – Wie nennt man dieses Stilmittel?*
- *Mache dir Notizen zur Zahl der Strophen, der Verse und zum Reimschema.*
- *Stelle Bezüge zum Inhalt des Gedichts her.*

3 *Was ist die Hauptaussage des Gedichts?*

4 *Fasse anschließend deine Untersuchungsergebnisse in einer ausführlichen Textbeschreibung zusammen. Orientiere dich hierbei am Merkkasten „Arbeitstechnik: Ein Gedicht schriftlich untersuchen" in deinem Deutschbuch 8, S. 128.*

© akg-images, Berlin

5 *Das Bild zeigt Vincent van Goghs Ölgemälde „Sternennacht" (Zypressen und Dorf) von 1889. Welchen Eindruck vermittelt diese nächtliche Stadt dem Betrachter? Beschreibe das Gemälde van Goghs und vergleiche den Eindruck, den das Bild hinterlässt, mit dem Gedicht von Hugo von Hofmannsthal.*

KOPIERVORLAGE

Hans Kasper

Nachricht

FRANKFURT. Zehntausend Fische erstickt
Im öligen Main.
Kein
Grund für die Bürger der Stadt
Zu erschrecken.
Die
Strömung ist günstig,
Sie treibt
Das
Heer der silbernen Leichen,
Der fliegengeschmückten,
Rasch
An den Quais vorbei.
Der Wind
Verweht den Geruch,
Ehe er unsere verletzlichen Sinne
Erreicht.
Alles
Ist auf das Beste geordnet.

(aus: Hans Kasper: Nachrichten und Notizen. Goverts, Stuttgart 1957)

1 *Lies das Gedicht laut und schreibe auf, welche Vorstellung bei dir wachgerufen wurde.*

2 *Welche Problematik wird in diesem Gedicht angesprochen?*

3 *Welche sprachlichen Mittel unterstreichen die Aussage des Sprechers? Belege mit Textstellen.*

4 *Untersuche die Form des Gedichts. Welche Wirkung wird damit erreicht?*

5 *Vergleiche dieses Gedicht mit dem Gedicht „Frankfort" von Friedrich Stoltze (im Deutschbuch 8, S. 130).*

KOPIERVORLAGE

Richard Dehmel

Die stille Stadt (1896)

Liegt eine Stadt im Tale,
ein blasser Tag vergeht;
es wird nicht lange dauern mehr,
bis weder Mond noch Sterne,
nur Nacht am Himmel steht.

Von allen Bergen drücken
Nebel auf die Stadt;
es dringt kein Dach, nicht Hof noch Haus,
kein Laut aus ihrem Rauch heraus,
kaum Türme noch und Brücken.

Doch als den Wandrer graute,
da ging ein Lichtlein auf im Grund;
und durch den Rauch und Nebel
begann ein leiser Lobgesang
aus Kindermund.

(aus: Gesammelte Werke, Bd. I. S. Fischer Verlag, Berlin 1913, S. 158)

Lies das Gedicht intensiv und bearbeite dann die folgenden Aufgaben.

1 *Untersuche den Inhalt des Gedichts:*
a) Wovon handelt das Gedicht? Fasse den Inhalt der einzelnen Strophen mit eigenen Worten zusammen.

____

____

____

b) Welche Stimmung vermittelt das lyrische Ich?

____

____

c) Was ist die Hauptaussage des Gedichts?

____

____

2 *Untersuche die Form des Gedichts:*
a) Beachte die Zahl der Strophen, der Verse und den Reim.
b) Wie stellt das lyrische Ich die Stadt dar? Aus welcher Perspektive betrachtet es die Stadt?
c) Welche Bedeutung hat das Wörtchen „doch" in Vers 11?

3 *Fasse anschließend deine Untersuchungsergebnisse in einer ausführlichen Textbeschreibung zusammen. Orientiere dich hierbei an den Arbeitsschritten des Merkkastens im Deutschbuch, S. 128.*

Georg Heym

Berlin I (1911)

Der hohe Straßenrand, auf dem wir lagen,
War weiß von Staub. Wir sahen in der Enge
Unzählig: Menschenströme und Gedränge,
Und sahn die Weltstadt fern im Abend ragen.

Die vollen Kremser[1] fuhren durch die Menge,
Papierne Fähnchen waren drangeschlagen.
Die Omnibusse, voll Verdeck und Wagen.
Automobile, Rauch und Hupenklänge.

Dem Riesensteinmeer zu. Doch westlich sahn
Wir an der langen Straße Baum an Baum,
Der blätterlosen Kronen Filigran[2].

Der Sonnenball hing groß am Himmelssaum.
Und rote Strahlen schoss des Abends Bahn.
Auf allen Köpfen lag des Lichtes Traum.

(aus: Dichtungen und Schriften. Gesamtausgabe. Lyrik Bd. 1. Hg. v. Karl Schneider. C. H. Beck Verlag, München 1960)

© ullstein-bild, Berlin

1 **Kremser:** gut gefederter Wagen für 10 bis 20 Personen
2 **Filigran:** Geflecht aus feinem Edelmetalldraht

1 *Welche der folgenden Aussagen erscheinen dir zutreffend?*
Begründe deine Entscheidung, indem du Kernaussagen des Gedichtes zitierst.
a. In Georg Heyms Gedicht wird die Verbundenheit des Menschen mit der Großstadt Berlin deutlich.
b. In Heyms Gedicht beobachtet ein lyrisches Ich den rückflutenden Ausflugsverkehr in die abendliche Großstadt.
c. In Heyms Gedicht erscheint die Stadt als bedrohlicher, bedrückender Ort.
d. Die frühlingshafte Natur stellt zu den grauen Steinen der Stadt einen deutlichen Kontrast dar.

2 *a) Untersuche die Form des Gedichts (Anzahl Strophen/Verse, Metrum, Reimschema).*
b) Notiere die wesentlichen Merkmale eines Sonetts und weise nach, dass Heyms Gedicht ein Sonett ist.
c) Untersuche, ob es in Heyms Gedicht eine inhaltliche Zäsur (Einschnitt) gibt.

3 *Forme eine Strophe des Gedichts in einen Rap um.*
Dabei kannst du Wörter ergänzen, weglassen oder wiederholen. Du erleichterst dir das Rappen, wenn du deinem Sprechen auf einem Tonträger einen Beat-Rhythmus hinterlegst.

Oskar Loerke

Blauer Abend in Berlin (Schülerbuch, S. 127)

Allgemeine Hinweise zum Einsatz der Differenzierungsmaterialien zum Textverstehen siehe Vorwort, S. 9 ff.

Vorschlag zum Unterrichtsverlauf (3 – 4 Unterrichtsstunden)

1. Einstieg (Partnerarbeit)
Um in das – sprachlich recht anspruchsvolle – Gedicht einzusteigen, erhalten die Schülerinnen und Schüler das Gedicht zunächst als Lückentext (Differenzierungsmaterial, S. 141). Hier können die Lücken mithilfe des Wörterangebots ergänzt werden, indem das Reimschema und / oder der inhaltliche Zusammenhang berücksichtigt werden. Diese Zuordnung entlastet das spätere Lesen des vollständigen Gedichts. Die Ergebnisse der Partnerarbeit werden in der Klasse verglichen. Gemeinsam können die Wortzuordnungen begründet und schwierige Wörter geklärt werden. Danach kann die Überschrift Anlass bieten, sich weitergehend über das Gedicht auszutauschen. Leitfragen können sein: „Laut Loerke ist der beschriebene Abend ‚blau'. Wie versteht ihr das?" – „Welches andere Adjektiv könntet ihr vor ‚Abend' setzen? Begründet."

2. Erstes Lesen des gesamten Textes (Gesamtgruppe und Partnerarbeit)
Die Schülerinnen und Schüler lesen das Gedicht im Schulbuch (S. 127) und vergleichen mit ihren Fassungen, falls diese vom Original abweichen. Anschließend üben sie das Lesen des Gedichts in Partnerarbeit. Hierbei arbeiten sie Besonderheiten der Gedichtform (vgl. Deutschbuch, S. 128, Aufgabe 2 c heraus. Im Anschluss an die Partnerarbeit wird das Gedicht einige Male vorgelesen / vorgetragen. Leitfragen für den Austausch in der Klasse können sein: „Achtet beim Vorlesen auf die Betonung / den Rhythmus. Passt das zum Gedicht? Warum / Warum nicht?" – „Beschreibt den Übergang zwischen den Strophen. Welche Wirkung hat dieser?" – „Untersucht die Wörter und deren Anordnung im Gedicht. Welche Besonderheiten entdeckt ihr?"

3. Einsatz des Differenzierungsmaterials

Textverständnis und Textproduktion (Einzel- oder Partnerarbeit)
Die Schülerinnen und Schüler bekommen zum Textverstehen und zum eigenen Schreiben zwei verschiedene Angebote, die sie in Einzel- und Partnerarbeit bearbeiten können.
- Differenzierungsmaterial 1 (S. 142 f.) ist für *leistungsstarke* Schülerinnen und Schüler gedacht,
- Differenzierungsmaterial 2 (S. 144 f.) für *leistungsschwache*.

Vorstellen der Ergebnisse (Gesamtgruppe)
Die Schülerinnen und Schüler stellen Ergebnisse des Textverstehens (S. 142, Aufgabe 1, Differenzierungsmaterialien für *Leistungsstarke* und S. 144, Aufgabe 1, Differenzierungsmaterialien für *Leistungsschwache*) in der Klasse vor. Hierbei wird anhand der zum Oberbegriff „Wasserwelt" gehörenden Nomen die Besonderheit von Loerkes Berlin-Interpretation vertieft (S. 144, Aufgabe 2, Differenzierungsmaterialien für *Leistungsschwache*). Den Abschluss bildet eine Vorleserunde zu den selbst geschriebenen Stadt-Gedichten (S. 143, Aufgabe 2, Differenzierungsmaterialien für *Leistungsstarke* und S. 145, Aufgabe 3, Differenzierungsmaterialien für *Leistungsschwache*). Diese können in einer weiteren Unterrichtssequenz am PC bearbeitet und in einer Klassenausstellung (auch für Schülerinnen und Schüler anderer Klassen) präsentiert werden.

Lösungen siehe S. 236 ff. und CD-ROM.

Oskar Loerke

______________ Abend in Berlin

Der Himmel fließt in steinernen *Kanälen*;
Denn zu Kanälen steilrecht[1] ausgehauen
Sind alle ______________ , voll vom Himmelblauen.
Und Kuppeln gleichen Bojen, Schlote[2] ______________

Im Wasser. Schwarze ______________________ schwelen[3]
Und sind wie __________________________ anzuschauen.
Die Leben, sie sich ganz am Grunde stauen,
Beginnen sacht vom Himmel zu ________________ ,

Gemengt, entwirrt nach blauen Melodien.
Wie eines Wassers Bodensatz[4] und ____________
Regt sie des Wassers Wille und Verstand

Im Dünen[5], Kommen, Gehen, Gleiten, ____________ .
Die Menschen sind wie grober bunter Sand
Im linden[6] Spiel der großen ______________________ .

(aus: Oskar Loerke: Die Gedichte. © Suhrkamp Verlag, Frankfurt am Main 1983)

1 **steilrecht:** genau senkrecht
2 **der Schlot, die Esse:** hoher Schornstein
3 **schwelen:** rauchen
4 **Bodensatz, Tand:** (wertlose) Ablagerungen
5 **dünen:** hin und her wogen
6 **lind:** sanft

Klaus Ensikat, Berlin

Wortspeicher:

Tand - Wellenhand - Ziehen - Pfählen - erzählen - Blauer - Essendämpfe - ~~Kanälen~~ - Wasserpflanzen - Straßen

DIFFERENZIERUNGSMATERIAL

1 *Ergänze die Lücken im Gedicht mithilfe der Wörtersammlung wie im Beispiel (1. Vers).*

Tipp: *Orientiere dich, soweit möglich, am Reimschema:*
Strophe 1 und 2 (Quartette): a b b a, Strophe 3 und 4 (Terzette): c d d.

Oskar Loerke

Blauer Abend in Berlin (1)

Der Himmel fließt in steinernen Kanälen; Denn zu Kanälen steilrecht ausgehauen Sind alle Straßen, voll vom Himmelblauen. Und Kuppeln gleichen Bojen, Schlote Pfählen	***Mein Blick auf Berlin:*** *Ich blicke auf Berlin und mir kommt es so vor, als würde* *der Himmel …*
Im Wasser. Schwarze Essendämpfe schwelen Und sind wie Wasserpflanzen anzuschauen. Die Leben, die sich ganz am Grunde stauen, Beginnen sacht vom Himmel zu erzählen,	
Gemengt, entwirrt nach blauen Melodien. Wie eines Wassers Bodensatz und Tand Regt sie des Wassers Wille und Verstand	
Im Dünen, Kommen, Gehen, Gleiten, Ziehen. Die Menschen sind wie grober bunter Sand Im linden Spiel der großen Wellenhand. *(aus: Oskar Loerke: Die Gedichte. © Suhrkamp Verlag, Frankfurt am Main 1983)*	

1 *In Loerkes Gedicht blickt das lyrische Ich auf Berlin. – Vielleicht so wie auf der Illustration von Klaus Ensikat. Was sieht das lyrische Ich? Gib den Inhalt jeder Strophe in eigenen Worten wieder.*

DIFFERENZIERUNGSMATERIAL 1/1

Oskar Loerke

Blauer Abend in Berlin (2)

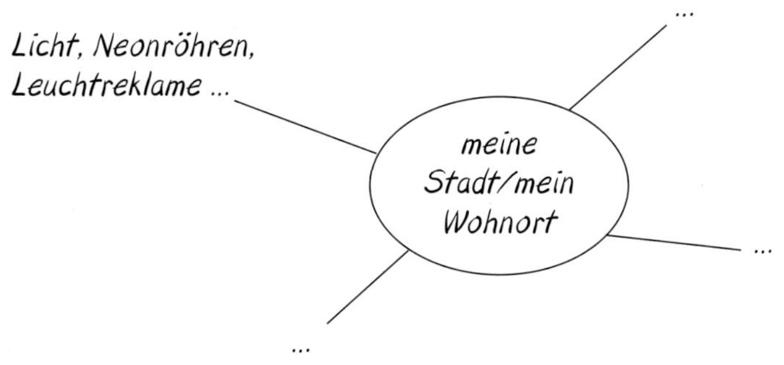

2 a) *Wie würdest du die Stadt/den Ort, in der/dem du wohnst, in einem Gedicht darstellen?*
Sammle zunächst Ideen im Cluster. Leitfragen können z. B. sein:
- *Welche Adjektive passen zu deiner Stadt/deinem Wohnort?*
- *Was hörst, siehst, riechst, fühlst du?*
- *Gibt es besondere Erlebnisse, die du mit der Stadt/dem Wohnort verbindest?*

b) *Schreibe (d)ein Stadt-/Wohnort-Gedicht.*
Tipps: *Wenn es zu deinem Gedicht passt, kannst du dich am Aufbau des Gedichts von Loerke orientieren (Anzahl der Strophen und Reimform). Achte auch auf den Rhythmus der Verse.*
Du kannst aber auch ein Gedicht schreiben, das sich nicht reimt.

Oskar Loerke

Blauer Abend in Berlin (1)

Der Himmel fließt in steinernen Kanälen; Denn zu Kanälen steilrecht ausgehauen Sind alle Straßen, voll vom Himmelblauen. Und Kuppeln gleichen Bojen, Schlote Pfählen	***Mein Blick auf Berlin:*** *Ich blicke auf ______________ und mir kommt es so vor, als würde der ______________________ durch die ____________________ fließen.* *Die Stadt gleicht einer Wasserwelt mit Kanälen, ____________ und ____________________.*
Im Wasser. Schwarze Essendämpfe schwelen Und sind wie Wasserpflanzen anzuschauen. Die Leben, die sich ganz am Grunde stauen, Beginnen sacht vom Himmel zu erzählen,	*Ich kann tief ins ______________ blicken. Der Rauch und die Dämpfe der Schornsteine sehen wie ____________________ ________________ aus. Unten, am Boden, ist alles lebendig und in Bewegung.*
Gemengt, entwirrt nach blauen Melodien. Wie eines Wassers Bodensatz und Tand Regt sie des Wassers Wille und Verstand	*Das ______________________ scheint alles durcheinanderzuwirbeln. Am ______________________ zeigt sich die Kraft des Wassers.*
Im Dünen, Kommen, Gehen, Gleiten, Ziehen. Die Menschen sind wie grober bunter Sand Im linden Spiel der großen Wellenhand. (aus: Oskar Loerke: Die Gedichte. © Suhrkamp Verlag, Frankfurt am Main 1983)	*Mir kommt es so vor, als würde dieses Wasser alles hin- und herbewegen. Auch die ______________________ auf den Straßen erscheinen mir wie ____________________, den das Wasser nach seinem Willen formt und verändert.*

1 *Stell dir vor, jemand blickt auf das Berlin, das Oskar Loerke in seinem Gedicht beschreibt. Lies den Text „Mein Blick auf Berlin" in der rechten Tabellenspalte und ergänze die fehlenden Wörter mithilfe der passenden Strophe.*

2 *a) In dem Gedicht gibt es viele Nomen, die zu dem Oberbegriff „Wasserwelt" gehören. Lies das Gedicht aufmerksam durch und unterstreiche passende Nomen.*
b) Schreibe die „Wasserwelt"-Nomen heraus.
c) Denke dir sechs weitere Nomen aus, die zu dem Oberbegriff „Wasserwelt" passen. Schreibe sie dazu.

Oskar Loerke

Blauer Abend in Berlin (2)

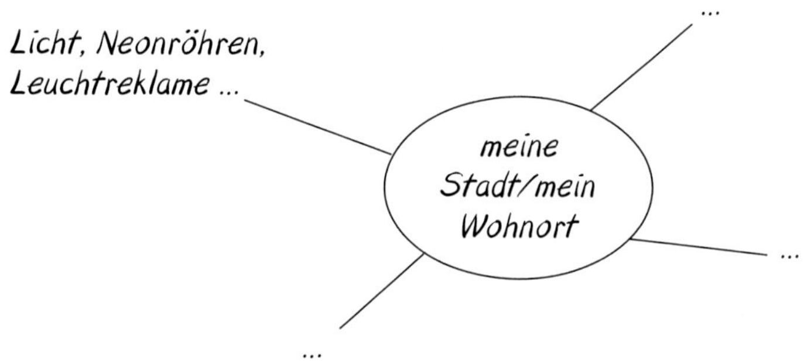

Überschrift:

Möglicher Aufbau deines Gedichts:

Hamburg

Alster, Elbe, Michel, Hafen:
Das ist Hamburg.
Laufen, schwimmen, lachen, schlafen:
Das ist Hamburg.

Hell und heiter,
Aufregend und alt,
Munter und malerisch,
Bunt und bemerkenswert,
Urig und überschaubar,
Ruhig und rätselhaft,
Gemütlich und gut!

3 a) *Wie würdest du die Stadt/den Wohnort, in der/dem du wohnst, in einem Gedicht darstellen? Sammle zunächst Ideen im Cluster. Leitfragen können z. B. sein:*
- *Welche Adjektive passen zu deiner Stadt/deinem Wohnort?*
- *Was hörst, siehst, riechst, fühlst du?*
- *Gibt es besondere Erlebnisse, die du mit der Stadt/dem Wohnort verbindest?*

b) *Schreibe (d)ein Stadt-/Wohnort-Gedicht. Orientiere dich dabei an den Tipps im Kasten.*

c) *Notiere zum Schluss eine passende Überschrift.*

DIFFERENZIERUNGSMATERIAL 2/2

9.1 Die Welt entdecken – Zeitung lesen

S. 153

Boulevard oder Abo?

Im Alltag werden den Schülerinnen und Schülern wohl eher die Titelseiten der bekannten Boulevardzeitungen begegnen: auf ihrem Schulweg, am Bahnhof oder an der Bushaltestelle. Deshalb ist es von Interesse, sie zuerst mit der Auftaktseite einer Abonnementzeitung zu konfrontieren. Sollten die Schülerinnen und Schüler zu Hause keine Abonnementzeitung haben, können sie – beginnend mit diesem Kapitel – eine solche kennen lernen und einer Boulevardzeitung gegenüberstellen.

1 *Zuerst wird den Schülerinnen und Schülern die bunte Abbildung ins Auge springen, gefolgt von den zwei wichtigen Schlagzeilen des Tages: „DFB-Frauen sind Weltmeister" und „Bahnstreik kann heute beginnen". – Jede der beiden Schlagzeilen kann als Headline des Tages bezeichnet werden.*

2 *a) Die **BILD-Zeitung** bezieht die Leserin/den Leser bei der Schlagzeile mit ein durch die Formulierung „wir": wir, die Deutschen; wir, die Leser dieser Zeitung. Durch den eigentlich falschen grammatischen Bezug zwischen Subjekt im Plural (Personalpronomen „wir") und Prädikatsnomen im Singular („Weltmeisterin") sowie die zusätzliche grafische Hervorhebung der weiblichen Endung „-in" (Kursivdruck) wird doppelt darauf hingewiesen, dass eine Frauenmannschaft den Weltmeistertitel errungen hat. Dies wird durch den Ausdruck „... Machos gratulieren" noch einmal betont. Unvollständige Sätze wie „Bahn – schon wieder Streiks!" sind für BILD ebenfalls charakteristisch; mit dieser Formulierung im Telegrammstil mit Ausruf wird die spontane Reaktion der Leser/-innen vorweggenommen und auch hier ein „Wir-Gefühl" zwischen großen Teilen der Bevölkerung und der BILD vermittelt. Auch mit „Teurer Gasvertrag? – Nix wie raus!" steht BILD auf der Seite der „kleinen Leute", lässt einen einfachen Ausweg aus den gestiegenen Heizungskosten erwarten. Die Zwei-Wort-Schlagzeile „Schicksal Bulimie" ruft mit geringstem Konzentrationsaufwand Assoziationen hervor („Schicksal" – Unausweichlichkeit; „Bulimie" – Fremdwort mit hohem Bekanntheitsgrad). Der Untertitel erzeugt mit „Schockbeichte" Spannung.*
*Der **Kölner Stadt-Anzeiger** formuliert seine Schlagzeilen grammatisch korrekt; vermittelt Informationen statt Emotionen (keine Ausrufezeichen am Ende der Schlagzeile).*

b) Wirkung der BILD-Zeitung: reißerisch; Aufmerksamkeit erheischend; plakativ
Wirkung des Kölner Stadt-Anzeigers: seriös, sachlich, korrekt, informierend

3 *Mögliches Tafelbild:*

Kriterium	BILD-Zeitung	Kölner Stadt-Anzeiger
Farbigkeit	auffällig durch die Vielfarbigkeit	zurückhaltende Farbverwendung
Text-Bild-Anteile	deutlich mehr Text- als Bildanteile	deutlich mehr Text als Bildanteile
Überschriften-Text-Anteile	fast ausschließlich Überschriften; kaum Textanteil	Textanteile höher als Überschriften-anteile
Textlänge	sehr kurze Artikel	umfangreichere Artikel
Sport/Unterhaltung	dominieren die Titelseite	sind sachlich, informativ, nehmen knapp die Hälfte der Titelseite ein
Politik/Gesellschaft	zurückhaltend, kurzer Hinweis durch eine Schlagzeile	umfangreicher Artikel bereits auf der Titelseite
Werbung	bereits auf der Titelseite; an optimaler Stelle platziert (rechts oben)	informativer Hinweis auf hauseigenes Magazin (rechts oben)

4 *Die Seitenangaben sollen den Leser anregen, weitere Informationen zu den auf der Titelseite kurz angerissenen Themen nachzulesen; die Spalte stellt eine Art Inhaltsverzeichnis für Schwerpunktthemen dar, eine Service-Leistung für den interessierten Leser und zugleich eine Aufforderung, dort weiterzulesen.*

.155

Ein Zeitungsfrühstück

Schon zu Beginn der Unterrichtsreihe ließe sich ein Zeitungsfrühstück als Einstieg durchführen. Informiert in den Tag zu starten, gehört für viele Menschen zum Alltag wie der Frühstückskaffee oder das Brötchen. Es gilt, die Schülerinnen und Schüler ans Zeitunglesen heranzuführen. Die potenziellen Nachwuchs-Zeitungsleser können so eventuell motiviert werden, ein ähnliches Verhalten (z. B. samstags) zu Hause fortzusetzen. Jugendliche sind sehr auf Bilder fixiert. Informationen aus Texten zu entnehmen fällt ihnen hingegen oft schwer. Durch ein Zeitungsfrühstück kann den Schülerinnen und Schülern gezeigt werden, dass sie auf diese Weise mehr Raum und Muße haben, Informationen zu lesen und aufzunehmen.

1 *Das Zeitungsfrühstück kann im Rahmen des Unterrichts im Klassenzimmer, aber auch im Rahmen einer Jahrgangsaktion z. B. in der Mensa durchgeführt werden. Hier sind genügend Raum für ein gemeinsames Lesen der Tageszeitung und ein entsprechendes Ambiente (Kaffeemaschine, Geschirr, entsprechende Möblierung) vorhanden.*

3 *Ein bis zwei Tage vorher sollten die Schülerinnen und Schüler dazu aufgefordert werden, Tageszeitungen für das Frühstück mitzubringen; eventuell ist es die Abozeitung von zu Hause oder ein auf dem Schulweg gekauftes Exemplar. Schön wäre es, wenn auch ausländische Tageszeitungen vorhanden wären. Beteiligt sich eine Klasse oder ein Jahrgang bei einer Zeitungsaktion der örtlichen Tageszeitung, stehen auf jeden Fall genügend Freiexemplare zur Verfügung. Diese werden aber auch gerne außer der Reihe von Zeitungsverlagen abgegeben.*

4 *Für das Zeitungsstudium sollte genügend Zeit eingeräumt werden. Verlagsbeilagen (Werbeprospekte etc.) stören manchmal eine umfangreiche Lektüre; evtl. sollten die Beilagen vorher entfernt werden, damit sich die Lerngruppe auf die Aufgabe konzentrieren kann und möglichst wenig Ablenkung erfährt.*

6 *b) Die Strichliste ermöglicht abschließend eine komplexe Dokumentation des Leseverhaltens und kann je nach Leistungsfähigkeit der Klasse in Form eines Diagramms visualisiert werden. Auch die unterschiedlichen Kosten für eine dem Leserverhalten entsprechende Werbungsplatzierung könnte hier kurz angesprochen werden.*

7 *Mittels verschiedener Titelseiten können die Schülerinnen und Schüler die Unterschiede zwischen einer Boulevardzeitung, einer Lokal- oder Regionalzeitung und einer überregional erscheinenden Zeitung herausarbeiten. Die Ergebnisse lassen sich übersichtlich in einer Tabelle zusammenfassen.*
Vorschlag für ein Tafelbild (mit beispielhaften – austauschbaren – Zeitungen):

	Süddeutsche Zeitung	Fränkischer Tag	BILD
Überschrift	sachlich, informativ	sachlich, informativ	reißerisch, unsachlich
Farbigkeit	gering	gering	hoch
Schriftgröße	verschiedene Überschriftgrößen	verschiedene Überschriftgrößen	riesige Überschrift am oberen Bildrand
Textmenge	groß	groß	gering
Themen	Nachrichten, Streiflicht, Inhaltsverzeichnis	Lokales, Nachrichten	Sensationen

8 *Die Umfrage, die von den Schülerinnen und Schülern durchgeführt werden soll, ermöglicht eine Umsetzung in diskontinuierliche Texte auf der Grundlage selbst erhobener Daten. Angesichts der unterschiedlichen Kriterien, die bei der Befragung untersucht werden, sind unterschiedliche Diagramme denkbar.*

S. 156

Von Politik bis Sport – Zeitungsressorts

Zu den Themen „Ressort" und „Schlagzeilen" kann die **Kopiervorlage** „Schlagzeilen * Schlagzeilen", S. 174 (Lösungen siehe S. 236 ff. und CD-ROM) eingesetzt werden. Sie ist besonders für *Leistungsschwache* geeignet.

1 *Text 1 (S. 156 links): „Sie laufen von Tag zu Tag besser"*
Text 2 (S. 156 rechts): „Rauchverbot auch in der Raucherbar"
Text 3 (S. 157): „Hamiltons heftiger Crash"

2 *Text 1 – Ressort „Wirtschaft": Verbreitung, Umsatz, Produktionszahlen der Laufschuhe werden aufgezeigt.*
Text 2 – Ressort „Politik": Entscheidung(en) politischer Gremien und deren Umsetzung werden beleuchtet.
Text 3 – Ressort „Sport": Es wird über ein konkretes sportliches Ereignis berichtet.

3/**4** *Die **klassischen Grundressorts** lauten: Politik, Wirtschaft, Kultur, Sport, Lokales.*
*Diese werden von einigen **Tageszeitungen** um weitere „Mantelressorts" ergänzt: Blickpunkte, Landespolitik, Panorama, Leserbriefe, Medien, Wissenschaft, Journal. **Wochenendausgaben** informieren zusätzlich mit den Untertiteln: Literatur – Jugend – Medizin – Motor Magazin – Essen und Trinken – Beruf und Bildung – Forschung – Technik – Umwelt – Denkspiel – Reise – Zeit im Bild – Boulevard etc.*
*Der **Umfang** einzelner Ressorts hängt u. a. vom Verbreitungsgebiet, von den Lesererwartungen, der publizistischen Absicht sowie der besonderen Aktualität einzelner Nachrichten ab.*
Die Ressorteinteilung einer Zeitung zeigt ihr besonderes journalistisches Anliegen. So behalten überregionale Tageszeitungen rund zwei Drittel ihres redaktionellen Teils den klassischen Grundressorts vor, regionale Tageszeitungen setzen dagegen einen deutlicheren Akzent auf innenpolitische sowie lokale und regionale Berichterstattung.

5 *a–c) Hier lässt sich die Umfrage von Seite 155 wieder aufgreifen und durch detailliertere Fragestellungen erweitern; ebenso wird die Möglichkeit der grafischen Darstellung wieder eröffnet. Aushänge als Wandzeitung dokumentieren für alle die entsprechenden Umfrageergebnisse.*
*Zum Thema „Leserverhalten" kann die **Kopiervorlage** „Print oder Online? – Medien und ihre Nutzung", S. 175 (Lösungen siehe S. 236 ff. und CD-ROM) eingesetzt werden (Verbalisierung von Diagrammen).*

6 *An dieser Stelle eröffnen sich verschiedene Möglichkeiten des spielerischen Umgangs mit Schlagzeilen:*
***1. Schlagzeilen und Inhalte** Die Schülerinnen und Schüler äußern anhand von ausgeschnittenen Schlagzeilen Vermutungen über die Inhalte der dazugehörigen Zeitungsartikel. Anschließend werden die Originaltexte gelesen und kommentiert.*
***2. Dem Zeitungstext detektivisch auf der Spur** In der Klasse verfügt jede/jeder über die gleiche Ausgabe einer Tageszeitung. Die Lehrkraft präsentiert einen Zeitungsausriss über Folie. Spuren (z. B. Wörter oder Satzreste) weisen auf ein bestimmtes Ressort hin. – Wer findet die konkrete Seite zuerst?*

S. 158

Alles auf einen Blick – Textdesign und Layout

Das Konzept des „Textdesigns" besteht darin, dass ein Thema in verschiedene Module „zerlegt" wird, die unterschiedlich gestaltet sein können (z. B. Bericht / Reportage, Chronik in Stichworten, Interview, Bilder, Grafiken). Entscheidend für das Konzept ist, dass diese Module sich alle auf *ein* Thema beziehen; deshalb darf der Begriff „Textdesign" nicht mit dem des „Layouts" verwechselt werden, der die Gestaltung einer Zeitungsseite *unabhängig* von der thematischen Bindung bezeichnet. Die Gestaltung eines Themas nach dem Konzept des Textdesigns hat sich in den Printmedien inzwischen weitgehend durchgesetzt. Der Begriff wurde von dem Medienwissenschaftler Hans-Jürgen Bucher geprägt. Laut Bucher wurde das Konzept durch die Hyperlink-Technik des Internets angeregt.

1
- *Harry Potter And The Deathly Hallows*
- *Sie studierte Französisch.*
- *Professor Cuthbert Binns ist der einzige Geist, der in Hogwarts unterrichtet.*
- *600 000 Bände wurden am Erscheinungstag an Privathaushalte auf der Insel ausgeliefert.*
- *Der flüchtige Gefangene von Askaban – Harry Potters Pate Sirius Blake – wird zur wichtigsten Bezugsperson.*

2 a/b) Unterschiede: Die Seite 158 beinhaltet nur ein einziges Gesamtthema: „Harry Potter". Die Seite ist insgesamt sehr informativ und beleuchtet das Thema aus unterschiedlichen Blickwinkeln; viele Facetten zum Thema werden dargestellt. Die Vorteile des Textdesigns liegen auch in seiner Übersichtlichkeit sowie in der Möglichkeit der gezielten Informationsentnahme zu den persönlich interessierenden Aspekten eines komplexen Themas. Als Nachteil könnte evtl. bemerkt werden, dass auf dieser Seite keine Hinweise auf andere Themen/Berichte der Tageszeitung vorhanden sind.

3 a) Artikelzählung: Nr. 1 bis 6 in der linken Spalte von oben nach unten; Nr. 7, 8 und 9 sind mehrspaltige Texte.
1: Arbeitseinsatz der königlichen Post zum Erscheinen des letzten Harry-Potter-Bandes
2: Vermeintliche Kopie des 7. Harry-Potter-Bandes im Internet vor dem Erscheinungstermin
3: Briefmarken mit den Abbildungen aus den Harry-Potter-Büchern
4: Plakataktion in Buchhandlungen zum Verschwinden eines kleinen englischen Mädchens
5: Wettaktion bezüglich des letzten Harry-Potter-Bandes
6: Lexikon: „Potterpedia" als Nachschlagewerk zu den Harry-Potter-Bänden
7: Hauptartikel: Zum Erscheinen des 7. Bandes und Hintergrundinformationen zur Entstehungsgeschichte der Harry-Potter-Bände
8: Überblick über die Inhalte der sieben Bände
9: Biografisches; Vorstellung der Autorin Joanne K. Rowling

b) Die unterschiedliche Wichtigkeit der verschiedenen Artikel wird deutlich durch
- die Platzierung auf der Seite
- den Umfang des jeweiligen Artikels
- die Gestaltung und Größe der Überschriften
- die Kombination mit Bildmaterial

c) Die Bildinhalte geben Auskunft über die Hauptakteure der Handlung (inkl. Schauspieler) und die Autorin. Die Bildunterschriften ergänzen die Textaussagen der dazugehörigen Artikel.

4 a/b) Mögliches Tafelbild:

Kölner Stadt-Anzeiger (S. 153)	BILD-Zeitung (S. 154)	General-Anzeiger (S. 158)
- in Spalten, strukturiert - sachlich - geordnet - z. T. farbig (Bilder) - ...	- bunt - eher ungeordnet - unstrukturiert - übergroße Buchstaben - relativ hoher Bildanteil - ...	- übersichtlich - strukturiert - geordnet - ...

S. 160

Bericht, Reportage und mehr – Typische Textsorten

1 a/b)
- Eine „Tabloid"-Zeitung ist eine Tageszeitung im handlichen Format (DIN-A3-Größe).
- Neben der FR ist die „Welt kompakt" auch eine Tabloid-Zeitung.
- Vor allem sollen mehr jüngere und mehr weibliche Leser gewonnen werden.
- Die Auflage hat sich von 2001 bis 2007 um 40 000 Exemplare verringert.

2 **Inhalt:** Text 2 ist viel umfangreicher als Text 1; er enthält demnach vermutlich auch viel mehr an Informationen
Text- und Satzlänge: vgl. Frage 1: umfangreicher und umfassender in Text 2
Indirekte/direkte Rede: Text 1 enthält weder direkte noch indirekte Rede; wohingegen Text 2 sowohl direkte als auch indirekte Rede enthält
Tempus: Text 1 steht im Präsens; Text 2 wurde in der Vergangenheit abgefasst.

3 a) Beispiel für eine Kürzung:
„Als erste überregionale Abonnementzeitung hat die FR am Mittwoch auf das handliche Tabloid-Format (40 cm x 29 cm) umgestellt. Die FR erhofft sich durch das Format eine neue Leserschaft, um wieder schwarze Zahlen schreiben zu können."

4 a) Z. 6–10, 19–22 und 33–35: indirekte Rede

b) Z. 6–10: „Die Umstellung von der traditionellen Größe auf das nur noch halb so große Tabloid-Format (40 cm x 29 cm) hat reibungslos geklappt", berichtete Chefredakteur Uwe Vorkötter am Mittwochmorgen.
Z. 19–22: „ Mit dem Formatwechsel wird sich aber nichts an der politischen Ausrichtung des Blattes ändern", betonten übereinstimmend Verleger Alfred Neven DuMont und Vorkötter.
Z. 33–35: „Bei der Sanierung ist die ‚FR' im Plan", hatte der Chefredakteur schon vor Erscheinen der neuen Zeitung gesagt.

Steffen Grimberg

S. 161 **Hallo, kleines Blatt „Frankfurter Rundschau"**

1 a/b) Mögliches Tafelbild:

Inhalt	Nur zum Teil informativ; das neue Format wird kommentiert, z. B. werden Titelseite und Aufbau der Zeitung analysiert und bewertet; Erläuterung anhand von (Negativ-)Beispielen
Ausdrucksweise	Persönlicher Stil des Kommentators: z. T. witzig, meist ironisch; z. gr. T. wertend, unsachlich, voreingenommen; an einigen Stellen wird der „Gegner" lächerlich gemacht; Lob wird sofort zurückgenommen („auch wenn", Z. 6 f. und Z. 24) oder offenbart sich als harsche Kritik („satte fünf Seiten weiche News" - Annäherung an ein Boulevardblatt) Beispiele: „wirkt... leider weiter arm"; „sie hätten doch besser ..."; „klappert's noch ein wenig ..."; „wirken seltsam luftig ..." (= substanzlos)
Überschrift	salopp; direkte Ansprache der Zeitung; Hierarchie; Doppeldeutigkeit („kleines Blatt")

3 a/b) Zu Form und Aufbau des Leserbriefs siehe Orientierungswissen, S. 270.

Diemut Roether / Günther Rager

S. 162 **„Junge Leser sind informationsorientiert"** (Interview)

3 a/b) Mögliches Tafelbild:

Art der Frage	Ziel der Frage
1. Frage: Einstiegsfrage	Thema umreißen; Interesse wecken; dem Befragten eine erste Brücke bauen / Hilfestellung zur Beantwortung geben
2.–4. Frage: Faktenorientierte Frage	Fakten und sichere Ergebnisse erfragen
5. Frage: Einschätzungsfrage	Einschätzung soll durch Befragten kommentiert werden; Meinung des Befragten genau erfassen
Kontrollfrage	Kontrolle des eigenen Verständnisses
6. Frage: Abschlussfrage	Abrundung des Interviews; evtl. Zusammenfassung

4 Die W-Fragen bzw. Textfragen dominieren.

Zur Bedeutung der W-Fragen und dem organisatorischen Vorgehen beim Verfassen eines Zeitungsartikels siehe die **Kopiervorlage** „Einen Zeitungsartikel verfassen – Die ‚W-Fragen' kommen groß raus", S. 176 (Lösungen siehe S. 236 ff. und CD-ROM).

5 *Mögliche weitere Fragen:*
- *Wie soll der Bild-Text-Anteil sein?*
- *Wie soll die Sprache sein?*
- *Sollte es eine eigene Tageszeitung nur für Jugendliche geben?*
- *Wie steht es mit der Konkurrenz zum Internet?*
- *Wie beurteilen Sie Projekte wie „Zeitung in der Schule" und deren Beitrag zum Zeitungskonsum bei Jugendlichen?*

Zur Textsorte Interview siehe die **Kopiervorlage** „Tag und Nacht für die Leser aktiv – Ein Interview rekonstruieren und untersuchen", S. 177 (Lösungen siehe S. 236 ff. und CD-ROM). Sie eignet sich eher für *Leistungsschwächere.*

164 *Eliska Drews/Maleen Geese*

„Juhi, wir sind alle Reporter beim Abendblatt!"

2 *Bei dem Artikel von Eliska und Maleen handelt es sich um eine* ***Reportage****. Der Artikel enthält sachliche Informationen. Der Leser erhält Antworten auf die W-Fragen, darüber hinaus tauchen auch schildernde Abschnitte mit Stimmungsbildern und Einzelbeobachtungen auf. Zitate und persönliche Stellungnahmen/Wertungen runden die Reportage ab.*

3 *Mögliches Tafelbild:*

Antworten auf die W-Fragen/Sachlich Informierendes	Eine Hamburger Schulklasse, bestehend aus 21 Schülerinnen und Schülern, nimmt beginnend im September für die Dauer von sechs Monaten an dem Projekt „Schüler machen Zeitung" teil. Für das Hamburger Abendblatt sollen Artikel recherchiert und formuliert werden. Viel Arbeit begleitet die Schüler und Schülerinnen.
Schildernde Teile	Von der anfänglichen Euphorie in der Klasse über die Schwierigkeiten, unter Zeitdruck die zu erledigenden Arbeiten durchzuführen, bis hin zum stolzen Endergebnis wird das Projekt in dieser Hamburger Klasse beschrieben, aus der Sicht einzelner Akteure dargestellt und auch kommentiert.
Zitate	Sowohl die Klassenlehrerin als auch verschiedene Schülerinnen und Schüler der Klasse kommen zu Wort.
Kommentare/ Wertungen	Alle Beteiligten bringen ihre Gefühle zum Ausdruck (... leises Stöhnen; das macht Spaß; ... eine Menge entsetzter Blicke ... erst Euphorie, nun keine leichte Aufgabe ... etc.).
Zeitstufe	Überwiegend im Präsens geschrieben; der letzte Satz steht im Präteritum.

5 *Vorschlag für ein Plakat oder Tafelbild:*

Bericht	Reportage
- liefert in erster Linie Informationen über ein Ereignis, einen Vorgang - gibt Antworten auf die W-Fragen - gibt nur Wichtiges wieder, lässt Nebensächliches weg - informiert nur über Tatsachen, nimmt keine Vermutungen auf - gibt Ereignisse in der Reihenfolge wieder, in der sie passiert sind - steht meist im Präteritum - enthält keine wörtliche Rede	- enthält sachliche (Hintergrund-)Informationen zu einem Ereignis, aber auch schildernde Teile, die Einzelbeobachtungen oder Stimmungen vermitteln - verwendet Zitate, wörtliche Rede - hat eine bildhafte Sprache, die auch Kommentare oder Wertungen der Reporter enthält - unterbricht die zeitliche Reihenfolge durch interessante Einzelbeobachtungen - steht meist im Präsens; es können aber auch Abschnitte im Präteritum vorkommen

9.2 Berichten und kommentieren – Journalistische Stile erproben

S. 166

Boys' Day am Girls' Day – Recherchieren und berichten

1 *Hier bieten sich besonders kulturelle oder sportliche Veranstaltungen an, die im Schulalltag sehr häufig durchgeführt werden und allen Schülerinnen und Schülern problemlos zugänglich sind.*

2/**3** *Sachinformationen (mögliche Beteiligte, Hintergründe, Zeit und Ort der Veranstaltung etc.) sollten vorher ermittelt werden.*
- *Fragen stellen an: Eltern, Lehrer, an einem Ereignis Beteiligte*
- *Hintergrundinfos sammeln aus: Zeitungen und Zeitschriften; Fachliteratur, Internet*
- *Abbildungen: aus Zeitungen und Zeitschriften sowie dem Internet*

5 *Den Schreibkonferenzen könnte eine Redaktionskonferenz folgen, in der die Schülerinnen und Schüler eine definitive Auswahl treffen müssen bezüglich der Artikel, die in der Schülerzeitung erscheinen sollen. Auch hierbei reflektieren sie letztendlich noch einmal die Kriterien, die zur Abfassung eines Berichts von Bedeutung sind.*

S. 167

Handy und Pausenbrot – Kommentieren

1/**2** *Mögliches Tafelbild (Zusammenfassung der gesammelten Argumente Pro und Kontra):*

PRO Handy	KONTRA Handy
- Handys sind nicht nur Telefone, sondern können auch z. B. als Kalender, Notizblock ... genutzt werden. - Handys sind heute unerlässlich: Erreichbarkeit jederzeit und fast überall; man kann über Verspätungen informieren; Handy ist als Uhr benutzbar ... - Handys können kreativ in den Unterricht einbezogen werden, z. B. zu Fotos Berichte schreiben.	- Handys stören den Unterricht; lenken ab. - Handys können in die Schuldenfalle führen; das beste, teuerste Handy. - Handys werden immer häufiger missbraucht: Mobbing durch Fotohandys; Demütigungen werden gefilmt und per MMS verbreitet. - Handys senden Strahlung ab; Elektrosmog.

S. 168

Alt trifft Jung – Einen Leserbrief schreiben

1 *a)*
- *Senior-Experten unterstützen die Nachmittagsbetreuung in Schulen.*
- *Wissen und Erfahrungen der Senioren werden in Schulen eingebracht.*
- *Die Senioren-Experten leiten Einsätze, z. B. (preisgekrönte) Firmengründung.*
- *Senioren geben Hilfe bei der Berufswahl und bei Bewerbungen.*
- *Gesucht werden Experten vor allem noch für: Schulzoo aufbauen; Schulgarten einrichten; Schulwerkstatt und Fahrradwerkstatt aufbauen; bei Sprach- und Leseförderung helfen.*

2 *Vorschlag für eine* ***Zusatzaufgabe*** *zur Differenzierung:*
Leistungsschwächere *Schülerinnen und Schüler können einen fehlerhaften Leserbrief (s. gegenüberliegende Seite) überarbeiten und ihn anschließend am PC neu schreiben. Als Hilfsmittel können sie in allen Arbeitsphasen das Orientierungswissen im Schülerband (S. 270, formale und inhaltliche Anleitung zum offiziellen Brief/Leserbrief) und ein Wörterbuch nutzen. Als fehlerhafter Text kann der auf der gegenüberliegenden Seite abgedruckte Leserbrief mit den folgenden Arbeitsaufträgen (nach der Methode „Think – Pair – Share") vorgegeben werden.*
Der Leserbrief enthält folgende Fehler: monotoner Satzbau durch gleiche Satzanfänge (Ich habe, Ich finde, Ich könnte, Ich finde – Sie könnten, Sie haben); umgangssprachliche Wendungen (denn das wäre genau was für meinen Opa; Auf jeden Fall); Kommafehler (die Möglichkeit, bei Schwierigkeiten nachzufragen; Angst, vor eine Klasse ... treten zu müssen). – ***Tipps zur Überarbeitung:*** *Wortwiederholungen vermeiden, evtl. Sätze zusammenfügen und die Möglichkeit der Satzgefüge besser nutzen; Wortwahl angemessen treffen; adressatengerecht formulieren; bei der Argumentation stärker auf den Zeitungsartikel eingehen durch Zustimmung oder Widerspruch.*

Liebe Redaktion,

ich habe den Bericht über die Senioren gelesen. Ich finde die Zusammenarbeit besonders in der Nachmittagsbetreuung ganz wichtig. Viele haben zu Hause nicht die Möglichkeit bei Schwierigkeiten nachzufragen, da beide Eltern berufstätig sind.
Ich könnte mir meine Oma auch gut vorstellen, wie sie eine Koch-AG macht. Mein Opa ist kein geeigneter Kandidat für den Senior Experten Service, weil er zu ungeduldig ist und schlecht erklären kann. Leider wohnen wir nicht in der Nähe von Bottrop, denn das wäre genau was für meinen Opa. Ich finde es schade, dass sich bisher noch zu wenige Senioren für Projekte mit Schülern gemeldet haben. Vielleicht haben sie Angst vor eine Klasse mit über 25 Jugendlichen treten zu müssen. Eine Lösung wäre die Arbeit mit kleinen Gruppen. Ältere Menschen könnte ich mir auch gut beim gemeinsamen Lesen von schwierigen Texten z. B. in Geschichte vorstellen. Sie könnten manche Wörter, die wir nicht verstehen, schnell erklären. Sie haben ihr Leben lang ganz viele Erfahrungen gemacht, die sie an junge Menschen weitergeben können.
Auf jeden Fall ist der Senior Experten Service eine gute Einrichtung, die auch in unserer Schule noch viel stärker genutzt werden sollte.

Michelle Schäfer, Klasse 8, Heinrich-Böll-Schule

1 *a) Markiere formale Fehler in Grün und inhaltliche Fehler in Rot.*
b) Notiere in der Randleiste Verbesserungsvorschläge.
c) Besprecht mit Lernpartnern die Textstellen, die überarbeitet werden müssen.
d) Schreibt den überarbeiteten Leserbrief neu. Nutzt hierzu den Computer.

9.3 Projekt: Eine Klassenzeitung im Team gestalten

169 Themen sammeln – Ressorts bilden – Redaktion und Herstellung organisieren

Sammelphase: Die Sammelphase sollte auf acht bis zehn Minuten begrenzt werden; evtl. kann auch eine vorbereitende Hausaufgabe in dieser Hinsicht entlastend sein.
Ressorts bilden: Dieser Schritt bietet die Gelegenheit, den Ressortbegriff noch einmal in Erinnerung zu rufen, um ihn dann bezüglich der gesammelten Themen abzuwandeln bzw. die Ressorts einzuteilen.
Redaktionsteam, Herstellung, Technik bestimmen: Hier muss man vor allem darauf achten, dass die Arbeitsbelastung der Schülerinnen und Schüler gleichmäßig verteilt ist. So erscheint z. B. eine Verteilung nicht sinnvoll, die darauf hinausliefe, dass einige Schülerinnen und Schüler Texte schreiben, andere sich nur Schlagzeilen überlegen.
Redaktionsarbeit organisieren: Unter Umständen sollte man für die Schreibkonferenz den Aspekt der Fairness noch einmal besonders betonen; auch Teamregeln sollten im Vorfeld noch einmal ins Bewusstsein gerückt werden.

Vorschläge für Übungen und Klassenarbeiten

Vorschlag 1: Einen Sachtext mithilfe von Fragen auf Wirkung und Intention untersuchen

Siehe die **Kopiervorlage** „Scarlett Schneider: Handy als Statussymbol und Schuldenfalle“, S. 173 (Lösungen siehe S. 236 ff. und CD-ROM).

Möglichkeit zur **Differenzierung**: Die Aufgabe 3 kann als Zusatzaufgabe von besonders *leistungsstarken* Schülerinnen und Schülern bearbeitet werden.
Die Aufgabenstellungen entsprechen im Prinzip den Anforderungen „Einen Sachtext mithilfe von Fragen auf Wirkung und Intention hin untersuchen“ und „Einen vorgegebenen Text überarbeiten“: Bei der Bestimmung der journalistischen Textsorte müssen implizit Wirkung und Intention bedacht werden. Die Aufgabe zum Textdesign und zur Umwandlung in eine andere Textsorte bedeuten eine Textüberarbeitung.

Vorschlag 2: Schlagzeilen dem Ressort oder einem Artikel passend zuordnen

Siehe die **Kopiervorlage** „Schlagzeilen * Schlagzeilen * Schlagzeilen“, S. 174 (Lösungen siehe S. 236 ff. und CD-ROM). Sie eignet sich eher für *Leistungsschwächere.*

Vorschlag 3: Grafiken lesen und versprachlichen

Siehe die **Kopiervorlage** „Print oder Online? – Medien und ihre Nutzung“, S. 175 (Lösungen siehe S. 236 ff. und CD-ROM).

Vorschlag 4: Ein Flussdiagramm in Worte fassen

Siehe die **Kopiervorlage** „Einen Zeitungsartikel verfassen – Die ‚W-Fragen‘ kommen groß raus“, S. 176 (Lösungen siehe S. 236 ff. und CD-ROM).

Vorschlag 5: Ein Interview rekonstruieren und untersuchen

Siehe die **Kopiervorlage** „Tag und Nacht für die Leser aktiv – Ein Interview rekonstruieren und untersuchen“, S. 177 (Lösungen siehe S. 236 ff. und CD-ROM). Differenzierung: eher für *Leistungsschwache* geeignet.

Weiteres Übungsmaterial

Übungen im **„Deutschbuch Arbeitsheft 8“**:
- Sprechen und Schreiben: Berichten – sachlich informieren, S. 7; TESTE DICH! – Berichten, S. 11
- Umgang mit Texten: Einen Sachtext erschließen, S. 70; Sachtexte lesen und wiedergeben, S. 70; TESTE DICH! – Sachtexten Informationen entnehmen, S. 74
- TESTE DICH!: A2 Einen Sachtext verstehen, S. 93; D Schreiben – einen Kommentar verfassen, S. 95

Unter www.cornelsen.de/deutschbuch-realschule und www.cornelsen.de/deutschbuch-gesamtschule finden Sie weitere Übungsmaterialien.

Scarlett Schneider

Handy als Statussymbol und Schuldenfalle

Mainz. *Kinder und Jugendliche sind auf Dauerempfang: Jedes zweite deutsche Kind zwischen 11 und 12 Jahren und 84 Prozent der 13- bis 22-Jährigen haben nach Angaben des Instituts für Jugendforschung ein eigenes Handy. Das kann teure Konsequenzen haben.*

Der sorglose Umgang mit Mobiltelefonen lässt Kinder und Jugendliche Schulden machen. Fotos verschicken und im Internet surfen – kein Problem für ein modernes Mobiltelefon. Diese oft teuren Zusatzangebote haben nach Ansicht der Experten vor allem eine Zielgruppe:

„Da werden Produkte auf den Markt geworfen, die speziell auf Kinder und Jugendliche abzielen", sagt Werner Sanio vom Schuldnerfachberatungszentrum Mainz. Er stellt bei der Überschuldung wegen Handys generell eine steigende Tendenz und teilweise dramatische Ausmaße fest. „Ich kenne Einzelfälle, da betrugen die Handyschulden mehrere Tausend Euro."

Laut Bundesverband der Deutschen Inkasso-Unternehmen haben zwölf Prozent der 13- bis 24-Jährigen Schulden – im Durchschnitt sogar rund 1800 Euro. Mobiltelefon-Rechnungen sind eine Ursache: „Handys haben immer anspruchsvollere Funktionen, häufig verbunden mit für Kinder kaum durchschaubaren Gebühren", teilt der Verband mit. Neben Gesprächen und Textmitteilungen sind es vor allem die Extras, die Geld kosten. „Ich möchte schon ab und zu einen neuen Klingelton und ein, zwei Spiele", bekennt etwa Alen (16) aus Mainz. Doch mit bis zu zehn Euro kann das einmalige Herunterladen von Klingeltönen nach Angaben des Magazins „FINANZtest" zu Buche schlagen.

Dass Kinder und Jugendliche gar nicht erst in Versuchung kommen, will die Bundesministerin für Verbraucherschutz erreichen. – Renate Künast (Grüne) fordert so genannte „Kids-Tarife": Eltern schließen einen speziellen Handyvertrag für ihre Kinder ab, in dem teure Nummern wie 0190 oder 0900 zum Herunterladen von Klingeltönen oder Logos nicht angewählt werden können.

Für falsch hält das Husam Azrak, Sprecher von T-Mobile: „Es ist nicht die Aufgabe eines Mobilfunkunternehmens, die Jugendlichen der Nation zu erziehen. Der gewissenhafte Umgang mit modernen Medien muss schon im Elternhaus, Kindergarten und in der Schule erlernt werden." Vor allem unseriöse Drittanbieter sind seiner Ansicht nach schuld am schlechten Ruf der Handydienste. „Einige schwarze Schafe verzerren das Bild. Unsere Download-Gebühren sind transparent und nicht teuer: Sie liegen zwischen 39 Cent und 2,49 Euro."

Der richtige Umgang mit dem Handy steht nicht auf dem Lehrplan und entsprechende Vorträge der Verbraucherzentrale für Schulklassen sind kaum gefragt. „Mit dem Thema ‚Kostenfalle Handy' kann man keinen Schüler hinter dem Ofen hervorlocken. Die haben eher Angst, dass man ihnen das Handy vermiesen will", betont Barbara Steinhöfel von der Verbraucherzentrale Rheinland-Pfalz. „Bei Minderjährigen rate ich zu Prepaid-Karten. So bleiben die Ausgaben überschaubar." Auch der Deutsche Kinderschutzbund empfiehlt die im Voraus aufladbaren Guthaben. Ist die Karte vor der verabredeten Zeit leer, sollten Eltern sie nicht gleich wieder aufladen. „Schließlich müssen Kinder früh lernen, dass das einem zur Verfügung stehende Geld begrenzt ist", sagt Bundesgeschäftsführerin Gabriele Wiehert.

Als Statussymbol und festen Bestandteil der Jugendkultur beschreibt Karl Schreiber-Herschel das Mobiltelefon auf seiner Homepage www.schuldenfallehandy.de. Der Sozialarbeiter aus Köln spricht bei Kindern und Jugendlichen von einer „steigenden Abhängigkeit" vom Handy sowie von Medien- und Kommunikationssucht: „Medien werden von vielen jungen Leuten bereits nicht mehr nur zu einem Zweck, sondern um ihrer selbst willen genutzt." Das kann Lisa (17) aus Mainz bestätigen: „Viele schreiben eine SMS, obwohl der andere im Klassenzimmer nebendran sitzt."

(dpa vom 21. 8. 2004; www.heise.de/newsticker/meldung/50238 © dpa)

1 *a) Bestimme die Textsorte und begründe deine Zuordnung.*
b) Schreibe eine Textzusammenfassung.

2 *Entwickle einen Vorschlag, wie man den Text im Konzept des „Textdesigns" gestalten könnte:*
- *Stelle in Stichworten die verschiedenen Teilthemen zusammen, die in dem Text zur Sprache kommen.*
- *Versieh die Teilthemen jeweils mit einer Überschrift, wie sie über den einzelnen Modulen stehen könnte.*
- *Überlege: Welches Teilthema könnte man grafisch aufbereiten? Beschreibe oder skizziere die Grafik.*

3 *Überlege, in welche andere journalistische Textsorte man diesen Text umschreiben könnte. Verfasse diesen alternativen Text.*

KOPIERVORLAGE

Schlagzeilen * Schlagzeilen * Schlagzeilen * Schlagzeilen * Schlagzeilen

Bereits die Schlagzeile hilft, sich in einer Zeitung zu orientieren. Darüber hinaus weckt sie das Leseinteresse, wenn sie treffend formuliert ist.

1 *Ordne die folgenden Schlagzeilen den entsprechenden Ressorts zu.*

	Diese Schlagzeilen sind ...		**... zu finden im Ressort**
A	Das Schwimmen fiel ins Wasser	**1**	Feuilleton
B	Nach allen Regeln der Kunst	**2**	Sport
C	Landwirt aus Kulmbach von Traktor überrollt	**3**	Politik (Inland)
D	Schluss mit historisch niedrigen Preisen	**4**	Lokales; Sport
E	FC Bayern auf Liga-Pokal abonniert	**5**	Politik (Ausland)
F	Bush reiste zu Verhandlungen nach Israel	**6**	Lokales
G	7-jähriges Kind in München verschwunden	**7**	Wirtschaft
H	Konzernchef gibt Quartalswerte bekannt	**8**	Lokales
I	Bundeskanzlerin hat Bewährungsprobe bestanden	**9**	Wirtschaft

2 *Bei dem folgenden Zeitungsartikel fehlt die Schlagzeile. Lies ihn aufmerksam durch. Wähle anschließend eine der vorgegebenen Schlagzeilen aus und begründe deine Entscheidung.*

B Stundenlanger Stau vor dem Swimmingpool

A Swimmingpool auf Abwegen

C Swimmingpool zerstört Gartenzaun

Bad Godesberg. (ej) Rund eine Stunde lang ging am Mittwochvormittag auf der Waldstraße nichts mehr. Nach Angaben von Anwohnern gab es selbst für Krankenwagen kein Durchkommen, als ein Schwerlaster nach allen Regeln der Rangierkunst versuchte, ein kapitales Privatschwimmbad in eine Stichstraße zwischen dem russischen Generalkonsulat und dem Waldkrankenhaus zu bugsieren.
Die Aktion, bei der unter anderem ein Gartenzaun in Mitleidenschaft gezogen wurde, wurde von einem großen Polizeiaufgebot gesichert.

(www.general-anzeiger-bonn.de, 22. 08. 2008)

Ich entscheide mich für die Schlagzeile ☐ *, weil* ____________________

____

____

____

Print oder Online? – Medien und ihre Nutzung

1 *Schau dir die nebenstehende Grafik aufmerksam an und beantworte folgende Fragen:*

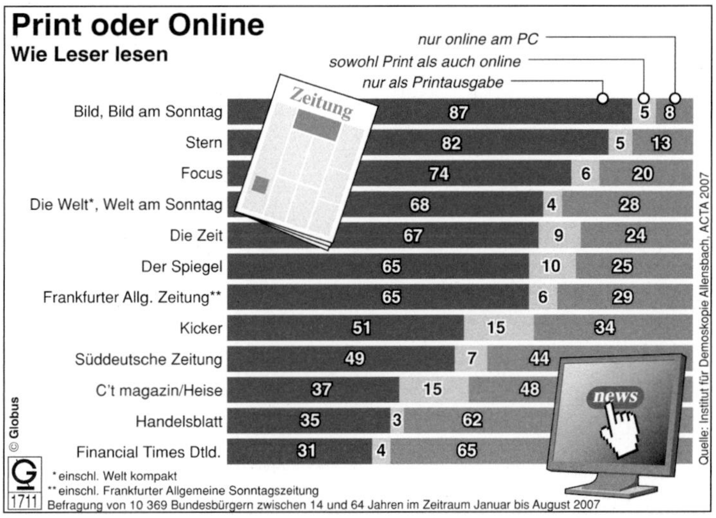

a) Welche Zeitung wird am meisten als Print-Fassung gelesen?

b) Welche Zeitung wird am meisten nur online gelesen?

c) Beschreibe, wie die Süddeutsche Zeitung gelesen wird.

d) Suche nach Gründen, die für das Lesen einer Tageszeitung als Print- oder Online-Fassung sprechen.

2 *Ihr wollt die nebenstehende Grafik in der Schülerzeitung abbilden. Schreibe zu dem Schaubild einen kurzen Begleittext. Du kannst so beginnen:*

Eine Studie aus dem Jahre 2007 zum Medienkonsum der 11- bis 17-Jährigen erbrachte auffällige Unterschiede in der Mediennutzung zwischen Jungen und Mädchen. Während Jungen mehr Zeit mit dem Computer/Internet und der Spielekonsole verbringen …

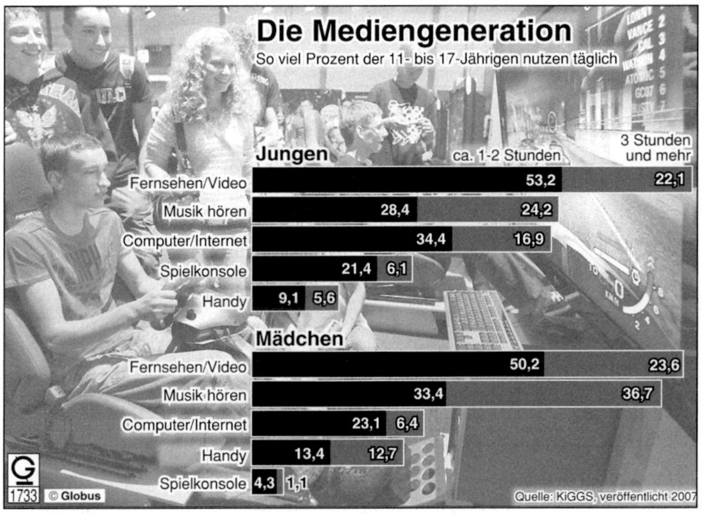

Einen Zeitungsartikel verfassen – Die „W-Fragen“ kommen groß raus

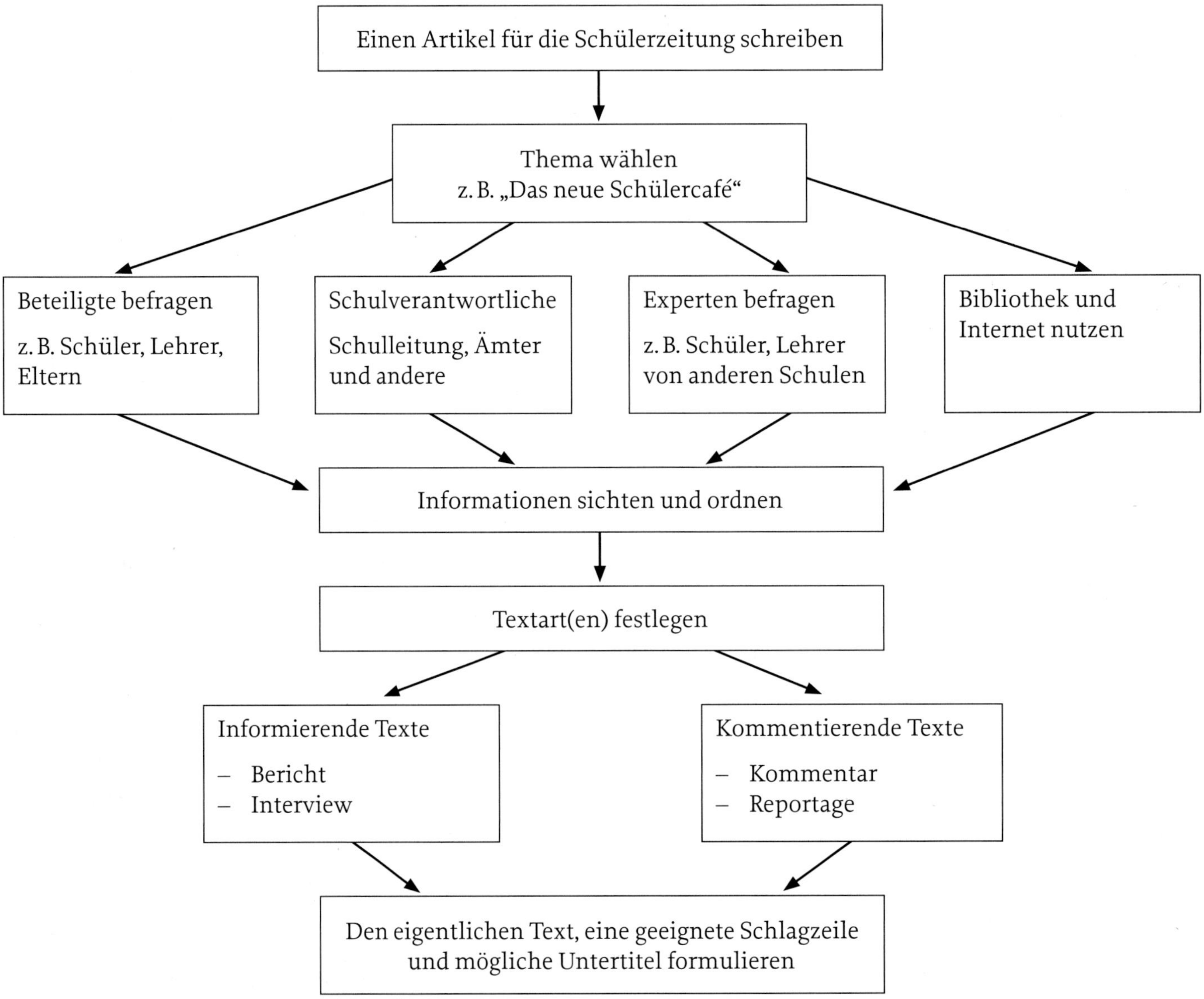

1 *Ihr wollt einen Artikel für die Schülerzeitung verfassen.*
Schaut euch das Flussdiagramm an und beschreibt zunächst mündlich, wie dieses Diagramm zu lesen ist.

2 *Verfasst einen erläuternden Text zum Flussdiagramm für eure Mitschüler/-innen.*

Tag und Nacht für die Leser aktiv – Ein Interview rekonstruieren und untersuchen

Nachrichtenagenturen wie Reuters verfügen über ein weltweites Netz

Interview. Durchgeführt von der Klasse 8 a einer Bad Godesberger Schule

Bonn. In der heutigen Informationsgesellschaft erwarten die Konsumenten von allen Medien, aus jedem Land und jeder Region der Welt Nachrichten zu bekommen. Auch wenn sich einige Zeitungen wie auch der General-Anzeiger ein großes Korrespondentennetz leisten, ist dieser Anspruch nur durch Agenturen wie etwa der Deutschen Presse-agentur (dpa), Associated Press (ap) oder Reuters (rtr) zu gewährleisten, deren Artikel gekauft werden.
Über die Arbeit bei einer großen, weltweit arbeitenden Agentur sprach Marcel Schmidt mit Wolfgang Wähner-Schmidt, dem Chefredakteur von Reuters in Europa.

Frage 1: ____

Wähner-Schmidt: Die Nachrichtenagentur Reuters wurde 1850 von Paul Julius Reuter gegründet. Er setzte zunächst Brieftauben zur Übermittlung von Nachrichten zwischen Aachen und Brüssel ein, weil es auf dieser Strecke noch keine Telegrafenverbindung gab.

Frage 2: ____

Wähner-Schmidt: Reuters ist heute erfolgreich bei Nachrichten für Zeitungen, Radio- und Fernsehstationen in der ganzen Welt. Reuters ist seit 1851 mit seiner Zentrale in London und war bis etwa nach dem Zweiten Weltkrieg vor allen Dingen in den Ländern des britischen Commonwealth aktiv. Heute ist Reuters ein weltweiter Konzern, der außer den Medien auch Banken und Unternehmen mit Nachrichten und Finanzinformationen, zum Beispiel Börsenkursen, versorgt. Zum Erfolg beigetragen haben die Prinzipien von Unabhängigkeit, Zuverlässigkeit und Überparteilichkeit.

Frage 3: ____

Wähner-Schmidt: Reuters beschäftigt weltweit etwa 15 300 Mitarbeiter, davon sind 2300 Journalisten. Wir haben 196 Büros in 129 Ländern. Unsere Hauptbüros in Deutschland sind in Berlin und Frankfurt. Kleinere Büros haben wir in Düsseldorf, Hamburg, Hannover, München und Stuttgart.

Frage 4: ____

Wähner-Schmidt: Nach dem Abitur habe ich an der Kölner Journalistenschule studiert und anschließend bei der Kölnischen Rundschau volontiert. Nach zwei Jahren bei der Zeitung bin ich zu der Agentur „ddp" gewechselt und habe dann 1983 bei Reuters als Redakteur für Außenpolitik begonnen. Ich finde Journalismus interessant, weil man sich ständig mit neuen Themen befasst, viele interessante Menschen kennen lernt und Gelegenheit hat, viel von der Welt zu sehen.

Frage 5: ____

Wähner-Schmidt: Das ist unterschiedlich: Kameraleute, Fotografen und Reporter reisen viel, weil sie über Ereignisse vor Ort berichten, egal ob es sich um Parteitage, Naturkatastrophen oder andere wichtige Ereignisse handelt. Unsere internationalen Mitarbeiter wechseln in der Regel alle fünf Jahre den Standort, es gibt aber auch viele nationale Mitarbeiter, die selten oder gar nicht ihren Standort wechseln müssen. Ich selbst habe in der Schweiz und von 1998 bis 2004 in London gearbeitet.

(Nicolaus-Cusanus-Gymnasium, Klasse 8a / General-Anzeiger vom 17./18.12.2005)

1 *Rekonstruiere das Interview. Ordne hierzu die entsprechende Frage der passenden Antwort zu.*

Müssen Reuters-Mitarbeiter viel reisen oder umziehen? * Wer hat Reuters gegründet? * Welche Ausbildung haben Sie und wo haben Sie studiert? * Wie ist Reuters so groß und erfolgreich geworden? * Wie groß ist Reuters und wie viele Mitarbeiter hat die Firma ungefähr?

2 *Um welchen Typ von Interviewfragen handelt es sich? Begründe und erläutere, welche Absicht damit verfolgt wird.*

KOPIERVORLAGE

10 A-I-D-A – Werbung in Text und Bild

Konzeption des Gesamtkapitels

Werbebotschaften drängen sich ständig in unsere Aufmerksamkeit: So versuchen täglich über 3000 Werbespots im deutschen Fernsehen, aber auch Plakat-, Zeitschriften-, Hörfunk- oder Internetwerbungen unser Konsumverhalten sowie unsere Meinungen und Haltungen zu beeinflussen. Auch wenn nur ein Bruchteil der Appelle in der Reklame zu Verhaltensänderungen oder einem tatsächlichen Kauf von bestimmten Produkten führt, bleibt die enorme Wirkung von Werbung unbestritten. Gerade Kinder und Jugendliche sind für die Werbung eine wichtige Zielgruppe, gilt es doch, frühzeitig Produktbindungen herzustellen. Jugendliche reagieren auch besonders schnell, intensiv und manchmal recht unkritisch auf Trends, was u. a. daran ersichtlich ist, dass sie sich sogar verschulden, um modisch „in" zu sein oder Statussymbole wie Handys zu besitzen. Information und Aufklärung über Werbestrategien und Wirkungen von Werbung gehören daher zur Ausbildung von Medienkompetenz. Ziel des Kapitels ist es, eine höhere Wahrnehmungs- und Kritikfähigkeit im Umgang mit Werbung zu erreichen.
Im ersten Teilkapitel **(„Schlagzeile, Slogan, Logo – Werbeanzeigen untersuchen")** werden Werbeanzeigen zunächst von ihrer Wirkung her untersucht. Durch die Analyse einer Werbeanzeige für Computerspiele lernen die Schülerinnen und Schüler die Elemente einer Anzeige (Headline, Slogan und Copy) und ihre Funktionen kennen und erarbeiten, wie Text und Bild zusammenwirken. Als ein Modell für die Planung der Werbewirksamkeit wird die Formel AIDA vorgestellt. Durch einen Zeitungstext werden die Schülerinnen und Schüler über Werbemöglichkeiten innerhalb von Fernsehsendungen und Filmen (Product-Placement) informiert.
Im zweiten Teilkapitel **(„Werben und erzählen – Filmische Mittel in Werbespots")** können die Schülerinnen und Schüler bei der Untersuchung von Werbespots ihre Kenntnisse über filmsprachliche Mittel anwenden und erweitern. Untersucht wird, wie die Aussageabsicht von Werbespots durch bestimmte Kameraeinstellungen und Kameraperspektiven zum Ausdruck gebracht wird. Neu eingeführt werden die Begriffe „Schnitt" und „Montage". An einem ausgewählten Werbespot wird anhand von Standfotos verdeutlicht, welche Wirkungen man durch die gezielte Verknüpfung von Einstellungen oder durch unterschiedliche Kamerabewegungen erzeugen kann.
Das letzte Teilkapitel **(„Projekt: Ein Werbespot für eure Schule")** knüpft an die Ergebnisse des ersten und zweiten Teilkapitels über Werbung an. Die Schülerinnen und Schüler sollen selbst ausprobieren, wie sie mit den Mitteln, die sie kennen gelernt haben, für ihre Schule in einem Werbespot werben können. Sie müssen dafür eine eigene Werbestrategie entwickeln (u. a. Zielgruppe bestimmen, Werbeaussage festlegen, Werbemittel und Werbeträger bestimmen), Ideen für einen Werbespot sammeln, ein Drehbuch schreiben und schließlich den Spot selbst drehen.

Literaturhinweise

Rund um Werbung. Kopiervorlagen für den Deutschunterricht. Hg. v. Ute Fenske, bearb. v. Christian Rühle. Cornelsen, Berlin 2003

Schierl, Thomas: Text und Bild in der Werbung. Bedingungen, Wirkungen und Anwendungen bei Anzeigen und Plakaten. Herbert von Halem, Köln 2001

Werbung. Praxis Deutsch 163/2000

Werbung in Theorie und Praxis. Hg. v. Karl Schneider unter Mitarbeit von Prof. Dieter Pflaum. 6. Aufl. M + S Verlag für Marketing und Schulung, Waiblingen 2003

Werbespots. In: Ideen für den Unterricht 9/10. Deutschbuch Grundausgabe. Hg. v. Ute Fenske/Cordula Grunow/Bernd Schurf. Cornelsen, Berlin 2004, S. 189–200

Empfehlenswerte Internetadressen

Artikel „Werbung" in: www.planet-wissen.de

Informationen zum Thema „Werbung" im Unterricht in: www.teachsam.de

	Inhalte	Kompetenzen
S. 171	**10.1 Schlagzeile, Slogan, Logo – Werbeanzeigen untersuchen**	Die Schülerinnen und Schüler können – die Wirkung von Werbeanzeigen beschreiben und untersuchen
S. 174	**Werben mit AIDA**	– Appelle in Werbeanzeigen auf Grundbedürfnisse zurückführen
S. 175	**Typisch Mann/Frau? – Werben mit und gegen Klischees**	– Konnotationen in Werbeanzeigen aufzeigen – Elemente einer Werbeanzeige und ihre Funktionen benennen
S. 176	**Gummibärchen – Schleichwerbung oder Product-Placement?**	– eine Werbeanzeige in ihrer grafischen und sprachlichen Gestaltung untersuchen – am Beispiel der AIDA-Formel ein Modell der Werbewirksamkeit erklären
S. 177	*Torsten Gellner* Werbung auf leisen Sohlen	– Werbestrategien beschreiben – Rollenklischees in Werbung untersuchen – eine schriftliche Werbeanalyse verfassen – einem Sachtext Informationen entnehmen – verschiedene Werbeformen innerhalb von Fernsehsendungen und Filmen bestimmen – zu einem Problem begründet Stellung nehmen
S. 180	**10.2 Werben und erzählen – Filmische Mittel in Werbespots**	– einen Werbespot in seiner Wirkung beschreiben – die Filmsprache in einem Werbespot untersuchen – erklären, welche Wirkungen durch Schnitt und Montage erzeugt werden können
S. 181	**Das Kino im Kopf – Schnitt und Montage**	
S. 182	**10.3 Projekt: Ein Werbespot für eure Schule**	– ein Konzept für einen Werbespot entwickeln – selbst einen Werbespot nach einem Drehbuch filmen – filmische Mittel gezielt einsetzen – durch Schnitt und Montage weitere Wirkungen gezielt erzeugen

10.1 Schlagzeile, Slogan, Logo – Werbeanzeigen untersuchen

S. 171

Auftaktseite

1 *a/b) Die Schülerinnen und Schüler sollen sich – wie von der Werbung ja intendiert – den Fotos zunächst ganz unvoreingenommen emotional nähern. Ihre Aussagen werden sicher sehr verschieden ausfallen, z. B.: Das linke Foto ist voll Bewegung und Schwung, das vermittelt den Eindruck von Dynamik. – Die Werbung mit dem sympathischen jungen Paar wirkt witzig. Da denkt man darüber nach, was an den Chips so Besonderes ist, dass man sie mit Essstäbchen isst. – Das Mädchen mit dem Schokoriegel sieht so fröhlich und nett aus.*

2 *a) Alle drei Werbeanzeigen bilden Situationen mit bestimmten Lebensgefühlen ab. Das Foto für Sportkleidung vermittelt Dynamik, Jugendlichkeit, Lebensfreude. Das Foto für Reis-Chips zeigt ein unbeschwertes, vertrautes junges Paar, vermittelt Genuss, Lebensfreude, wirkt bei näherem Hinsehen lustig. Das rechte Foto vermittelt Genuss, Freude und Zufriedenheit.*

b) Sportkleidung, (Reis-)Chips, Schokoriegel

c) Abstimmung zwischen Bild, Stimmung und Produkt:
- *Die linke Anzeige wirbt für die Sportkleidung eines bestimmten Herstellers. Das im Vordergrund zu sehende Mädchen führt gerade einen kraftvollen Sprung nach oben aus, das wehende Haar, die hochgeworfenen Arme vermitteln Energie, Jugendlichkeit, Beweglichkeit und unbändige Lebensfreude – das Plakat erhält dadurch eine besondere Dynamik. Die ins Auge fallende Aufforderung „Trenn dich" unterstützt den Eindruck vom Fliegen, von Befreiung (von alten Klamotten, von Bodenhaftung, Unbeweglichkeit) und Freiheit. Im Hintergrund ist unter dieser Aufforderung eine Person beim Sport (Handstand?) und weitere, vermutlich alte Sportkleidung zu sehen. Die Farben sind relativ dezent gehalten, nur das rostrote T-Shirt des Mädchens hebt sich besonders ab; die gleiche Farbe hat auch die Textleiste am Fuß der Anzeige.*
- *Das Plakat in der Mitte zeigt eine Werbung für Chips aus Reis. Eine witzig lächelnde junge Frau füttert einen sympathischen, ebenfalls vergnügt lächelnden jungen Mann, der seine Hand auf einer Packung Chips liegen hat, mit einem Reis-Chip. Durch die Essstäbchen wird die Assoziation an China oder Japan unterstützt und auf die Besonderheit der Chips (hergestellt aus Reis) aufmerksam gemacht. Das junge Paar sieht sexy, sympathisch, lebenslustig und – assoziiert durch den selbstverständlichen Umgang mit Essstäbchen – auch weltoffen aus. Es überwiegen sanfte, gebrochene Farben, nur die Chipspackung, auf der die Hand des Mannes liegt, wirkt auffälliger durch einen Grünton. Natürlichkeit und Umweltbewusstsein sind mögliche Zusatzassoziationen, die durch die Farben wachgerufen werden. Das Plakat spricht alle an, die jung sind oder bleiben wollen.*
- *Die Nahaufnahme eines jungen Mädchens, das gerade einen Schokoriegel isst, füllt das gesamte rechte Foto. Das Mädchen wirkt ruhig, das lächelnde Gesicht und der Schokoriegel stehen im Vordergrund und werden vom Betrachter sofort mit dem Werbespruch „natürlich nasch ich" in Verbindung gebracht. Die klare Bildaufteilung und die insgesamt ruhige Ausstrahlung des Fotos werden dadurch unterstrichen, dass der Pullover und der Hintergrund in einer Farbe (einem frischen Grün = Natur, „natürlich" nasch ich) gehalten sind.*

3 *a/b) Tageszeitungen, Briefkasten-Wurfsendungen und Zeitschriften bieten genügend Werbematerial zum Sammeln. Sicher finden sich darunter Anzeigen, die Lebensgefühle vermitteln wie z. B. Jugendlichkeit und Schönheit (Kosmetik, Mode …), Gesundheit, Leben im Einklang mit der Natur (Milch, Mineralwasser, Zahnpasta, Medikamente, Biolebensmittel …), Freiheit, Abenteuer, Geselligkeit (Autos, Reisen, Zigaretten, Bier …), Beweglichkeit und Sportlichkeit (Sportkleidung, Sportgeräte …), Genuss (Kaffee, Schokolade …).*
Bestimmte Eigenschaften und die damit verbundenen Lebensgefühle sind für alle Menschen erstrebenswert, z. B. Humor, Geselligkeit, die Befriedigung sozialer Bedürfnisse ganz allgemein oder die Vermeidung bzw. Bewältigung unterschiedlicher Ängste. Werbeanzeigen nutzen dies (Werbepsychologie) und suggerieren in direkten oder indirekten Appellen die Erfüllung dieser Wünsche durch Erwerb des angebotenen Produkts. Die Aufgabenstellung zielt auf die Erkenntnis ab, dass in Werbeanzeigen jeweils bestimmte Adressatengruppen besonders angesprochen werden. Es erscheint daher interessant, die unterschiedlichen Äußerungen an der Tafel festzuhalten und darüber diskutieren zu lassen.
Ergänzung der im Schulbuch begonnenen Tabelle:
Junges Paar – Genuss, Freude, Spaß, Loslösung vom Alltag (etwas Besonderes, auch Exotisches) – Reis-Chips
Nettes Mädchen – Genuss, Zufriedenheit, Leben im Einklang mit der Natur, Gesundheit – (Bio-)Schokoriegel

.172 **Du hast die Macht!**

1 a) *Erste Eindrücke können sich z.B. auf Gefallen/Nichtgefallen, auf einzelne Elemente der Anzeige und hervorgerufene Emotionen beschränken. Mögliche Aussagen: Die Hand ist ja viel zu groß! – Wofür wird denn hier überhaupt geworben? – Die Anzeige wirkt unwirklich/witzig! – Da geht es um eine Spielkonsole! Die kenne ich.*

b) *Die Schülerinnen und Schüler prüfen, welches Element in der Anzeige als „Eyecatcher" bezeichnet werden kann. Anzeigen sind so gestaltet, dass der erste Blick des Betrachters auf eine zentrale Information fällt. Hier handelt es sich um den Finger der großen Hand, die einen Basketballspieler zum Korb hochhebt. Damit wird eine Verbindung zur Spielkonsole mit „Touch Screen" hergestellt, die es dem Spieler ermöglicht, Spielfiguren zu lenken. Der Blick wird hier also auf die Bildmitte gelenkt, was auch noch durch den leicht links unterhalb der Mitte stehenden Schriftzug und den direkten Appell an den Betrachter verstärkt wird.*

c) *Durch das Logo am rechten oberen Bildrand und die beiden Informationskästchen auf der rechten Seite (mit Text und Bild) wird verdeutlicht, dass es sich bei dem beworbenen Produkt um eine Spielkonsole mit einem modernen Touchscreen handelt.*

2 a) *Siehe Aufgabe 1a. Gegebenenfalls können nun die Schülerinnen und Schüler ihre zunächst mündlich formulierten Emotionen schriftlich festhalten. – Das Bild der Werbeanzeige löst sicherlich Irritationen aus. Man fühlt sich in eine fiktive Welt hineinversetzt, in der ein Riese mit seiner Hand in ein – gemessen an seiner Größe – winziges Spielfeld mit Spielfiguren (von denen man nicht genau weiß, ob es wirklich Menschen sind) eingreift. Der Riese lenkt offensichtlich das Spiel, denn er hebt eine der Spielfiguren so an den Basketballkorb heran, dass diese den Ball ganz leicht in den Korb werfen kann: Identifikationsmöglichkeit des Betrachters mit dem übermächtigen Spielelenker, der nach seinem Willen „die Puppen tanzen lässt".*

b) *Die gesamte auf dem manipulierten Foto dargestellte Situation wird vom Betrachter aus leichter Untersicht wahrgenommen. Dies bewirkt, dass die Hand, die die rechte Bildhälfte einnimmt, noch größer wirkt und die Spielfiguren noch winziger aussehen. Außerdem eröffnet sich der Blick von der Spielfäche bis in den Hintergrund, in dem noch Zuschauertribünen wahrnehmbar sind.*
Die Anordnung wichtiger Elemente der Anzeige erfolgt in zwei diagonalen Richtungen:
- *Bei der Bilddiagonale von links unten nach rechts oben geht der Blick von einer Spielfigur über den Appell zur Spielfigur, die auf dem Zeigefinger sitzend den Ball in den Korb wirft, zum Logo des Produkts in der rechten oberen Bildecke.*
- *Die andere Bilddiagonale führt von der rechten unteren Ecke von einem Informationskasten mit Bild über eine blaue Spielfigur, die von der großen übermächtigen Hand zurückgeworfen wird, zum Finger, zur darauf sitzenden roten Spielfigur und zum Basketballkorb in der linken oberen Bildhälfte.*

Im Hintergrund überwiegen dunkle Farben, die Spielfiguren stechen farblich hervor: blaue Trikots für die Spielfiguren der „gegnerischen" Mannschaft, rote Trikots für die zwei Spielfiguren der Mannschaft, mit der man sich identifizieren soll (Rot: aktiv, aggressiv, die Farbe der Gewinner; Blau: kühl, eher passiv, die Farbe der Verlierer). Die meisten Bildelemente sind farblich wirklichkeitsgetreu gestaltet (Spielfeld, Basketballkorb, Hand, Hautfarben der Spieler).
Die Informationskästen zum Produkt sind hellgrau unterlegt. Das Produkt selbst ist ebenfalls in Originalfarben gestaltet. Alle Schriftzüge sind weiß und heben sich damit deutlich vom Untergrund ab. Das Produkt wird durch das Logo, die Informationskästen und durch die Assoziationsleistung des Betrachters einbezogen (Appell → Du als Spieler hättest „die Macht" → Du könntest über den Touchscreen auch in so ein Spiel eingreifen). Die Person mit der riesigen Hand ist nicht sichtbar, sodass eine vollständige Identifikation noch leichter möglich ist: Es könnte sich um die Hand des Betrachters selbst handeln.

3 *Zuerst fällt wohl der Schriftzug „Du hast die Macht!", der Appell an den Adressaten, die Aufforderung zur Identifikation, ins Auge.*
Als Nächstes wird der Appell: „Touch me!" mit einer direkten Aufforderung an den Adressaten im unteren Bild-Informationskästchen gelesen. Hinter der Aufforderung, mit der Konsole zu spielen, verbirgt sich der eigentliche Kaufappell.
Anschließend kann der Blick kurz nach oben schweifen und das Firmenlogo erfassen, bevor sich der Betrachter die Mühe macht, den Text im oberen Informationskästchen zu lesen. Der kurze Text informiert und stellt gleichzeitig noch einmal eine Verbindung zur abgebildeten Situation her: Der Spieler kann direkt in das Spielgeschehen eingreifen. Denkbar ist auch, dass zuerst der Text gelesen und dann das Logo gesehen wird.

4 *Adressaten sind Fans von Computerspielen. Die Appelle gehen offensichtlich davon aus, dass die Adressaten bereits Spielkonsolen kennen. Es soll hier vor allem auf die neue, moderne Bedienung durch den Touchscreen verwiesen werden. Die Werbeanzeige richtet sich offensichtlich an „Kenner".*

5 *a) Eyecatcher = Blickfang*
Copy = Werbetext
Logo = Markenname (auch: Markenzeichen)
Slogan = Werbespruch, -formel

b) Eyecatcher: die überdimensionale Hand mit dem Zeigefinger, auf dem eine Spielfigur sitzt
Copy: der Text im oberen Informationskasten
Logo: grafisch gestalteter Markenname (Markenzeichen) in der oberen rechten Bildecke
Slogan: genau genommen nicht vorhanden, hier evtl. der Appell „Du hast die Macht!" oder „Touch me!"

c) Resultat der Diskussion könnte die Bevorzugung der englischen Fachbegriffe sein, mit denen die Branche arbeitet und die in der einschlägigen Literatur als Fachsprache genutzt und verstanden wird.

6 *Die im Folgenden aufgelisteten Aspekte, die bei der schriftlichen Analyse einer Werbeanzeige beachtet werden müssen, können den Schülerinnen und Schülern als Kopie an die Hand gegeben oder im Klassenzimmer auf einem Plakat veröffentlicht werden:*

Vorgehensweise bei der Analyse einer Werbeanzeige

Den ersten Eindruck beschreiben
Die Gestaltungselemente der gesamten Anzeige untersuchen – separat, ohne Gesamtzusammenhang:
- Eyecatcher – Copy
- Logo – Platzierung
- Vorder- und Hintergrund – Bilddiagonalen

Die besonderen Gestaltungselemente des Bildes untersuchen, z. B.:
- Perspektive – Bildmitte
- Farben – Dynamik

Headline und Slogan untersuchen, z. B.:
- Schriftart, -größe, -farbe – Platzierung
- Textlänge – sprachliche Besonderheiten (z. B. Jugendsprache; Reim; Frage)

Gestaltungsfaktoren des Fließtextes (Copy, Textblock) untersuchen, z. B.:
Textrahmen, Hintergrund, Schriftfarbe, Zeilenabstand, Textausrichtung, Sprache, Satzbau
Zusammenhang von Copy, Headline und Bild untersuchen
Gesamteindruck und Wirkung auf die Betrachterin/den Betrachter darstellen
Die Zielgruppe nennen

Wichtig ist es, die Schülerinnen und Schüler darauf hinzuweisen, dass zwar die Einzelelemente zunächst einmal isoliert betrachtet werden, dass es aber letztlich darauf ankommt, den gegenseitigen Bezug zwischen Bild- und Textelementen darzustellen und die Gesamtwirkung zu beschreiben.

S. 174

Werben mit AIDA

1 *Die AIDA-Formel gilt heute in der Werbebranche zwar eher als veraltet, sie kann aber immer noch als Schema zur Veranschaulichung dafür dienen, wie im Idealfall Werbung wirken soll. Den Schülerinnen und Schülern sollte vor allem deutlich werden, dass eine Werbeanzeige unbedingt Aufmerksamkeit erzeugen muss. Der Leser/Die Leserin einer Zeitschrift soll z. B. unbedingt davon abgehalten werden, einfach weiterzublättern. Bilder müssen daher in ihrer Gesamtaussage ansprechend sein, Details werden vom Betrachter kaum wahrgenommen. Da nicht allzu viele Informationen gleichzeitig aufgenommen werden, muss man sparsam umgehen mit Texten. Informationen, die mit Emotionen verknüpft sind, bleiben eher im Gedächtnis haften als reine Sachinformationen. Daher muss man versuchen, beim Rezipienten positive Gefühle auszulösen.*

Die AIDA-Formel fasst die gewünschten Abläufe so zusammen, wie sie idealiter bei einer erfolgreichen Werbung ablaufen sollten. Natürlich ist Werbung nicht immer erfolgreich. Viele Faktoren können verhindern, dass die Betrachtung einer Werbeanzeige tatsächlich zum Handeln, in diesem Fall also zum Kauf, führt. Mögliche Faktoren könnten sein: Die Anzeige spricht den Betrachter insgesamt nicht an; der Betrachter nimmt sich nicht die Zeit, auch den Fließtext (Copy) zu lesen; den Betrachter spricht der Appell „Macht auszuüben" nicht an; er hat kein Interesse an Computerspielen; er hat kein Geld, sich Computerspiele zu kaufen.
Nachweis dieser Werbestrategie am Beispiel der Nintendo-Anzeige auf Seite 172 im Schülerband:
- ***A**ufmerksamkeit wird erregt durch die große Hand, den Finger, auf dem die Spielfigur sitzt.*
- ***I**nteresse wird durch Irritation über die unnatürlichen Größenverhältnisse (Hand/Spieler) hervorgerufen: Was soll dieses Bild aussagen? Der Blick richtet sich auf das Logo und die Informationskästen. Bei Computerspielfans löst der Begriff „touch screen" wahrscheinlich großes Interesse aus.*
- ***D**esire: Es sollte der Wunsch ausgelöst werden, die Spielkonsole besitzen zu wollen und mit ihr spielen zu können.*
- ***A**ction: Die Konsole soll gekauft werden.*

2 *a) Englische Wörter gelten oft als modisch, als „cool". Vielleicht wird aber auch durch die englische Sprache verdeckt, dass es sich um alltägliche Wörter, Begriffe oder Aussagen handelt.*

b) In Untersuchungen ist festgestellt worden, dass englische Slogans in Werbespots oft gar nicht verstanden werden. Dennoch werden immer öfter englische Produktnamen oder Slogans verwendet, um dem Produkt oder der Firma ein weltoffenes, modernes Image zu verleihen. Das Verständnis des Slogans steht nicht im Vordergrund. Der Werbeslogan „Come in and find out" für die Parfümeriekette Douglas wurde z. B. von vielen Kunden nicht verstanden (nur 34 % verstanden den Slogan), viele meinten, er hieße übersetzt: „Gehe hinein und komm wieder heraus". Noch schlechter schnitten beispielsweise der Slogan „be inspired" (Siemens Mobile, von nur 15 % verstanden) oder „Drive alive" (Mitsubishi, 18 % Verständnis) ab. Der Slogan der Lufthansa „There's no better way to fly" bekam aber sogar einen Preis als guter Werbespruch (54 % Verständnis). Mit den Schülerinnen und Schülern sollte also diskutiert werden, welchen Sinn ein unverständlicher Slogan macht oder machen kann.
Beispiele für englische Slogans: http://www.slogans.de

3 *Die Schülerinnen und Schüler können einen aussagekräftigen, leicht einprägsamen Produktnamen erfinden (hier z. B. „Nixo"). Der Text könnte mit Imperativen die appellative Struktur verstärken; eine direkte Ansprache könnte größeres Interesse bewirken:*
- *Erlebe das Laufwunder!*
- *Du ziehst den neuen leichten Schuh von Nixo an und du hebst ab.*
- *Spüre den Unterschied: Nixo bietet Schnelligkeit und Ausdauer, laufen – ohne zu ermüden.*

Soll eine Headline entwickelt werden, stehen vier verschiedene Grundtypen zur Verfügung: Aussagesätze, Ausrufe, Appelle oder Fragen. Die Schülerinnen und Schüler sollten die unterschiedlichen Wirkungen ausprobieren.

5 *a/b) Ein Werbeslogan muss die Kernaussage über das Produkt enthalten, er muss eingängig, kurz und gut zu merken sein. Der Slogan wird über einen längeren Zeitraum nicht verändert und so oft wie möglich eingesetzt. Im Idealfall sollen die Adressaten schon an das Produkt denken, wenn sie nur den Slogan hören. (Es findet also im Grunde eine klassische Konditionierung statt.) Viele Slogans sind sogar noch bekannt, obwohl es das Produkt gar nicht mehr gibt (z.B. für den VW-Käfer: „Er läuft und läuft und läuft").*
- *„Haribo macht Kinder froh" → Süßigkeiten → besondere, kindlich-fröhliche Satzmelodie, Kunstwort „Haribo" (entstanden aus den Anfangsbuchstaben des Namens des Firmenbesitzers und dem Standort der Firma: **Ha**ns **Ri**egel, **Bo**nn) wirkt lustig, Reim (Haribo – froh)*
- *„Einfach günstig Tschibofonieren" → Tschibo-Handy und Handytarif → neue Wortzusammensetzung (Verb) aus Tschibo und telefonieren (auch: „Tschobofon" statt „Telefon"); Wortneuschöpfung*
- *„Sonne aufs Brot" → Buko-Frischkäse → Metapher: Gesundheit und Glück*
- *„Drive alive" → Mitsubishi → Reim („fahre lebend")*
- *„Mars macht mobil" → Alliteration*
- *„Knusprig, nussig, zart" > Dreierfigur, Wortneuschöpfung („nussig")*

Sehr viele Beispiele für Werbeslogans findet man unter http://www.slogans.de.

S. 175

Typisch Mann/Frau? – Werben mit und gegen Klischees

1 a) *Die beiden Werbeanzeigen sind wie Ortsausgangsschilder (gelbes viereckiges Schild, roter Querbalken) gestaltet. Die Texte verweisen jeweils auf Klischees, die aber durch den Balken wie durchgestrichen wirken. In beiden Texten sind die Klischees mit dem Modalverb „müssen" formuliert. Auf zwei wie aufgeklebt wirkenden Kästchen, die sich durch den weißen Untergrund abheben, wird sowohl indirekt als auch direkt ein Bezug zur werbenden Firma hergestellt: Die Internetadresse auf dem Kästchen www.nichts-muessen.de führt zu einer Internetseite mit Pseudoumfragen zu altbekannten Themen.*
Der Betrachter/Leser soll selbst Bezüge herstellen: Bei Ikea muss niemand etwas müssen. Die Werbung setzt hier auf Kenner der Ikea-Werbespots. Diese sind immer lustig und gehen in ihrer Strategie immer davon aus, dass Ikea Freiheit bietet, etwas zu tun, was sonst nicht möglich wäre, dass etwas Ungewöhnliches, Besonderes, Neues geboten wird („Ikea, das unmögliche Möbelhaus"). Der zweite Kasten enthält das Logo des Möbelhauses.

b) *Es wird mit Klischees geworben. Der Adressat der Anzeigen muss aber selbst die Verbindungen herstellen und sich selbst erklären, was mit der Anzeige vermittelt werden soll. Die Werbebotschaft lautet: Bei Ikea gelten solche Klischees wie „Frauen müssen sich um den Haushalt kümmern" eben nicht.*

2 *Ungewöhnlich an dieser Werbeanzeige ist, dass nicht für ein bestimmtes Produkt geworben wird. Es handelt sich hier um eine „Connaisseur"-Werbung. Bei dieser Strategie geht man davon aus, dass die Adressaten bereits die Marke, das Image der Marke (oder des Produkts) und auch Werbespots zu der Marke kennen.*

3 a–c) *Immer noch werben viele Anzeigen mit Klischees und verwenden stereotype Rollenbilder. So werden beispielsweise bei Werbeanzeigen für Waschmittel oder Haushaltsgeräte überwiegend Frauen abgebildet. Bei Bier, Zigaretten und Autos werden dagegen meistens männliche Darsteller bevorzugt. Seit einiger Zeit spielt Werbung mit diesen Rollenklischees; die Erwartung der Betrachter wird nicht erfüllt: Das neue schnelle Auto wird von einer Frau gefahren, der Kinder hütende Mann muss fragen, ob er das Auto auch einmal haben kann. – Es kann aber nicht wirklich davon die Rede sein, dass die Werbung nun von modernen Rollenvorstellungen ausginge. Vielmehr ist das Spiel mit Rollenklischees nur eine witzige Variante, die Aufmerksamkeit erzeugen soll. So kann man die Hausfrau, die Angaben zu ihrem Beruf machen soll und spitzfindig antwortet, sie führe ein kleines Familienunternehmen (Reklame von Vorwerk: „Ich führe ein sehr erfolgreiches kleines Familienunternehmen"), nicht wirklich als emanzipierte moderne Frau bezeichnen.*

4 *Die Schülerinnen und Schüler können sich hier an den von ihnen gesammelten Beispielen orientieren. Sie können entweder versuchen, Frauen- oder Männerrollen bzw. Frauen- oder Männerinteressen in der Produktwerbung herauszustellen oder auch bestimmte Klischees zu nutzen und eine eher parodierende Werbeanzeige zu gestalten. So könnte z. B. ein übertrieben dargestellter „Rollentausch" komisch wirken.*

5 ***Senioren*** *werden immer mehr als kaufkräftige werberelevante Käufergruppe entdeckt und angesprochen.*
Tierbesitzer *lassen sich erwiesenermaßen sehr von Werbung für Tierfutter, -spielzeug etc. ansprechen.*
Jugendliche *werden intensiv beworben: zum einen, weil sie selbst viel (Taschen-)Geld ausgeben, zum anderen, weil sie die zukünftige erwachsene Käuferschicht bilden und bereits in jungen Jahren an bestimmte Produkte gebunden werden sollen.*

S. 176

Gummibärchen – Schleichwerbung oder Product-Placement?

1 *Das Diagramm informiert darüber, welcher Werbeträger, welches Medium Werbung am überzeugendsten vermittelt. – Dabei ist nicht ganz klar, was genau Bemessungsgrundlage ist oder wie die Fragestellung für die Befragten lautete. Die Überschrift spricht davon, welche Werbung „am überzeugendsten" ist. Es ist aber unklar, was genau mit „überzeugend" gemeint ist. Im Sinne der Werbeabsicht müsste man formulieren: „Welches Medium wirbt am effektivsten?" – „In welchem Medium wird Werbung am besten/am häufigsten wahrgenommen?"*

2 *Aus dem Diagramm geht deutlich hervor, dass das Fernsehen für die Werbung das relevanteste Medium ist. Die Zahlen sind relativ stabil (1997 und 2006 jeweils 62 %, zwischendurch etwas mehr). Die Werberelevanz in Zeitschriften und Zeitungen scheint leicht zurückzugehen (1997 noch 28 %, 2006 nur noch 20 %). Werbung im Radio hat erstaunlicherweise 2006 wieder an Überzeugungskraft gewonnen. Die Bedeutung des Internets für Werbung nimmt zwar zu, ist aber im Vergleich zu den anderen Medien noch gering (2006 nur 4 %).*

177 *Torsten Gellner*

Werbung auf leisen Sohlen

1 – *Die Aussage ist falsch. Es geht um die EU-Kommission.*
– *Artikel 7 verbietet Schleichwerbung.*
– *Die Aussage ist nicht korrekt. Der Artikel beschäftigt sich mit den Phänomenen Schleichwerbung und Product-Placement im öffentlichen und im privaten Fernsehen.*
– *Schleichwerbung und Product-Placement bringen Werbeeinnahmen, auf die besonders die privaten Fernsehsender angewiesen sind.*

2 ***Product-Placement*** *bedeutet, dass ein Produkt mehr oder weniger zufällig in die Handlung eingebunden ist. Dies ist z. B. der Fall, wenn ein Kriminalkommissar in einem Auto einer bestimmten Marke zum Tatort fährt. Dass der Zuschauer die Marke erkennt, ist beabsichtigt und nicht zufällig. – Bei* ***Schleichwerbung*** *steht die Werbeabsicht im Vordergrund: Eine Firma zahlt Geld dafür, dass z. B. in einem Film jemand absichtlich mit einem bestimmten Getränk gezeigt wird. Das Produkt wird dann auch meistens direkt in die Kamera gehalten und es soll möglichst auch der Produktname zu lesen sein. Weiteres Beispiel: Eine Figur in einer Soap will eine Reise unternehmen und nennt ständig und absichtsvoll den Namen eines Reisebüros und einer Fluggesellschaft.*

3 *a/b) Computerspieler fühlen sich offensichtlich nicht durch das Auftauchen von Werbung in Computerspielen gestört. Es wird sogar als positiv angesehen, dass der Eindruck von Wirklichkeit hervorgerufen oder verstärkt wird, wenn Werbung und Werbebotschaften, die normalerweise in der realen Welt vorkommen, in die fiktive Welt der Computerspiele aufgenommen werden.*

4 *Die Schülerinnen und Schüler müssten bei der Argumentation beachten, dass sie nicht aus der Sicht eines Werbefachmanns argumentieren sollen, sondern* ***aus der Sicht eines Computerspielers****. Wahrscheinlich würden aus der Sicht des Werbefachmanns die Argumente für Werbung im Spiel überwiegen, beim Spieler dagegen die Argumente gegen diese Form von Werbung.*

Für *Werbung im Computer könnte sprechen:*
– *Man wird ganz nebenbei über Produkte informiert.*
– *Es ist lustig, wenn Werbung geschickt in einem Spiel platziert wird.*
– *Das Spiel wird sogar spannender, wenn man hinter jeder platzierten Werbung ein Spielelement vermutet.*

Gegen *eine Werbung im Computerspiel könnte sprechen:*
– *Man wird vom eigentlichen Spiel abgelenkt.*
– *Man kann die Werbung nicht wegklicken.*
– *Man muss das Spiel bezahlen und kauft quasi ungewollt die Werbung mit.*
– *Die Werbung passt nicht zum Spiel.*
– *Man wird schon in allen anderen Medien mit Werbung überhäuft.*

Die ***Werbefachleute*** *könnten anders argumentieren und würden als* ***Vorteile*** *benennen:*
– *In Computerspielen kann Werbung zurzeit noch überall platziert werden.*
– *Die Computerspieler können nicht wie beim Fernsehen die Werbung unterbrechen, wenn sie in ein Spiel integriert ist (wenn z. B. eine Spielfigur durch eine Stadt mit Werbeplakaten läuft).*
– *Die Werbedauer ist quasi unbegrenzt, denn bestimmte Episoden können immer wieder gespielt werden. Es gibt auch keine gesetzlichen Regelungen, die die Werbedauer begrenzen wie im Fernsehen.*
– *Die Konzentration auf bestimmte Zielgruppen ist besser möglich (Zielgruppenanalyse ist z. B. nach Registrierung des Spiels im Internet möglich).*
– *Eine erhöhte Aufmerksamkeit ist bei den Spielern vorhanden und kann genutzt werden (Spieler betrachten alles aufmerksam, weil sie sonst ein wichtiges Spielelement verpassen könnten).*
– *Werbung in Computerspielen wird nicht als störend empfunden.*

Zusatzaufgabe: *Man kann von den Schülerinnen und Schülern Internetseiten auf verschiedene Werbeformen untersuchen lassen. Interessant ist die Seite http://www.mediensprache.net/de/werbesprache/internet/formen/demo/. Die Seite ahmt das Erscheinungsbild einer Online-Zeitung nach; neben redaktionellen Beiträgen sind auch viele verschiedene Werbeformen zu sehen. Gute Informationen zu Werbeformen im Internet gibt es unter der Internetadresse http://www.mediensprache.net.*

10.2 Werben und erzählen – Filmische Mittel in Werbespots

S. 180

25-Sekunden-Fernseh-Werbespot

1 *Am Anfang (**Foto 1**) sieht man, wie in einer wüstenhaften Landschaft ein Auto/ein Jeep angefahren kommt und viel Staub aufwirbelt. Man erkennt eine Gruppe Eingeborener neben dem Fahrweg. – **Foto 2:** Zwei Insassen des Jeeps (offensichtlich Touristen auf Fotosafari) springen von der offenen Ladefläche des Autos, auf der sie gesessen sind, herunter. – **Foto 3:** Sie zücken ihre Kameras mit riesigen Teleobjektiven. – **Foto 4:** Die nächste Einstellung zeigt die Gruppe der Eingeborenen. Man kann sich vorstellen, dass dies die Kameraperspektive der fotografierenden Männer ist. – **Foto 5:** Der Kopf eines Eingeborenen, der der Anführer zu sein scheint, wird gezeigt. Darunter der Text (im Spot Übersetzung des in Originalsprache gesprochenen Textes): „Zu viele Primitive hier". – **Foto 6**: Der Eingeborene dreht sich zu seinen Freunden um und sagt: „Lasst uns fahren." – **Foto 7** zeigt ein nagelneues Auto unter einem Carport mit Strohdach, zu dem sich die Eingeborenen hinbewegen. – **Foto 8:** Das moderne Auto fährt an den staunenden Männern neben dem Jeep vorbei, Text: „Stil hat man." – **Foto 9:** Man sieht die Gesichter der ratlosen Männer neben dem Jeep: „Stil hat man. Oder nicht."*

2 *a) Kaufempfehlung: Ein modernes Auto von der werbenden Autofirma.*

*b) Es wird ein Gegensatz hergestellt zwischen dem alten, verstaubten Jeep der Touristen und dem neuen, modernen Auto der Eingeborenen, der vermeintlich Rückständigen. Die Eingeborenen fahren zum Erstaunen der Touristen ein modernes Auto. Sie hätten wahrscheinlich vermutet, dass sich die Eingeborenen zu Fuß bewegen. Kameraeinstellungen und Perspektiven: **Foto 1:** Totale, Normalsicht → Schauplatz, Situation und Handelnde werden gezeigt. – **Foto 2:** halbnah, Untersicht → Die Fototouristen werden gezeigt, ihre Absicht wird verdeutlicht (selten zu sehende „primitive" Eingeborene fotografieren). – **Foto 3:** nah, Untersicht → Die Absicht der Touristen wird verdeutlicht. Wichtigkeit durch die großen Objektive hervorgehoben. – **Foto 4:** halbnah, Normalsicht (oder ganz leichte Untersicht) → Die Gruppe der Eingeborenen wird genauer vorgestellt. – **Foto 5:** groß, Normalsicht → Das Gesicht des „Anführers" ist genau zu sehen. – **Foto 6:** nah, Normalsicht → Der Anführer wendet sich seiner Gruppe zu und spricht. – **Foto 7:** Totale, Aufsicht → Präsentation des modernen Autos, gleichzeitig Verweis auf die Situation: Die Eingeborenen gehen zum Auto. – **Foto 8:** Totale, Normalsicht → Gegensätze werden gezeigt: alter Jeep mit Touristen, modernes Auto mit Eingeborenen. – **Foto 9:** halbnah, Normalsicht → Die verblüfften Gesichter der Touristen sollen deutlich werden.*

3 *Der Spot spielt mit Klischees und Erwartungen der Zuschauer. Die vermeintlich „primitiven" Eingeborenen, die wie seltene Tiere fotografiert werden, sind längst in der modernen Zivilisation angekommen und fahren ein technisch dem alten Jeep überlegenes Auto. Die Eingeborenen fühlen sich sogar durch die Touristen gestört und empfinden diese ihrerseits als „primitiv", wobei sich das Primitivsein eben gerade auf das abzulehnende Verhalten der Touristen beziehen kann. Der Werbetext kann sowohl auf das Verhalten der Touristen bezogen als auch als Werbebotschaft für das Auto verstanden werden: Stil hat man (mit diesem Wagen) oder hat man nicht. – „Moral" des Spots: Man soll nicht vorschnell urteilen, sich nicht von Klischees leiten lassen.*

S. 181

Das Kino im Kopf – Schnitt und Montage

1 *Die Schülerinnen und Schüler können wie in einem Comic die Handlung der fehlenden Einstellungen ergänzen. Cutter/-innen schneiden die Filme in Abschnitte, verändern unter Umständen die Reihenfolge des Gefilmten und ergänzen – aus dem vorliegenden Filmmaterial – Streifen, die als Übergänge zwischen den einzelnen Teilen dienen. Bei entsprechendem Interesse der Achtklässler können weitere Informationen über das Berufsbild des Cutters/der Cutterin unter http://www.bfs-cutter.de/index.php?action=Berufsbild abgerufen werden.*

2 *Zwischen Foto 1 und 2: harter Schnitt*
Zwischen Foto 2 und 3: (eher) weicher Schnitt
Zwischen Foto 3 und 4: harter Schnitt
Zwischen Foto 4 und 5: harter Schnitt
Zwischen Foto 5 und 6: Übergang
Zwischen 6 und 7: harter Schnitt
Zwischen 7 und 8: harter Schnitt
Zwischen 8 und 9: (eher) weicher Schnitt

3 *a/b) Diese Aufgabe kann gut in Gruppenarbeit durchgeführt werden. Jede Gruppe sucht sich einen Werbespot aus, untersucht ihn und stellt anschließend im Plenum den Spot und die Untersuchungsergebnisse vor.*

Beispiele für weitere Untersuchungsaspekte:
- *Sprache (vor allem Slogan, auch Werbetexte); Zusammenhang von Sprache und Bild*
- *Produktpräsentation; Zeitabläufe (Wann wird das Produkt zum ersten Mal gezeigt; wirkt der Spot auf den Betrachter sofort oder verzögert?)*
- *Farbgestaltung (Zusammenstellung, Assoziationen/Botschaften: Grün/Natur, Umwelt); Einsatz von Bildern*

Mögliche ***Zusatzaufgabe****: Die Schülerinnen und Schüler können auch bestimmte Arten von Werbespots untersuchen:*

1 *a) Sammelt Werbespots von bestimmten Institutionen oder für soziale Anliegen (Werbung der Aktion Mensch, für die Krebshilfe, Brot für die Welt oder Werbespots für faires Verhalten im Sport, Spots gegen Analphabetismus).*
b) Stellt Werbespots zusammen, die für ein bestimmtes Verhalten werben oder sich gegen ein bestimmtes Verhalten richten (Anti-Raucher-Spots, Spots gegen Aids oder gegen Alkoholkonsum).

10.3 Projekt: Ein Werbespot für eure Schule

182 **Tipps zur Durchführung**

Die Schülerinnen und Schüler können einen Slogan und einen Werbetext entwerfen (s. Teilkapitel 1), den sie z. B. als Vorspann in den Spot einbauen. Anschließend halten sie die Besonderheiten der Schule mit der Kamera fest, wobei sie auch die Möglichkeiten der filmischen Gestaltungsmittel wie Perspektive und Einstellungsgrößen einsetzen und deren Wirkungen bedenken sollen. Die Wirkung von Kameraschwenk und Kamerabewegung lässt sich mit einfachen Mitteln erproben. Am einfachsten ist es, wenn man mit Digitalkameras arbeitet. Bei Filmen von älteren Videokameras muss man die Filme vor dem Bearbeiten am Computer meistens in andere Formate wandeln. Moderne Videoschnittprogramme bieten die Möglichkeit zum Schneiden und Montieren. Auf vielen Computern sind einfache Schnittprogramme bereits installiert. Es gibt auch kostenlose Programme auf CD-ROM als Beilage zu Computerzeitschriften oder im Internet zum Herunterladen. Die Reihenfolge der im Buch angegebenen Arbeitsaufträge ist erprobt und hat sich bewährt. Man kann aber auch ein anderes Vorgehen verabreden, z. B. zunächst kurze Szenen drehen lassen, diese vorführen und besprechen und erst danach festlegen, wie der Spot aussehen soll.

Vorschläge für Übungen und Klassenarbeiten

Vorschlag 1: Einen medialen Text mithilfe von Fragen auf Wirkung und Intention hin untersuchen

Siehe die **Kopiervorlage** „Helden gesucht! – Werbeanzeigen untersuchen“, S. 188 (Lösungen siehe S. 236 ff. und CD-ROM). Differenzierung: eher für *Leistungsschwächere* geeignet.

Vorschlag 2: Einen medialen Text mithilfe von Fragen auf Wirkung und Intention hin untersuchen

Siehe die **Kopiervorlage** „Versteckte Botschaften – Werbeanzeigen untersuchen“, S. 189 (Lösungen siehe S. 236 ff. und CD-ROM). Differenzierung: eher für *Leistungsstarke* geeignet.

Weiteres Übungsmaterial

Übungen im **„Deutschbuch Arbeitsheft 8“**:
- Umgang mit Texten: Einen Sachtext erschließen, S. 70; Sachtexte lesen und wiedergeben, S. 70; Diagramme auswerten, S. 70; TESTE DICH! – Sachtexten Informationen entnehmen, S. 74
- TESTE DICH!: A2 Einen Sachtext verstehen, S. 93; A3 Grafiken verstehen, S. 93

Helden gesucht! – Werbeanzeigen untersuchen

Copy:

Gefesselt in den Klauen des ewigen Winters, verwunschen vom Fluch der gnadenlosen Weißen Hexe, sucht Narnia nach einem Retter. Du bist es, der die Kräfte der vier jungen Krieger zusammenführt. Deine Freunde können dir jederzeit beistehen – und mit vereinten Kräften bieten sich völlig neue Möglichkeiten. Rette das Land! Vernichte die Rotten der Teuflischen! Bring den Frieden!
Eine geheimnisvolle Welt erwartet dich.

Headline oder Slogan

Eyecatcher

Produkt

1 *a) Notiere spontan, welche Gefühle oder Gedanken die Anzeige bei dir auslöst.*
b) Was ist dir zuerst ins Auge gefallen?
c) Beschreibe, wie und wodurch dein Blick über das Plakat gelenkt wird.

2 *Beschreibe in deinem Heft den Aufbau und die Gestaltung des Werbeplakats.*
Achte besonders auf:
- *die Wahl bestimmter Bildelemente und ihre Position zueinander*
- *den Zusammenhang von Bild- und Textelementen*

3 *Untersuche Headline und Copy.*
- *Welche sprachlichen Besonderheiten fallen dir auf?*
- *Wie wird der Bezug zwischen Betrachter und Produkt hergestellt?*
- *Auf welche Weise soll der Betrachter dazu gebracht werden, das Produkt zu kaufen?*

4 *Welche Vorstellungen und Empfindungen verknüpfst du mit dem Begriff „Held“? Notiere.*

5 *Erkläre, welche Zielgruppe angesprochen werden soll.*
Formuliere auch die Botschaft, die dem möglichen Käufer vermittelt werden soll.

Versteckte Botschaften – Werbeanzeigen untersuchen

Schreiben Sie
Ihre Einkaufsliste
doch, worauf Sie
wollen.
Viel Vergnügen,
Ihre
Papierhersteller.

Papier ist der älteste und wichtigste Informationsträger, den es gibt. Es ist sehr umweltverträglich, denn Papier lässt sich leicht wiederverwerten. Der Recyclingkreislauf funktioniert nur unter regelmäßiger Zufuhr von frischen Fasern. Diese werden aus den Holzresten der Sägewerke gewonnen oder stammen aus dem Holz, das bei der nachhaltigen Bewirtschaftung der Wälder – zum Beispiel bei der Durchforstung – anfällt. Wenn Sie Fragen haben oder mehr Informationen wünschen, rufen Sie uns an: 0130 / 83 73 53.

Ihre **Schülerzeitung** empfiehlt: Sammeln Sie Altpapier.

(Verband Deutscher Papierfabriken e.V., Bonn)

Analysiere die Werbeanzeige in folgenden Schritten:

1 *a) Beschreibe das Foto.*
b) Untersuche die Headline.
c) Beschreibe den Werbetext (= Copy).

2 *Erläutere den Zusammenhang von Bild und Text.*

3 *Nimm Stellung zu Intention und Wirkung der Anzeige.*

KOPIERVORLAGE

11.1 Spielwelten – Wörter und Wortarten

S. 183

Olympische Spiele – Nomen und Pronomen trainieren

1 *a/b) Da die Aufgabe eine Gegenüberstellung von „früher“ und „heute“ verlangt, ist die Visualisierung in Form einer* ***Tabelle*** *wohl am anschaulichsten. Der* ***Ideenstern*** *dagegen eignet sich zur ungeordneten Sammlung von Einfällen, eine* ***Mind-Map*** *zur Darstellung verzweigter und vernetzter Informationen. Das* ***Brainstorming*** *sammelt unsortierte Begriffe, die anschließend z. B. an einer Pinnwand moderiert werden (vgl. Praxis Deutsch, Nr. 190 „Präsentieren“ und Nr. 164 „Lernmethoden“).*

2 *Mögliches Tafelbild:*

Nomen (N)	Artikel + N	(Artikel +) Adjektiv + N	Pronomen + N	Präposition + N
Hermes Sportarten Olympiade	das Würfelspiel das Spielen die Menschen das Musizieren einer Schildkröte die Gläubigen des Göttervaters Zeus die Olympischen Spiele dem Einziehen der Athleten der Schiedsrichter der Zuschauer des Zeus der Olympischen Spiele die Teilnehmer das Laufen, Ringen, der Faustkampf und das Pferderennen der Wettstreit der Sänger und Dichter die Sieger einen (der) Ölzweig das Zeichen des Friedens den Zeitraum die Griechen die Zeit	Olympische Spiele der griechische Götterbote ein religiöses Fest der erste Tag religiösen Zeremonien eine heilige Waffenruhe die ersten Olympischen Spiele	ihrer Musik keine sportliche Veranstaltung alle Teilnehmer etwas Besonderes alle vier Jahre welche Bedeutung	zu Ehren über die Schale mit ihrer Musik zu den Göttern in den heiligen Bezirk von Olympia im Tempel an die Regeln während der Olympischen Spiele bei den Olympischen Spielen für das Jahr 776 v. Chr. zwischen den Olympischen Spielen nach diesen Olympiaden in unserer Gegenwart

3 *a/b) Nicht alle Nomen können in den Plural gesetzt werden. Pluralformen sind nur bei Nomen mit dem Merkmal „zählbar“ möglich. Einige Nomen (z. B. die Leute, die Eltern) kommen nur im Plural vor (Pluraliatantum; Schülerduden § 174).*
Keinen Plural bilden: Hermes, das Spielen, das Musizieren, der Göttervater Zeus, das Einziehen, der Zeus, das Laufen, das Ringen, der Frieden, etwas Besonderes, Olympia, die Gegenwart (Singulariatantum).
Keinen Singular besitzen: die Olympischen Spiele (Pluraletantum).

4 *a/b) Mögliche Lösung (mit Reduktion von zwölf auf sechs Nennungen der „Olympischen Spiele"; Auslassungen sind durch ◆ gekennzeichnet):*
Zu Ehren des Göttervaters Zeus wurden die ***Olympischen Spiele*** *veranstaltet.* ***Sie*** *waren ursprünglich ein religiöses Fest und keine sportliche Veranstaltung wie ◆ heute. Der erste Tag ◆ war religiösen Zeremonien und dem Einziehen der Athleten, Schiedsrichter und Zuschauer in den heiligen Bezirk von Olympia gewidmet. Im Tempel des Zeus schworen alle Teilnehmer, sich an die Regeln der* ***Olympischen Spiele*** *zu halten. Damit die Teilnehmer sicher an- und abreisen konnten, herrschte während der* ***Spiele*** *eine heilige Waffenruhe.*
Sportarten der ***Olympischen Spiele*** *waren das Laufen, Ringen, der Faustkampf und das Pferderennen. Etwas Besonderes war der Wettstreit der Sänger und Dichter. Die Sieger bei den* ***Olympischen Spielen*** *bekamen einen Ölzweig. Der Ölzweig gilt heute noch als Zeichen des Friedens.*
Die ersten ***Olympischen Spiele*** *sind für das Jahr 776 v. Chr. überliefert, danach fanden* ***sie*** *alle vier Jahre statt. Den Zeitraum zwischen den* ***Spielen*** *nannten die Griechen „Olympiade". Nach diesen Olympiaden zählten sie die Zeit. Jeder kann selbst beurteilen, welche Bedeutung die* ***Olympischen Spiele*** *in unserer Gegenwart haben.*

5 *Die Personalpronomen „ich", „ich", „mich", „ich", „mich" bezeichnen den Kampfrichter. Für* ***leistungsstärkere*** *Schülerinnen und Schüler: Auch das Possessivpronomen „meiner" bezieht sich auf (die Ehre des) „Kampfrichter"(s).*

6 *Mögliches Tafelbild:*

Personalpronomen	Possessivpronomen	Demonstrativpronomen	Indefinitpronomen
ich, meiner, mich wir, uns	unserer	diesen	alle

. 185

Ballspiele und Verben in verschiedenen Zeiten

1 *a) Der Text ist eine Kultlegende, da er den Ursprung des Fußballspiels mit Gottheiten, Geistern verbindet und damit einen religiösen Bezug herstellt.*

b) ***Märchen*** *sind kürzere unterhaltende Prosaerzählungen von fantastischen, wunderbaren Begebenheiten. Sie sind frei erfunden, zeitlich und räumlich nicht festgelegt. Übernatürliche Mächte greifen in das Alltagsleben ein; redende Tiere, Pflanzen in Menschengestalt bzw. Menschen in Tier- oder Pflanzengestalt, Riesen, Zwerge, Drachen, Feen, Hexen, Zauberer gehören zum „Personal". Handlungen und Erscheinungen widersprechen oftmals den Naturgesetzen, sind aber innerhalb des Märchens glaubwürdig. Ethisch geht es um die einfache Weltordnung: Bestrafung des Bösen, Belohnung des Guten.*
Legenden *sind ursprünglich Erzählungen aus dem Leben eines/einer Heiligen, die im Gottesdienst verlesen wurden. Heute bezeichnet der Begriff auch religiös erbauliche, volkstümliche Erzählungen von Heiligen, Wundern oder Geschehnissen, besonders vom Verhalten glaubensstarker Menschen.*

2 *Diese Übung vertieft die im Band 7 (S. 189ff.) erarbeiteten Kenntnisse zur Funktion der Tempora.*
erzählt (Pr.), kamen (Pt.), gaben an (Pt.), sein (Inf.), suchen (Pr.), kamen (Pt.), hatte erfunden (Pq.), hatte gesucht (Pq.), bei(zu)bringen (Inf.)
legten an (Pt.), pflanzten (Pt.), erhielt (Pt.), bildete (Pt.), stand (Pt.), sich ausbreitete (Pt.), nahmen (Pt.), verließen (Pt.), verehrt (Pr.), durften spielen (Pt.), waren zugelassen (Pt.)
fegte (Pt.), harkte (Pt.), segnete (Pt.), bat (Pt.), stellten sich auf (Pt.), legte (Pt.), trat vor (Pt.), schlug (Pt.), musste bleiben (Pt.), war (Pt.), berührte (Pt.), geschah (Pt.); ist (Pr.), wird sich steigern (Fut.)

3 *Einleitungssatz im Präsens: allgemeingültig, Inhaltsangabe*
Z. 2–6: Präteritum als Tempus des Erzählens
Z. 6–10: Plusquamperfekt für Vorzeitigkeit
Z. 11–22: Präteritum als Tempus des Erzählens
Z. 22/23: Präsens für Zeitlosigkeit
Z. 24–38: Präteritum als Tempus des Erzählens
Z. 38–41: Präsens für Gegenwärtiges
Z. 41/42: Futur für Zukünftiges

4 a) Lösung:
*Der kleine Artus wird von Merlins Freund Antor erzogen, **nachdem** dieser das Kind seinen Eltern weggenommen hatte.*
*Merlin holt sich das Kind, **weil** er Artus' Vater mit einem Zauber geholfen hatte.*
*Dann stirbt der König ohne Erben, **sodass** das Land ohne Herrscher ist.*
*Merlin lässt ein Schwert in einen Felsen einschließen, **damit** ein Waffenzauber das Land rettet.*
*Artus kann das Schwert aus dem Stein ziehen, **obwohl** er noch ein Knabe ist.*
*Artus ist unbesiegbar, **weil** eine Nymphe ihm das Schwert Excalibur geschenkt hat.*
*Artus baut das Schloss Camelot, **als** seine Gattin einen mächtigen runden Tisch mit in die Ehe bringt.*
*An dieser Tafel treffen sich die Ritter, **wenn** sie in Camelot weilen.*
*Eines Tages erscheint ihnen der Gral in einem weißen Licht, **während** sie wieder in der Tafelrunde versammelt sind.*
*Jahrelang suchen die Ritter vergeblich nach dem Gral, **bis** drei Ritter ihn schließlich finden.*
*Am Ende bringt eine schwarze Barke den sterbenden Artus nach Avalon, **damit** er dort gepflegt wird.*
*Eines Tages wird Artus in sein Reich zurückkehren, **wenn** Merlin ihm Unsterblichkeit verleiht.*

b) *Der Vergleich der Lösungen wird vielleicht schon unterschiedliche Reihenfolgen von Haupt- und Nebensatz ergeben. Andernfalls kann der Tippkasten herangezogen werden, um die Aufgabe 5 vorzubereiten. Umstellproben sind wichtige Methoden der Textüberarbeitung.*

5 *Die Schülerinnen und Schüler sollten angehalten werden, nicht nur die korrekte Stellung des Prädikats in Haupt- und Nebensatz, sondern auch die Kommasetzung zu kontrollieren.*

6 a) *Beispiellösung: „All-age-Bestseller" sind Bücher etc., die über die Generationen hinweg gekauft werden.*

b) *Beispiellösung: „Bücher für jedes Lesealter" – Auch für andere Anglizismen können deutsche Bezeichnungen gesucht werden: Jeans, Kids, Bestseller.*

S. 18

7 a–c) *Anstelle der Satzbilder können die Konjunktionen farbig markiert und die Hauptsätze unterstrichen werden:*
***Weil** Jugendkult angesagt ist, wildern Erwachsene immer ungenierter in den Bücherkisten ihrer Kids. (NS, HS)*
*Die Bücherverlage melden, **dass** ältere Leser ein auffälliges Interesse an Jugendbüchern haben. (HS, NS)*
*„**Wenn** man die heutigen Verkaufszahlen betrachtet, stellt man fest, **dass** es so viele Jugendbuch-Bestseller noch nie gab", freut sich der Verkaufsleiter eines Verlages. (NS, HS, NS, HS)*
***Da** die Harry-Potter-Reihe einen sensationellen Erfolg hatte, gibt es mittlerweile Ausgaben für Jugendliche und Erwachsene. (NS, HS)*
*„Die fantastischen Geschichten zaubern den Alltag fort, **indem** sie Gut und Böse klar trennen und meist ein erlösendes Ende bieten. (HS, NS)*
***Wenn** im wahren Leben alles erklärt ist, sehnt man sich nach dem Unbekannten." (NS, HS)*
***Falls** diese Begründung stimmt, fliehen die Leser/-innen in Traumwelten. (NS, HS)*

S. 210

Fantasy-Romane – Subjekt-, Objekt- und Infinitivsätze

Nebensätze entsprechen oft einem Satzglied im übergeordneten Hauptsatz. So können *Subjekt-*, *Objekt-*, *Adverbial-* und *Prädikativsätze* unterschieden werden. *Infinitiv-* und *Partizipgruppen* sind nebensatzwertige Ausdrücke, sodass auch von *Infinitiv-* und *Partizipialsätzen* gesprochen wird.

1 a/b) *Aber mit diesem wirklich tollen Band hat es Joanne K. Rowling geschafft, dass ich mich ein weiteres Mal für Harry begeistert habe. Man erfährt von einigen Personen, dass sie ganz anders sind als gedacht. Andererseits finde ich es schön, dass ich meine Fantasie spielen lassen kann. Was es mit den „Heiligtümern des Todes" auf sich hat, war eine spannende Frage. Dass die Zauberschule nur selten erscheint, finde ich schade. Hermines Perlentasche bewirkte, dass ich einige Male lachen musste. Ich finde, dass „Die Heiligtümer des Todes" überhaupt nicht langweilig sind. Es ist traurig, dass „Die Heiligtümer des Todes" die großartige Harry-Potter-Reihe beschließen. Viele fragen sich jetzt, ob es vielleicht doch noch eine Fortsetzung geben wird. Interessant ist, wie die offenen Fragen schließlich beantwortet werden. Denn so bleibt offen, ob Harry, Ron und Hermine den Zauberschulabschluss schaffen. Aber ich kann mir nicht vorstellen, was da noch kommen könnte. Wie das Geheimnis um Snape gelöst wird, ist toll.*

2 *Siehe Aufgabe 1: Subjektsätze und Objektsätze sind durch verschiedene Unterstreichungen gekennzeichnet.*

3 *Ansprechende Klappentexte zu schreiben ist gar nicht so schwer. Hier einige Tipps, um Fehler und Missverständnisse zu vermeiden.*
Der Klappentext soll dazu verführen, das Buch zu kaufen. Er ist also ein Werbetext, keine Inhaltsangabe.
Einen möglichst kurzen Klappentext zu formulieren, musst du üben. Dazu empfiehlt es sich, überflüssige Wörter zu streichen. Denn es ist das Ziel, die Informationen schnell zu entnehmen:
Ein Klappentext muss vor allem leicht verständlich sein. Deshalb ist es sinnvoll, Fremdwörter und komplizierte Sätze zu vermeiden.
Denke daran, Neugier zu wecken! Versuche die Lesenden in das Buch „hineinzuziehen". Eine Kunst ist es, Einzelheiten zwar anzudeuten, aber nicht alles zu verraten. Diese Tipps können dir helfen, eine gute Klappentextschreiberin bzw. ein guter Klappentextschreiber zu werden.

212 *Cornelia Funke*

Tintenherz (Auszug: Staubfinger)

4 *Meggie musste bloß die Augen schließen, um ihn zu hören. Meggie setzte sich auf, um sich die Müdigkeit aus den Augen reiben und das Buch unter dem Kopfkissen hervorziehen zu können. Mo hatte ihr verboten, nachts Kerzen anzuzünden. Aber Meggie liebte es, bei Kerzenlicht zu lesen. Sie kniete sich vor das regennasse Fenster, um hinausblicken zu können. Reglos stand er da, die Arme um die Brust geschlungen, um wenigstens auf diese Weise sich etwas wärmen zu können. Meggie konnte sich nicht erinnern, diesen Namen je gehört zu haben. Meggie glaubte, einen kleinen pelzigen Kopf über der Schulter des Fremden gesehen zu haben. Für einen Augenblick dachte sie daran, sich verstecken zu sollen. Aber sosehr Meggie sich auch Mühe gab, etwas Unheimliches an dem Fremden entdecken zu können, sie fand nichts.*

5 *In den meisten Fällen wirken Infinitivsätze, vor allem im Vergleich zu Nominalisierungen, leichter und eleganter.*

Zusatzaufgabe zum Gebrauch von Infinitivsätzen:

1 *Formuliert eigene Schreib- oder Lerntipps. Verwendet dabei Infinitivsätze. Achtet auf die Kommas.*
Um in Chemie besser zu werden, sollte man ...

Hilfreiche Formulierungen:

raten	empfehlen	üben	versuchen	vorschlagen
, um ... zu	, statt ... zu	, ohne ... zu		, als ... zu
ist es wichtig,	kommt es darauf an,	ist es hilfreich,	muss man darauf achten,	

213 **„Tintentod" – Attribute und Relativsätze**

Relativsätze beziehen sich auf einen Bestandteil des übergeordneten Satzes durch ein Relativpronomen (*der, die, das; wer, was*) oder ein relatives Adverb (*wie, wo, womit*). Das Relativpronomen steht am Anfang des Nebensatzes, es sei denn, der Relativsatz muss mit einer Präposition angeschlossen werden (*Das Haus,* ***in*** *dem sie ihre Kindheit verbracht hatte ...*).
Neben der Erarbeitung grammatischer Kenntnisse und Fertigkeiten geht es in diesem Kapitel auch um die Anwendung der *Erweiterungsprobe* als einer Methode der Textüberarbeitung.

1 *a) Der Duden gibt für „boomen" keine deutsche Bezeichnung an; möglich sind jedoch „blühen, gedeihen, sich ausdehnen, stark wachsen".*

2 *Der Satz wird durch Streichen der Attribute nicht nur weniger klar, sondern sogar unverständlich (s. Merkkasten).*

12.1 Aus Forschung und Technik – Tipps zum Rechtschreiben

S. 217

Gas in der Flamme – Typische Fehler entdecken

3 *b) Mögliches Tafelbild:*

Nominalisierung (4 Fehler)	*s-Laut (3 Fehler)*	*Getrenntschreibung (2 Fehler)*	*ähnlich klingende Laute (1 Fehler)*
beim Rollen *zum Entzünden* *beim weiteren Erhitzen* *das Aufsteigen*	*flüssigen* *heiße* *äußere*	*hoch halten* *leicht entzünden*	*Erwärmung*

S. 218

Flug zum Mars – Mit einem Fehlerbogen arbeiten

Mithilfe des Fehlerbogens können die Schülerinnen und Schüler eine Art Statistik über ihre persönlichen Fehlerschwerpunkte führen, die Fehler analysieren und einen Trainingsplan erstellen. Siehe hierzu die **Kopiervorlagen** „Einladung zur Bücherparty", S. 219, „Physik zum Anfassen", S. 220 mit Fehlerbogen, S. 221.

1 *b) Als Lösungsweg bietet sich eine Dreisatzrechnung an. Der aktuelle Wechselkurs kann einer Tageszeitung oder dem Internet entnommen werden:*
1 US-Dollar = 0,7828 € (Tageswechselkurs vom 11. 11. 2008)
410 000 000 x 0,7828 = 320 948 000
Lösung: 410 Mio. US-Dollar entsprechen nicht ganz 321 Mio. Euro.

S. 221

Protokoll, protokollieren ... – Eine Rechtschreibkartei anlegen

1 *Die Karteikarten sind getrennt nach den Wortarten „Nomen", „Verb" und „Adjektiv" angelegt.*
***das Protokoll:** Nomen, Kompositum, Ableitung (Singular und Plural), Verb im Infinitiv, Trennungsmöglichkeiten, Anwendungsbeispiel*
***brennen:** Verb im Infinitiv, Konjugationsbeispiel in der 3. Person Singular, Adjektiv und Partizip Präsens, Nominalisierung von „verbrennen" (Singular und Plural), Trennungsmöglichkeiten, Anwendungsbeispiel*
***geduldig:** Adjektiv in Grundform, Komparativ und Superlativ, als flektiertes Attribut (Nominativ Plural), reflexive Form des Verbs im Infinitiv, Nomen, Anwendungsbeispiel*

S. 222

Energie sparen – Mit der Rechtschreibprüfung am PC

2 *Die elektronische Rechtschreibprüfung reagiert nicht, sie zeigt keine fehlenden Kommas an.*

3 *Mögliches Tafelbild:*

Fehlerhafte Texteingabe	*Reaktion des PC*
... nur reagieren Viele Deutsche autohersteller falsch ... (Z. 5 f.)	*„autohersteller" wird von der Rechtschreibprüfung angezeigt, da Nomen immer großgeschrieben werden; die beiden anderen Fehler werden nicht markiert.*
... Das Drei-Liter-Auto ist Standart (Z. 18 f.)	*Keine Fehlermarkierung bei „Standart" durch den PC.*
... immer mehr Menschen benutzen Buße und Bahnen (Z. 19 f.)	*Keine Fehlermarkierung bei „Buße" durch den PC.*
... das ausschalten von Stand-by-Geräten (Z. 22 f.)	*Das Fremdwort „Stand-by" wird – obwohl richtig geschrieben – markiert, die fehlerhafte Kleinschreibung des nominalisierten Verbs hingegen wird nicht angezeigt.*

S. 223

Klamotten unter Hochspannung – Wortbildung groß- oder kleingeschrieben

1 *Unter „smart" (engl.) kann man „schick" oder „flott" verstehen. Mit „Haute Couture" (franz.) bezeichnet man die kunstvoll eleganten Erzeugnisse berühmter Modeschöpfer oder Modehäuser.*

2 *Mögliches Tafelbild:*

-nis, -tum, -keit, -ung, -heit, -schaft, -ling	-bar, -sam, -lich, -ig
Möglichkeit, Kleidung, Ideenreichtum, Säugling, Krankheit, Verbindung, Hindernis, Mannschaft	verlässlich, sorgsam, winzig, unscheinbar, tauglich, nützlich, künftig

S. 224

Fahrrad statt Auto – Verlängerungsprobe

1 *Haushal**t**, Gra**d**, Fahrra**d**, Politi**k**, ständi**g**, Flugzeu**g**, Auslan**d**, Urlau**b**, Ra**t**, Umwel**t**, wichti**g***

S. 225

Gepäckkontrolle für Ängstliche – Ableitungsprobe

2 *Im Text „Metall blau, Geld orange" fehlen die **ä**.*

S. 226

Notizen machen oder lesen lassen? – Getrenntschreibung

2 *Mögliches Tafelbild:*

Verb + Verb	Nomen + Verb	Adjektiv + Verb
lesen lassen schätzen lernen merken müssen	(in die) Hand nehmen Angst haben Bücher lesen Notizen machen Texte auswerten Zeitungen archivieren	mühsam lesen schnell lesen häufig lesen

S. 227

Ein riesiges Lasergerät – *s*-Laute

3 *Durch **welches** lässt sich ersetzen: Industriegebiet, **das** ...; Lasergerät, **das** ...*
*Durch **dies** lässt sich ersetzen: **das** heißt ... Dass **das** einzigartig ist ...; **das** freut ...; **Das** könnte ...*
*Bei **dass** ist keine Ersatzprobe möglich.*

4 *einrichten, **dass** ihr ...; **Dass** der Naturforscher ...; **das** wisst ihr ...; Das Verhalten der Gänseküken, **das** sich ...*

S. 228

Praktikumtipps – Fremd- und Fachwörter

2 *Man**ie**ren, positi**v**e, Schula**k**te, Int**e**resse, int**e**ressant, akti**v**, Ko**ll**egen, Atmos**ph**äre, niv**eau**volle, positi**v**, Engage-ment; Scan**n**er, Fol**ie**n, Präsenta**t**ion, Praktikumspräsenta**t**ion, B**ea**mer*

5 *a/b) Die kursiv gedruckten Wörter gehören zum Fachgebiet „Computer" und stammen zum größten Teil aus der englischen Sprache.*

6 *Verbessert werden müssen die Fachwörter: Bildnachwei**s**, Fu**ß**note, Ko**mm**entar, Bibliographi**e**, Ko**rr**ektur, Glo**ss**e, Lizen**z**vertrag. Die Bedeutung der Wörter schlagen die Schülerinnen und Schüler in einem Wörterbuch nach.*

Ihr solltet öfter spazieren gehen (Verb + Verb), weil das gesund ist. (Adjektiv + sein)
Wenn man Tiere im Zoo gefangen hält ... (Partizip + Verb)
S. 231
Sie müssen die Teile getrennt schicken (Partizip + Verb), damit bei einem Verlust nicht alles verloren ist. (Partizip + sein)
Diese Methode werdet ihr noch richtig lieben lernen ... (Verb + Verb)
Mit gutem Leim wird die Tapete wohl kleben bleiben. (Verb + Verb)

3 a) *Zum Beispiel: richtig schreiben, schnell nehmen, ruhig sprechen, langsam gehen*

S. 232

4 *Die Eltern werden erst nach Mitternacht* ***zurück sein.***
Ich freue mich schon auf die Feier. Ich würde pünktlich ***da sein.***
Mit den Freunden werden sie noch lange ***zusammen sein.***
Wann wird das Essen endlich ***fertig sein?***
Wie kann man nur so ***ausgelassen sein?***

S. 241

Das Beunruhigende am Internet – Nominalisierung

2 a/b) *Die Nominalisierungen: Das rasante Wachsen; Das Verbrauchen; das Belasten; das Ausstoßen; Das Gründen; das Anweisen*

3 a) *Der Verbrauch; die Belastung; die Gründung*

4 a/b) *Es handelt sich um nominalisierte Adjektive. Erkennungszeichen ist meist ein Begleiter (siehe Tippkasten im Schülerband, S. 235).*

S. 234

5 *Das Beängstigende; etwas Erschreckendes; im Großen und Ganzen; das Bemerkenswerte; das Bedrückende; unser Bestes; die Jüngeren*

S. 243

Kindheit ohne Worte – Kommas setzen

2 *Beispiellösung:*
S. 236
Wolfskinder
Besonders früher erregten immer wieder Geschichten von Kindern Aufsehen, ***weil*** *sie vernachlässigt oder ausgesetzt wurden. Man nannte sie „Wolfskinder“,* ***da*** *sie angeblich von Wölfen, Affen, Gazellen, ja sogar von Panthern aufgezogen wurden. Als erstes „Wolfskind“ der Moderne erregte in Frankreich um das Jahr 1800 Victor von Aveyron die Aufmerksamkeit der Gelehrten,* ***während*** *wenige Jahre später in Deutschland Kaspar Hauser aufgefunden wurde. Die wichtigste Frage der Wissenschaftler war um 1800 die Frage nach dem Charakter,* ***bevor*** *der Erwerb der Sprache zweihundert Jahre im Vordergrund stand.*
Einige Psychologen und Sprachwissenschaftler vertreten die Meinung, ***dass*** *Sprache nur in ganz bestimmten Entwicklungsphasen des Kindes erworben wird. Die Amerikanerin Susan Curtiss bestätigte diese Annahme,* ***nachdem*** *sie ein Mädchen untersucht hatte, das bis zum 13. Lebensjahr in völliger Isolation gelebt hatte. Ihre Forschung ergab eine Unterwicklung der „sprachlichen“ linken Hirnhälfte,* ***während*** *die „logische“ rechte Hirnhälfte gut ausgebildet war. Tests ließen den bedeutsamen Schluss zu,* ***dass*** *das Mädchen versuchte, die Sprache in der falschen, rechten Hirnhälfte zu verarbeiten.*

3 a–b) *Die Zusammenfassung der Geschichte von Kaspar Hauser sollte etwas ausführlicher sein, damit sie anschließend in einen Text mit mehreren Satzgefügen umgearbeitet werden kann. Die Bearbeitung kann in Gruppen erfolgen, die ihre Satzgefüge nach der Methode von Seite 259, Aufgabe 2 auf Papierstreifen schreiben, die Nebensätze abtrennen und die Hauptsätze mit Großbuchstaben, die Nebensätze mit Ziffern versehen. Die jeweils andere Gruppe muss die Satzgefüge – evtl. mit Zeitvorgabe – wiederherstellen.*

4 *Die Ergebnisse aus dieser Aufgabe können als Lerntipps auf einem Plakat festgehalten und im Klassenzimmer ausgehängt werden.*

.244 Die Blumenuhr – Stunden und Tageszeiten

2 *Mögliches Tafelbild:*

Tageszeit	*Uhrzeit*	*Blume*
nachts	*halb vier*	*Wiesenbocksbart*
mittags	–	–
morgens	*um fünf*	*Kürbis und Klatschmohn*
an diesem Morgen	–	–
–	*kurz vor sechs*	*Disteln, Zaunwinde, Seerose und Ringelblume*
–	*um sieben*	*Habichtskraut und Ackergauchheil*
–	*um acht Uhr*	*Stockrose und Malve*
am Vormittag	*gegen zehn*	*fast alle Blumen*
zum Mittag	–	–
von morgens bis zum Nachmittag	–	–
am Abend	–	–
abends	*ab sechs*	*Nachtkerzen und Taglilien, Lilie und Engelstrompete*

3 *Am Montagnachmittag, mittwochs früh, gegen Abend, am frühen Freitagmittag, sonntagmorgens, immer dienstags, Samstagnacht, spät abends*

.245 www.Berufe.de – Fremd- und Fachwörter

4 *b) Mögliches Tafelbild:*

-age	*-ion*	*-ieren*	*-eur*	*-iv*
Montage	*Situation*	*kassieren*	*Dompteur*	*informativ*
Blamage	*Interaktion*	*passieren*	*Monteur*	*massiv*
Sabotage	*Information*	*charakterisieren*	*Souffleur*	*objektiv*
Reportage	*Kooperation*	*analysieren*	*Couleur*	*relativ*
	Integration	*massieren*	*Jongleur*	*kommunikativ*
	Addition	*garnieren*	*Masseur*	*kreativ*
	Dekoration		*Friseur*	
	Negation			

c) Dompteuse, Monteurin, Souffleuse, Jongleurin, Masseurin, Friseuse/Friseurin

.246 Was macht ein/e Elektroniker/in?

1 *a/b) Für die Begriffsfindung zum Thema „Elektronik" kann ein Wörterbuch verwendet werden. Sehr gut geeignet zur Zusammenstellung von Fachwörtern und ihre Verwendung in sinnvollen Sätzen ist die Internetseite „Beruf, Bildung, Zukunft" der Agentur für Arbeit http://infobub.arbeitsagentur.de/bbz/modul3/modul_3.html.*

2 *a) Elektroniker/-innen der Fachrichtung Energ**ie**- und Gebäudetechni**k***
- *Konzipieren Systeme der Energ**ie**versorgung und Geb**äu**detechnik*
- *Installieren Bel**eu**chtungssysteme, elektrische Antr**ie**be sowie Schalt-, Steuer- und Regeleinrichtungen und nehmen sie in Betrie**b***
- *Installieren und konfigur**ieren** Kommunika**tion**sanlagen und Daten-Ne**tz**e*
- *Mont**ieren** dezentrale Energ**ie**versorgungsanlagen und Notstromger**ä**te und nehmen sie in Betr**ie**b*

Physik zum Anfassen

Kann man auch in unseren Breiten Spiegeleier auf dem Solarkocher zubereiten? Wie viel Energie braucht man zum Teekochen? Und wie funktioniert eigentlich eine Brennstoffzelle? Die fossilen Energieträger gehen zur Neige. – Es gilt, nachfolgende Generationen auf eine veränderte Energiezukunft vorzubereiten. Im Schul-LAB in einer Schule in Hannover lernen Kinder und Jugendliche in anwendungsorientierten und spannenden Experimenten, wie man sinnvoll mit Energie umgeht. Nach den Tests im Labor werden die größeren Anlagen erkundet: eine solare Warmwasserversorgung für die Schulküche, eine „Solartankstelle" für kleine Elektrofahrzeuge, die 240-W-Windenergie-Anlage sowie eine 5-kW-Fotovoltaik-Anlage. Das Energielabor ist das Ergebnis langjähriger Arbeit engagierter Physiklehrer/-innen. Das Schul-LAB wird unterstützt vom niedersächsischen Kultusministerium, der Stadt Hannover und der Industrie. Und ja, man kann auch hierzulande Spiegeleier mit Sonnenenergie braten.

(www.schul-LAB.de, aus: 365 Ideen aus Deutschland, die jeder kennen sollte. Hg.: Land der Ideen – FC Deutschland. Berlin 2007, S. 182; gekürzt)

1 *a) Diktiert euch den Text gegenseitig (Partnerdiktat).*
b) Korrigiert eure Texte gegenseitig und verbessert eure Fehler, indem ihr die richtigen Wörter an den Rand schreibt.
c) Ordnet nun auf dem Fehlerbogen eure Fehler der jeweiligen Fehlerart zu.
d) Was könnt ihr gegen eure Fehler tun? Notiert Tipps in die dritte Spalte des Fehlerbogens.

2 *a) Stell dir vor, du sollst am Tag der offenen Tür in der Schule ein Experiment demonstrieren. Dazu fertigst du vorher eine Versuchsbeschreibung an (vgl. „Gas in der Flamme", Deutschbuch 8, S. 217 f.). Achte bei der Erstellung der Beschreibung besonders auf folgende Fehlerschwerpunkte: Nominalisierung, s-Laut, Getrenntschreibung, ähnlich klingende Laute.*
b) Überprüfe gemeinsam mit deiner Partnerin/deinem Partner die Rechtschreibung.
c) Überarbeitet gemeinsam eure Versuchsbeschreibung.

KOPIERVORLAGE

Fehlerbogen

Fehlerart	Beispiele	Was du gegen solche Fehler tun kannst
1 Groß- und Kleinschreibung Nomen nominalisierte Verben nominalisierte Adjektive Tageszeiten, Wochentage und Uhrzeiten		Artikelprobe / Pluralprobe anwenden. Typische Nomenendungen beachten. Auf Begleiter achten. Auf Endungen achten: *-s* Auf Nomensignale achten. Regeln beachten.
2 Fremd- / Fachwörter		Im Wörterbuch nachschlagen.
3 Getrenntschreibung Verb + Verb Nomen + Verb Adjektiv + Verb Verbindungen mit *sein*		Wortarten und Regeln beachten. Im Wörterbuch nachschlagen.
4 Gleich und ähnlich klingende Laute ***d*** und ***t*** ***g*** und ***k*** ***v*** und ***f*** ***ä*** und ***e*** ***äu*** und ***eu***		Ist „En**d**e" beteiligt? Verlängerungsprobe machen. Präfix *ver-* einprägen. Verwandte Wörter mit **a** bzw. **au** suchen.
5 *s*-Laut		Auf „stimmhaft" und „stimmlos" achten. Auf den langen Vokal davor achten. Auf den Diphthong davor achten. Auf den kurzen Vokal davor achten.
6 *das – dass*		Die Ersatzprobe mit *welches* machen.
7 Komma in Satzreihen im Satzgefüge beim Infinitivsatz		Auf „Komma-Wörter" wie *denn, doch, aber* achten. Auf Haupt- und Nebensatz mit einleitender Konjunktion achten. Regeln beachten.

13 Schönheit und Glück – Lesen mit Methode

Konzeption des Gesamtkapitels

Schönheit und Glück bilden den inhaltlichen Schwerpunkt dieses Kapitels – Themen, die den Interessen der Schülerinnen und Schüler in dieser Klassenstufe in hohem Maß entsprechen und große Motivation für die Erarbeitung erwarten lassen. Literarische Texte und Sachtexte zu unterschiedlichen Aspekten wie François Lelords Erzählung „Hectors Reise oder die Suche nach dem Glück", die Kurzgeschichte „Bin ich schön?" von Doris Dörrie und verschiedene Zeitungsartikel bilden die Grundlage für die Auseinandersetzung mit diesen Themen. Das Kapitel verbindet zwei methodische Schwerpunkte der Texterschließung: den Umgang mit unterschiedlichen Aufgabenformaten sowie das Lesen. Ein wichtiger Aspekt ist die Reflexion der Lernprozesse.
Im ersten Teilkapitel **(„Schönheit vergeht – Informationen entnehmen und bewerten")** lernen und üben die Schülerinnen und Schüler, Texte zu erschließen, Schlüsselwörter und zentrale Aussagen zu erkennen, Informationen gezielt aus Texten zu filtern, eine eigene Stellungnahme zu entwickeln und zu begründen. Sie reflektieren ihre Verfahren der Texterschließung und -bewertung.
Im zweiten Teilkapitel **(„Supermodels – Testaufgaben selbst entwerfen")** werden sich die Schülerinnen und Schüler der unterschiedlichen Arten der Aufgabenstellung bewusst: Multiple-Choice-, Richtig-Falsch- und Einsetz-Aufgaben, Kurzantwort- und Zuordnungsaufgaben werden an literarischen Texten und Sachtexten gezeigt und trainiert. Im Sinne einer vertieften Reflexion über Lernprozesse entwickeln die Schülerinnen und Schüler selbstständig Testaufgaben unterschiedlicher Formate. Dabei stehen wieder die drei Bereiche „Informationen ermitteln", „die Textaussage erkennen" und „den Text bewerten" im Mittelpunkt.
Das dritte Teilkapitel **(„Bin ich schön? – Lesetraining")** trainiert drei Lesestrategien: das gezielte Lesen, das überfliegende Lesen und das intensive Lesen. Die Schülerinnen und Schüler lernen, Lesestrategien zielorientiert auszuwählen. Gleichzeitig schulen sie durch ein systematisches Lesetraining das konzentrierte Lesen und erhöhen die Lesegeschwindigkeit. Am Beispiel des „intensiven Lesens" erfahren die Schülerinnen und Schüler, wie sie durch planvolles Vorgehen bereits nach kurzer Zeit in der Lage sind, das Gelesene zu rekonstruieren und wiederzugeben.

Literaturhinweise

Buzan, Tony: Speed Reading. Schneller lesen – mehr verstehen – besser behalten. Frankfurt a. M. 2005

Fix, Martin/Jost, Roland (Hg.): Sachtexte im Deutschunterricht. Baltmannsweiler 2005

Kammler, Clemens (Hg.): Literarische Kompetenzen – Standards im Literaturunterricht. Seelze 2006

Klute, Wilfried: Sachtexte erschließen. Berlin 2006

Köster, Juliane: Bildungsstandards und Lesekompetenz. In: Gottlieb Gaiser / Siegfried Münchenbach (Hg.): Leselust dank Lesekompetenz. Donauwörth 2006

Literarisches Lernen. Praxis Deutsch 200 / 2006

Sachbücher und Sachtexte lesen. Praxis Deutsch 189 / 2005

Standards Lesekompetenz. Deutschunterricht 5 / 2005

Zur neueren Methodendiskussion

Becker-Mrotzek, Michael/Böttcher, Ingrid: Schreibkompetenz entwickeln und beurteilen. Berlin 2006

Brenner, Gerd/Brenner, Kira: Fundgrube Methoden I u. II. Cornelsen Scriptor, Berlin 2006 u. 2007

Green, Norm/Green, Kathy: Kooperatives Lernen. Kallmeyer, Seelze 2005

Kooperatives Lernen. Praxis Deutsch 205/2007

	Inhalte	Kompetenzen
S. 247	**13.1 Schönheit vergeht – Informationen entnehmen und bewerten**	Die Schülerinnen und Schüler können – Fremdwörter aus dem Kontext erschließen – Schlüsselwörter und die Kernaussage eines Textes erkennen – Textabschnitte zusammenfassen und mit einer Überschrift versehen – einem Text Informationen entnehmen und diskursive Umformungen begründet erkennen – ein Thema reflektieren und begründet Stellung nehmen – Sachtexten Argumente entnehmen und mit diesen eine begründete eigene Position entwickeln – Begriffe auf einer Wandzeitung veranschaulichen
S. 248	**Die Schöne und das Glück – Einen literarischen Text verstehen**	
S. 248	*François Lelord* Hectors Reise oder die Suche nach dem Glück	
S. 251	**Das Glück unter dem Skalpell – Einen Sachtext erfassen**	
S. 252	*Danielle Finkelstein* Das Glück liegt unter dem Skalpell	
S. 255	**13.2 Supermodels – Testaufgaben selbst entwerfen**	– unterschiedliche Aufgabenformate erkennen, kritisch untersuchen, selbst entwerfen und zielgerichtet verwenden – die Qualität von Aufgabenstellungen bewerten und so Expertenwissen ausbilden – sich durch das Entwerfen von Musterlösungen mit einem Text intensiv auseinandersetzen
S. 255	*Chloë Rayban* Models – Auf dem Weg zum Ruhm	
S. 258	*Gerret von Nordheim / Benedikt Borchers* Barbie beim Gesundheits-Check	
S. 261	*Jochen Siemens* Helena blickt nach vorn	
S. 262	**13.3 Bin ich schön? – Lesetraining**	– unterschiedliche Lesetechniken (überfliegendes Lesen, gezieltes Lesen, intensives Lesen) zielgerichtet an Beispieltexten anwenden – zwischen zentralen und unwesentlichen Informationen unterscheiden – durch Markierungen und Randnotizen wesentliche Informationen eines Textes ermitteln – durch Blicksprünge Ziel- oder Schlüsselwörter eines Textes erfassen – die Lesetechnik „überfliegendes Lesen" für eine Materialrecherche trainieren
S. 262	**Schönheit per Mausklick? – Gezieltes Lesen**	
S. 262	*Jörg Isert* Im digitalen Jungbrunnen	
S. 264	**Vor dem Spiegel – Intensives Lesen**	
S. 264	*Doris Dörrie* Bin ich schön?	
S. 265	**Überfliegendes Lesen – Für ein Autorenporträt**	
S. 266	*Malte Hagener* Doris Dörrie	

13.1 Schönheit vergeht – Informationen entnehmen und bewerten

S. 247

Auftaktseite

Die Abbildungen zu den Themen „Schönheit" und „Glück" werden durch Zitate und Definitionen ergänzt, sodass sich den Schülerinnen und Schülern ein breites Spektrum von Meinungen und Assoziationen zu diesen Begriffen eröffnet.

1 *Die Schülerinnen und Schüler sollen in Form einer Wandzeitung ihre Vorstellungen von Schönheit und Glück zu Papier bringen. Hierbei gibt die Auftaktseite einerseits bereits wesentliche Hilfen; sie wirft aber auch Fragen auf, die zum arbeitstechnischen Thema des Kapitels führen: Wie lese und verstehe ich die jeweiligen Materialien? Was wird dort eigentlich dargestellt? Brauche ich noch weitere Hilfestellungen, um die Materialien vollständig zu verstehen?*
Anregung: *Der Arbeitsauftrag kann bereits einige Tage vor Beginn der Unterrichtssequenz in Auftrag gegeben werden, sodass die Schülerinnen und Schüler eigene Bilder, Zitate etc. suchen und diese Materialien dann in Gruppenarbeit zu einer Wandzeitung zusammenstellen können. Ferner sollten Hilfsmittel wie Lexika, Wörterbücher, evtl. Internetzugang zur Verfügung stehen, um spontan auftretende Fragen lösen und Ideen realisieren zu können.*

S. 248

Die Schöne und das Glück – Einen literarischen Text verstehen

S. 248

François Lelord

Hectors Reise oder die Suche nach dem Glück

1 *Die Vermutungen könnten dahin gehen, dass es sich um ein orientalisches Land, ein Land im Osten, handelt: Urlaubsland, Berge, auf denen Kräuter wachsen, die man rauchen kann (Drogen, Tabak) – hierfür müssen die klimatischen Voraussetzungen gegeben sein (Z. 5–8); ein großes Nachbarland, das ein Paradies auf Erden (Kommunismus) schaffen wollte, hatte es überfallen (Z. 12–14); das Land ist oft im Kriegszustand, Soldaten aus allen Ländern der Welt (UNO, Blauhelme) kommen, um Ordnung zu schaffen; in ihrem Land ist Champagner (Alkohol) verboten (Islam), es gibt nur schlechten Wodka, den die besiegten Soldaten zurückgelassen haben (Z. 113–117).*

2 ***Ist Djamila schön?*** *– „Nach ihrem Passfoto war sie eine sehr schöne Frau gewesen" (Vorspann). – „... lächelte sie zum ersten Mal, und Hector erkannte die Djamila wieder, die er auf dem Foto im Reisepass gesehen hatte" (Z. 56ff.).*
Wie ist ihr Gesundheitszustand? *– starke Kopfschmerzen (Vorspann); Operationsprotokoll, ... das nicht sehr gut aussah (Z. 37ff.); muss sich ausstrecken (Z. 45ff.); Kopfweh (Z. 46); Zustand beobachten (Z. 48); zu dritt halfen sie Djamila aufzustehen (Z. 50f.); Kopfschmerzen vergehen nicht (Z. 61, 73); Kopf tue ihr wieder ein bisschen mehr weh (Z. 93f.).*
Was ist für sie Glück? *– Dass ihr Land eine bessere Zukunft haben würde; ihre Brüder sich nicht im Krieg erschießen lassen müssten, die Kinder in die Schule gehen, in die Ferien fahren und später einen Beruf ergreifen könnten (Z. 80–89); Hector bemerkte, dass sie nicht von ihrem eigenen Glück sprach, sondern von dem der anderen, der Leute, die sie liebte (Z. 90–92).*
Wie kümmert sich Hector um Djamila? *– Hector wird gerufen (Vorspann); er liest das OP-Protokoll (Z. 37f.); er kümmert sich um sie (Z. 39f.); er organisiert einen neuen, bequemeren Sitzplatz (Z. 43ff.); beobachtet ihre Pupillen (Z. 67); Hector spricht mit dem Piloten (Z. 96ff.); das Flugzeug fliegt tiefer, er spricht mit ihr (Z. 100ff.).*
Was denkt er über Glück? *– Seine letzte Lehre: „Glück ist, wenn man richtig feiert" (Z. 120f.); Lektion Nr. 17: „Glück ist, wenn man an das Glück der Leute denkt, die man liebt" (Z. 131f.).*

3 *Diese Aufgabe eignet sich für Gruppenarbeit (2 oder 5 Gruppen); die Ergebnisse werden im Plenum zusammengetragen. Der Arbeitsauftrag leitet zur detaillierten Untersuchung eines literarischen Textes an und zeigt zugleich, wie mit fortschreitender Erzählung das Bild einer Figur, einer Persönlichkeit, mit ihren Fähigkeiten, Wünschen und ihrer ganz persönlichen Art, die Welt zu sehen, vor den Augen des aufmerksamen Lesers entwickelt wird.*

4 *Überschriften, geordnet nach Romanabschnitten:*

Z. 1–10: Djamilas Herkunft
Z. 11–33: Djamilas Land
Z. 34–68: Hector kümmert sich um Djamila
Z. 69–79: Djamilas und Hectors Reiseziel
Z. 80–93: Djamilas Vorstellungen vom Glück
Z. 93–108: Wie Hector Djamila zum Lachen bringt
Z. 109–132: Was Hector von Djamila über das Glück lernt

5 *Die Entwicklung Djamilas und ihres Landes in Form einer Tabelle:*

Djamila	schön (Z. 1)	OP-Protokoll nicht sehr gut (Z. 39)	Kopfweh (Z. 46)	Flughöhe wird geändert (Z. 95 ff.)	Hector bringt sie zum Lachen (Z. 107)	Keine Kopfschmerzen mehr/ Schlaf (Z. 124 f.)
Heimat	schön (Z. 3)	Krieg (Z. 11)	bösartiger Abszess (Z. 19)	Besserung durch große Armee (Z. 30)	Fremde schaffen Ordnung (Z. 32)	Hoffnung (Z. 33)

6 *Mögliche Antworten: Hector hört zu; er lenkt sie ab; er kümmert sich intensiv um Djamila; er heitert sie auf; nimmt sie ernst; Hector trinkt ein Glas Champagner mit Djamila etc.*

7 *Siehe Aufgabe 2: Was ist für sie [Djamila] Glück? – Textstellen Z. 80–89 und 90–92: „Hector bemerkte, dass sie nicht von ihrem eigenen Glück sprach, sondern von dem der anderen, der Leute, die sie liebte." Zum Thema Glück siehe die* ***Kopiervorlage*** *„‚Glück' steht auf dem Stundenplan – Einen Zeitungsartikel lesen und hinterfragen", S. 231 (Lösungen siehe S. 236 ff. und CD-ROM).*

8 *Vorgehensweise entsprechend den Arbeitsaufträgen: Textverständnis prüfen – Markierungen setzen – Abschnitte durch Überschriften gliedern – Entwicklung grafisch darstellen – zentrale Aussagen des Textes erläutern*

9 *Der Text ist aus der Perspektive eines „allwissenden Erzählers" geschrieben (auktoriales Erzählen).*

251

Das Glück unter dem Skalpell – Einen Sachtext erfassen

Die Schülerinnen und Schüler haben gewiss Vorkenntnisse in Bezug auf das Thema. Viele Zeitschriften und Fernsehsendungen berichten darüber und viele Jugendliche beschäftigen sich gerade in diesem Alter mit ihrem eigenen Körper. Das Alter der Patienten, die eine Schönheitsoperation durchführen lassen, wird immer jünger.

252

Danielle Finkelstein

Das Glück liegt unter dem Skalpell ...

1 *Die verschiedenen Aspekte lassen sich in einem Cluster entweder an der Tafel oder auf einem großen Transparent zusammentragen. Hier können auch bereits Schwerpunkte für anschließende Untersuchungen gesetzt werden. Ebenso werden Aspekte, die für eine spätere Stellungnahme interessant sind, angesprochen.*

3 *Es wird keine Personengruppe ausschließlich angesprochen: Adressaten des Sachtextes sind schwerpunktmäßig alle am Thema „Schönheits-Operation" Interessierten. Der Sachtext enthält viele grundsätzliche Informationen, aber auch bereits Argumente, die für oder gegen Schönheitsoperationen – besonders im Fernsehen – sprechen.*

4 *Zentrale Aussage: Der „Schönheitswahn" ist ein Phänomen unserer Tage.*
Textstellen: „... haben Tradition" (Z. 4); „... Trend der öffentlichen Schönheits-OPs ... etabliert" (Z. 28 f.); „... fast so normal wie der Gang zum Bäcker" (Z. 33 f.); „... in jedermanns Bewusstsein einbrennen" (Z. 42); „... es ist Zeit, einen ... Mentalitätswandel unaufgeregt anzuerkennen" (Z. 53–55)
In der zentralen Aussage enthaltener wichtiger Aspekt: Schönheitsoperationen im Fernsehen sind höchst problematisch. – Ohne die Verbreitung durch die Medien wäre es vielleicht nicht zu diesem allgemeinen Trend gekommen.
Textstellen: „Kaum hat sich der Trend der öffentlichen Schönheits-OPs in Deutschland etabliert, erntet er schärfste Kritik" (Z. 28–30). Aber: „... es ist Zeit, einen längst vollzogenen Mentalitätswandel [...] anzuerkennen."

5 *Gedankengang des Textes als Flussdiagramm (Tafelbild):*

Kompletterneuerungen im TV früher, heute
↓
Ummodellierungen für Menschen, die mit ihrem Aussehen unzufrieden sind
↓
Schönheitsoperation mit Schulung im Styling und psychologischer Hilfe
↓
Schönheits-OPs werden zur Normalität
↓
OPs entsprechen dem Schönheitsideal und dem Wunsch nach Erfolg
↓
Schönheits-OPs im Fernsehen sind nicht verwerflich, sie entsprechen dem Zeitgeist

S. 253

Ästhetische Chirurgie in Deutschland (Balkendiagramm)

Siehe auch die **Kopiervorlage** „Was ich mir wert bin – Grafiken lesen und versprachlichen", S. 232 (Lösungen siehe S. 236 ff. und CD-ROM). Diese Kopiervorlage ist eher für *Leistungsstarke* geeignet.

2 *a) Richtig sind die erste und die vierte Aussage (Brust-OPs wurden am häufigsten vorgenommen/Die Grafik zeigt ausschließlich OPs aus Schönheitsgründen); alle anderen Aussagen sind falsch.*

b) Korrekturen der Falschaussagen:
- *Es wurden mehr Lidstraffungen durchgeführt als Facelifts.*
- *Oberarmstraffungen unterzogen sich 5000 Personen.*
- *Das Diagramm berücksichtigt nicht ausschließlich Frauen.*

3 ***Gemeinsamkeiten:*** *Schönheits-OPs werden sehr häufig durchgeführt; sowohl Männer als auch Frauen lassen sie vornehmen; Schönheits-OPs gewinnen wegen ihrer Häufigkeit immer mehr an Normalität.*
Unterschiede: *Das Balkendiagramm gibt keine Hinweise darauf, ob es sich um OPs handelte, die per TV übertragen wurden.*
Beide Quellen ***ergänzen*** *einander.*

4 *Gegenüberstellung von Text und Diagramm (Tafelbild):*

	Text	*Diagramm*
Vorteile	- *Sachverhalt wird im Zusammenhang dargestellt.* - *Hintergründe werden erläutert.* - *Ganze Sätze sind ausformuliert.*	- *Aussage ist schnell optisch erfassbar.* - *Man spart Zeit bei der Informationsaufnahme.* - *Sachverhalte lassen sich durch die Balkenlänge schneller vergleichen.*
Nachteile	- *Es dauert länger, den ganzen Text zu lesen.* - *Randinformationen erschweren eine vollständige Texterfassung.*	- *Es wird nicht über die Hintergründe/Ursachen und Folgen berichtet.* - *Verständnisschwierigkeiten einzelner Begriffe können nicht durch den Kontext beseitigt werden.*

5 *a/b) Text und Diagramm geben letztendlich keine Hinweise darauf, ob Schönheitsoperationen tatsächlich glücklich oder zumindest glücklicher machen. Hierzu müssten Betroffene zu Wort kommen. – Mögliche weitere Fragen: Kostenfaktor; Mindestalter für Schönheits-OPs; Risiken; Schmerzen; OP-Fehler und mögliche Folgen; Geschmacksveränderungen im Laufe des Lebens und die damit verbundenen Möglichkeiten/Einschränkungen. Antworten können die Schülerinnen und Schüler durch Recherchen im Internet finden: Viele Schönheitsinstitute verfügen über Homepages, auf denen sie diverse Antwortmöglichkeiten bieten; ebenso ließe sich ein Arzt/eine Ärztin in die Schule einladen, der/die auf gezielte Fragen antworten kann.*

13.2 Supermodels – Testaufgaben selbst entwerfen

.255 *Chloë Rayban*

Models – Auf dem Weg zum Ruhm

1 *c) Die Mädchen werden als sehr gut aussehend beschrieben. Sie sind mit sich und ihrem Körper, ihrem Aussehen beschäftigt.*

2 *Die Szene wird aus Marks Perspektive erzählt: Ich-Perspektive.*
Wirkung: Durch die persönliche Sichtweise wirkt die Geschichte echter, lebendiger und authentischer.

3 *Nur die dritte Antwort ist richtig: Mark möchte sich als Model bei der Agentur vorstellen.*

4/**5** *Als Hilfe für Lernschwächere kann der Hinweis gegeben werden, zuerst eine richtige Aussage zu formulieren und dann Falschaussagen zu ergänzen. Tests werden umso schwieriger, aber auch interessanter, wenn die Falschaussagen nur geringfügig von der tatsächlichen Aussage des Textes abweichen (s. Merkkasten, S. 257 unten). Für die Überprüfung der Lösungen ist es hilfreich, sich bei der Formulierung der richtigen bzw. falschen Aussagen die Textstelle zu notieren (Zeilenangaben).*

6 *Die zweite und die vierte Aussage treffen zu. Dass die vierte Aussage zutrifft, geht aus den Zeilen 123 bis 125 hervor; bis dahin ist Mark von Shakespeare gar nicht begeistert. – Falsch: 1. Aussage („italienischer“ statt „englischer“ Autor, Z. 71 f.: Shakespeare); 3. Aussage (Mark war der einzige Mann; Z. 1 f.).*

.258 *Gerret von Nordheim/Benedikt Borchers*

Barbie beim Gesundheits-Check

2 *Sinnvolle Satzgefüge: A 3; B 1; C 4; D 2*

3 *a/b) Die Schülerinnen und Schüler könnten z. B. folgende Sätze zuordnen lassen:*

A Als Alternativen zu den Barbiepuppen der fünfziger Jahre konzipiert,	1 und erhöhe dadurch die Gefahr eines Bandscheibenvorfalls.
B Diese Fehlstellung führe außerdem vermehrt zu Hohlkreuzhaltung	2 Sie sind nur 32 Zentimeter groß, aus Kunststoff, nicht lebendig – sie können dem Schönheitsideal genügen, auch ohne dafür zu leiden.
C Zahlreiche medizinische Untersuchungen haben belegt,	3 sollten die ersten Barbies ein neues Frauenbild verkörpern.
D Doch haben die Barbies den Mädchen, die mit ihnen spielen, etwas voraus:	4 wie unwahrscheinlich es ist, dass ein Frauenkörper die Maße der Barbiepuppe aufweist.

Lösung: A 3 (Z. 3 ff.); B 1 (Z. 32 ff.); C 4 (Z. 10 ff.); D 2 (Z. 54 ff.)

4 *a/b) Beispiele für Wortpaare, die eng zusammengehören:*

A konzipieren	1 ermitteln	E Osteoperose	5 Arbeitsweise
B Arthrose	2 entwickeln	F Funktion	6 Körpermaße
C diagnostizieren	3 Knochenkrankheit	G Internist	7 Arzt für Frauenkrankheiten
D Proportionen	4 Bandscheibenvorfall	H Gynäkologe	8 Arzt für innere Medizin

Lösungen: A 2; B 4; C 1; D 6; E 3; F 5; G 8; H 7

5 *Barbies Vorliebe für **hochhackige** Schuhe würde in der Realität zu gravierenden **orthopädischen** Problemen führen. Durch die **unnatürliche** Fußstellung drohten Barbie **abgespreizte** Zehen.*

7 *Beispiellösung: Barbie würde in lebendiger Ausführung häufig in Ohnmacht fallen, weil sie eine extreme Wespentaille hat, die unnatürlich ist und ein normales Atmen nicht zulässt.*

9 *a) Besonders gut ist die Schülerin/der Schüler bei den Zuordnungsaufgaben, gefolgt von den Multiple-Choice-Aufgaben und in geringem Abstand dahinter den Richtig-Falsch-Aufgaben. Schwächen zeigen sich bei den Einsetzaufgaben und vor allem bei den Kurzantworten. Hier liegen noch Wiederholungs- und Übungsbedarf vor.*

S. 261 *Jochen Siemens*

Helena blickt nach vorn

Zur Differenzierung *(Leistungsschwache)* oder als Hausaufgabe kann die **Kopiervorlage** „Helena blickt nach vorn – Aufgabenformate trainieren" eingesetzt werden, siehe S. 233 (Lösungen siehe S. 236 ff. und CD-ROM).

13.3 Bin ich schön? – Lesetraining

S. 262

Lesestrategie – Leseziel

1/**2** *Zuordnung von Lesestrategie und Leseziel:*
- ***Gezieltes Lesen** (1 B): einen Fahrplan lesen; ein Wort im Wörterbuch, einen Begriff im Lexikon nachschlagen; eine Telefonnummer im Telefonbuch suchen; eine bestimmte Internetadresse heraussuchen etc.*
- ***Überfliegendes Lesen** (2 C): Werbeplakate im Vorbeifahren lesen; ein Kochrezept lesen, um zu entscheiden, ob es interessant ist; den Klappentext eines Buches lesen; eine Internetseite bei der Materialrecherche überfliegen etc.*
- ***Intensives Lesen** (3 A): ein Buch lesen; eine Gebrauchsanweisung lesen; eine Medikamentenbeilage lesen etc.*

3 *Eine weitere **Lesestrategie**: anregendes (erbauliches) Lesen:*
***Ziel:** eine spannende Geschichte miterleben, sich in andere Menschen und ihr Leben einfühlen, sich in fremde Welten entführen lassen etc.*
***Situation:** gemütliches Lesen auf der Couch, im Bett, im Liegestuhl am Strand, als Zeitvertreib bei längeren Fahrten mit Bus oder Bahn etc.*

S. 262 **Schönheit per Mausklick? – Gezieltes Lesen**

S. 262 *Jörg Isert*

Im digitalen Jungbrunnen

Die **Kopiervorlage** „Tu was für deine Schönheit! – Gezieltes Lesen" auf Seite 234 geht auf die konkreten Probleme der Jugendlichen ein. Sie ist zur Differenzierung (eher für *Leistungsschwache*) geeignet, kann aber auch allgemein zur Einübung des gezielten Lesens verwendet werden. (Lösungen siehe S. 236 ff. und CD-ROM.)

1 *a/b) Diskretion (Z. 18); Verschwiegenheit – retuschieren (Z. 31); überarbeiten, verändern – Software (Z. 26); Computerprogramm – Illusion (Z. 59); scheinbares Abbild; scheinbare Welt*

2 *a)* ***LOLA:*** *eine Computerfirma in Hollywood mit dem Namen Lola VFX; dort werden Bilder digital überarbeitet*
Instrumente *im digitalen Jungbrunnen: Tastaturen, Monitore, Software (Z. 10 ff.)*
Arbeitsplatz: *im Verborgenen; im dritten Stock eines Gebäudes in Los Angeles (Z. 25 ff.)*
Pamela Anderson *wurde digital verjüngt, damit ihr der alte Badeanzug passte und sie aussah wie in alten „Baywatch"-Folgen (Z. 54 ff.).*

3 *Hier kann eine Diskussion über die Willkür und die Vergänglichkeit von Schönheitsidealen anknüpfen, unterstützt durch die* ***Kopiervorlage*** *„Abgebundene Füße – Intensives Lesen", S. 235 (Lösungen siehe S. 236 ff. und CD-ROM).*

S. 264 **Vor dem Spiegel – Intensives Lesen**

S. 264 *Doris Dörrie*

Bin ich schön?

1 *Es wurden Hervorhebungen durch Unterstreichungen und Markierungen vorgenommen, Fragen und Bemerkungen in der Randspalte festgehalten.*

2 *a) Beispiellösung / Mögliche Tafelanschrift:*

Abschnitt	Markierte Schlüsselwörter	Überschrift/Mögliche Randnotizen
1) Z. 1 - 12	Frau im Bikini; Bin ich hübscher? Bin ich hässlicher?	Mutters Ängste / Sie vergleicht sich mit anderen Frauen im Bikini.
2) Z. 14 - 27	alt; im Bikini; dicker Bauch; hässlich, weich, empfindlich	Mutters Körper
3) Z. 28 - 39	Ich vorm Spiegel, dünn, Bügelbrettfigur; gefällt mir, sieht sehr gut aus	Vor dem Spiegel
4) Z. 40 - 45	Vergleichen, Werbung, Wünsche	Besitz macht nicht glücklich

3 *a) Beispiel für eine Zusammenfassung:*
In der Kurzgeschichte „Bin ich schön?" von Doris Dörrie geht es um Betrachtungen des Körpers der Autorin und ihrer Mutter.
Am Strand vergleicht sich die Mutter der Ich-Erzählerin mit anderen Frauen im Bikini und stellt dabei Betrachtungen über ihren eigenen Körper an. Sie hasst ihren Bauch, der vom Kinderkriegen schlaff und dick geworden ist. Im Motel steht die Ich-Erzählerin schließlich selbst vor dem Spiegel und betrachtet ihren schlanken Körper, der, wie sie selbst formuliert, einer Bügelbrettfigur ähnelt. Sie gefällt sich, wünscht sich allerdings zur Vollendung ihrer äußeren Erscheinung eine Bitex-Brille. Obwohl die Mutter der Erzählerin ständig Vergleiche zwischen sich und anderen Frauen anstellt, rät sie ihrer Tochter, sich nicht mit anderen zu vergleichen und auch nicht den Versuchungen der Werbung zu erliegen.

Was ich mir wert bin – Grafiken lesen und versprachlichen

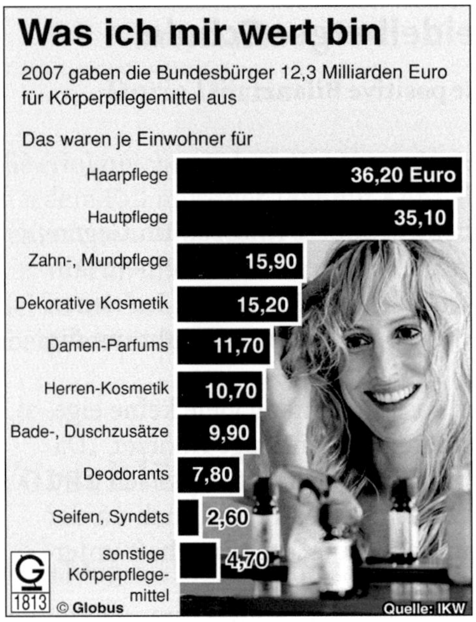

„Die Bundesbürger sind bereit, für ihre Schönheit und ihr Wohlbefinden tief in die Tasche zu greifen. 2007 wurden in Deutschland mit Körperpflegemitteln 12,3 Milliarden Euro umgesetzt. Verstärkt nachgefragt werden insbesondere ...

____

____

____

____

____

____

1 *Überprüfe, ob du die Informationen der Grafik alle richtig erfasst hast. Welche Aussagen treffen zu, welche nicht? Kreuze an:*

Was ich mir wert bin – Informationen	**Trifft zu**	**Trifft nicht zu**
a) 2007 gaben die Frauen in Deutschland 12,3 Milliarden Euro für Körperpflegemittel aus.	☐	☐
b) 36,2 Milliarden Euro wurden für Hautpflegemittel ausgegeben.	☐	☐
c) Umgerechnet gab 2007 jeder Einwohner Deutschlands 35,10 Euro für die Hautpflege aus.	☐	☐
d) Haar- und Hautpflegemittel nahmen 2007 die größte Position ein.	☐	☐
e) Männer gaben kein Geld für Kosmetik aus.	☐	☐
f) Jeder Einwohner gab durchschnittlich 9,90 Euro für Bade- und Duschzusätze aus.	☐	☐

2 *Formuliere die Falschaussagen richtig:*

____

____

____

____

____

3 *Die Grafik soll in einer Tageszeitung veröffentlicht werden. Ergänze den Begleittext für die Zeitungsleser (oben).*

4 *Formuliere eine geeignete Schlagzeile für deinen Begleittext zur Grafik.*

____

5 *Wie viel Geld gebt ihr in der Woche/im Monat für Körperpflegemittel aus? Erstellt eine Übersicht für eure Klasse. Ihr könnt eure Ergebnisse in Diagramme umwandeln und diese z. B. auf einer Wandzeitung aushängen oder in der Schülerzeitung veröffentlichen.*

KOPIERVORLAGE

Helena blickt nach vorn – Aufgabenformate trainieren

1 *Nur eine der Aussagen ist richtig. Kreuze sie an.*

- ☐ Helena Christensen ist die 8. Tochter einer peruanischen Mutter und eines dänischen Vaters.
- ☐ Sie war ausschließlich Model für Autohauseröffnungen und Brückeneinweihungen.
- ☐ In die Riege der Supermodels gelangte Helena über ein Cover für die britische Vogue.
- ☐ Sie ist mit einem Rockstar der Gruppe INXS verheiratet.

2 *Welche der Aussagen über die Karriere des Models treffen zu, welche nicht? Kreuze an.*

Aussagen über die Karriere des Models Helena	Richtig	Falsch
a) Helena betrat Ende der 90er Jahre zum ersten Mal die Laufstege der Pariser Modenschauen.	☐	☐
b) Ihre Schönheit verhalf ihr auch zu dem Titel „Miss Kopenhagen".	☐	☐
c) In einer Disco wurde Helena von einem Model-Agenten entdeckt.	☐	☐
d) Helena gehört zu den Supermodels wie Cindy Crawford, Tatjana Patitz und Claudia Schiffer.	☐	☐
e) Sie hat das Leben in der Glamour-Welt gerne gespielt.	☐	☐
f) Auf den Laufstegen trug das Model nur Kleider ab 30 000 Euro.	☐	☐
g) Helena verhalf dem Video „Wicked Game" durch einen Auftritt zu unverhofftem Erfolg.	☐	☐
h) Sie genoss das einsame Leben in Studios, Flugzeugen und Hotelzimmern.	☐	☐

3 *Ordne den Begriffen die passende Erklärung zu.*

A	Single mom	1	Titelseite (hier: einer Illustrierten)
B	Chanel	2	blendender, betörender Glanz
C	Hippi	3	Jugendlicher der späten 60er Jahre; meist langhaarig und blumengeschmückt
D	Cover	4	durch Einlagen oder Schalen zu mehr Üppigkeit verhelfend
E	Schizophrenie	5	französisches Modehaus
F	Glamour	6	Eigentlich: Start- und Landebahn; hier: Laufsteg
G	Push-up	7	Erkrankung; meist mit Denkstörungen und Halluzinationen verbunden
H	runway	8	alleinerziehende Mutter

____

4 *Ordne den Hauptsätzen die passenden Nebensätze zu.*

A	Es war zu Beginn der 90er Jahre, ...	1	... weil sie noch niemand kannte.
B	Helena reihte sich zunächst noch geduldig bei Chanel in die Schlange der Wartenden ein, ...	2	... nachdem sie vier Jahre ein Paar waren.
C	Der Titel „Miss Denmark" verhilft irgendwann zu Auftritten bei Autohauseröffnungen und Brückeneinweihungen, ...	3	... als Helena zum ersten Mal die Laufstege der Pariser Modenschauen betrat.
D	Michael Hutchence von der Gruppe INXS verließ Helena Christensen, ...	4	... bevor man vergessen wird.

____

Tu was für deine Schönheit! – Gezieltes Lesen

Pickel

Wer sie kriegt • Was ihr dagegen tun könnt • Warum sie entstehen

Kinder haben in der Regel eine normale, gesunde Haut. Mit der Pubertät verändert sich bei Jungen und Mädchen die Haut, und der Stress mit den Pickeln geht los.

Schuld daran sind die Sexualhormone. Sie bestimmen, wie viel Porenfett in den Talgdrüsen der Haut produziert wird.

Das ist so weit alles in Ordnung. Denn das Porenfett ist die Grundlage eines feinen Schutzfilms, der die ganze Haut überzieht und geschmeidig erhält. Porenfett aus den Talgdrüsen und Feuchtigkeit aus den Schweißdrüsen bilden eine natürliche Hautcreme. [...] Zu viel Porenfett verstopft die Pore, ein Mitesser entsteht. Ist er offen, färbt er sich dunkel, da sich dort der Hautfarbstoff Melanin ansammelt. Mit Schmutz oder mangelnder Sauberkeit hat das nichts zu tun und es kommt selten zu Entzündungen. Das Problem ist vielmehr der geschlossene Mitesser. Hier kann das Porenfett nicht auf die Hautoberfläche abfließen. Das Hautgewebe wird dadurch überdehnt und der Mitesser entzündet sich. Er wird zum eitrigen Pickel. [...]

Bestimmte Zonen der Haut sind für Pickel besonders anfällig. Es sind die Stellen, wo wir Talgdrüsen haben: die T-Zone im Gesicht von der Stirn über die Nase bis zum Kinn. Oder Schultern, Brust und Po. An Handflächen und Fußsohlen gibt es keine Talgdrüsen und somit auch keine Pickel.

Ein Patentrezept gegen Pickel gibt es leider nicht. Du musst das Problem in mehreren Schritten angehen.

Tägliche Reinigung der Haut mit pH-neutralen Reinigungsmitteln. Absolute Sauberkeit ist wichtig. Parfümierte Seifen sind tabu. Wenn sich die Haut nicht bessert, solltest du auf jeden Fall einen Hautarzt aufsuchen oder einmal zur Kosmetikerin gehen. Sie berät Jungen genauso gerne wie Mädchen.

Make-up schadet nicht. Man fühlt sich etwas schöner und sicherer und greift sich weniger häufig mit den Fingern ins Gesicht. Auch Jungen können damit ihre Pickel etwas abdecken. Das Make-up sollte unparfümiert und fettfrei sein und muss abends immer sorgfältig abgewaschen werden.

Gesichtspackungen und Cremes helfen beim Desinfizieren und Abheilen. Die Anwendung von Pickelstiften ist okay, wenn du sie nur punktuell einsetzt. Desinfizierende Stoffe und Gesichtswasser enthalten oft Alkohol, der die Haut austrocknet.

Niemals quetschen! Natürlich ist die Versuchung groß. Für die Haut bedeutet es jedoch den Oberstress, und wenn die Bakterien sich durch falsches Quetschen ausbreiten, wird der Pickel noch größer. Deshalb lass dir am besten von einer Kosmetikerin oder vom Hautarzt zeigen, welche Pickel du wie selbst ausdrücken darfst. Grundsätzlich dürfen nur die wirklich „reifen Exemplare" vorsichtig ausgedrückt werden. Dazu die Finger mit einem Papiertaschentuch umwickeln. An rote, erhabene Stellen ohne gelbe Punkte darfst du nicht ran.

Gesunde Ernährung und Stressbewältigung kann Wunder wirken. Oft hilft es auch, wenn man weniger Süßes isst und trinkt (z. B. Cola) und allzu fettige Lebensmittel wie Pommes, Chips und fettes Fleisch meidet. Öfter mal ein Entspannungsspaziergang im Wald und ausreichend Schlaf geben neue Kraft.

(aus: GUT DRAUF. Immer Ärger mit der Schönheit. Hg. v. d. Bundeszentrale für gesundheitliche Aufklärung [BZgA], Köln 2006)

1 *Wer findet zuerst die folgenden Begriffe im Text? Nenne auch die jeweilige Textzeile.*

Make-up	**Ernährung**	**pH-neutral**	**T-Zone**

2 *Suche gezielt nach folgenden Informationen im Text und beantworte die Fragen schriftlich. Gib die Textstelle an.*
- *Welche Hormone verursachen Pickel?*
- *Aus welchen Bestandteilen besteht die „natürliche Hautcreme"?*
- *Welche Substanz lässt die Haut stark austrocknen?*
- *Durch welche Ernährungsweise gelingt es, die Bildung von Pickeln zu reduzieren?*

3 *Bewerte den Text, indem du die vorgestellten Ratschläge mit deinen eigenen vergleichst.*

Abgebundene Füße – Intensives Lesen

Schönheitsideale gibt es überall auf der Welt. So auch in China. Dort haben Mütter in früheren Zeiten ihren Töchtern die Füße abgebunden, damit sie klein blieben. Die kleinen spitzen Füße wurden Lilien- oder Lotusfüße genannt.

Die Tradition geht auf die Geliebte Yaoniang des letzten Kaisers Li Houzhu der Tang-Dynastie zurück. Für sie ließ der Kaiser eine große, mit wertvollen Steinen besetzte goldene Lotusblüte anfertigen und im Palast aufstellen. Die grazile Tänzerin Yaoniang musste sich die Füße mit weißen Seidenbändern abbinden, sich in die Lotusblüte schmiegen und die Form einer Mondsichel nachahmen. Später, während der Zeit des Neokonfuzianismus, wurden die Rechte der Frauen stark beschränkt und seit der Song-Dynastie (960 bis 1279) nahm das Abbinden verstärkt zu. Die kleinen Füße wurden nicht nur als schön angesehen, sondern galten auch als Maßstab. Oftmals war bei der Brautwahl weder Gesicht noch Figur entscheidend. Die zukünftige Schwiegermutter schaute zuerst auf die Füße der Braut. Waren diese nicht klein genug, platzte der Traum von der Hochzeit.

Das Abbinden war brutal. Zuerst wurden die Fußknochen gebrochen. Dann wurde der Fuß so fest mit Bandagen abgebunden, dass er nicht mehr wachsen konnte und zum Klumpfuß wurde. Im schlimmsten Fall starb er ab. Alle Zehen, außer den beiden großen, wurden unter den Fuß gebunden, sodass sie in Richtung der Fußballen zeigten. Nach jahrelanger Tortur war dann das Ziel erreicht: kleine spitze Füße, nicht länger als zehn Zentimeter. Das entspricht ungefähr der heutigen Schuhgröße 17. [...]

Abgeschafft wurde die Tradition des Abbindens nach der Gründung der Volksrepublik China 1949 unter Mao Zedong. Damals wurden sowohl Frauen als auch Männer zum Arbeiten eingesetzt und mit abgebundenen Füßen war daran nicht zu denken. Noch immer gibt es in China alte Frauen, die kleine, abgebundene Füße haben. Heutzutage ist das Abbinden weder zulässig noch üblich. 1988 schloss die letzte Spezialfabrik in China, die Schuhe für abgebundene Füße herstellte.

Anja Maxrath

(aus: Kölner Stadt-Anzeiger vom 2.1.08 http://www.rhein-berg-online.ksta.de/html/artikel/1195817005330.shtml)

1 *Lies den Artikel konzentriert durch.*
Markiere die Schlüsselwörter, unterstreiche die Kernaussagen in den einzelnen Abschnitten.

2 *Mache dir Randnotizen, z. B. Worterklärungen, Fragen.*

3 *Schreibe neben jeden Abschnitt eine kurze Überschrift.*

4 *Fasse den Inhalt des Zeitungsartikels zusammen. Schreibe in dein Heft.*

5 *Vergleicht eure Ergebnisse. Überarbeitet sie, wenn nötig.*

KOPIERVORLAGE

Lösungen zu den Kopiervorlagen

1 Helden heute? – Informieren, dokumentieren, appellieren

Seite 24/25: Helden der City

1 a) Beispiellösung in **zwei Versionen: a.** diagonale Verteilung der Sprech-/Denkblasen; Clique in der einen, Mädchen und betrunkene Kerle in der anderen Ecke.

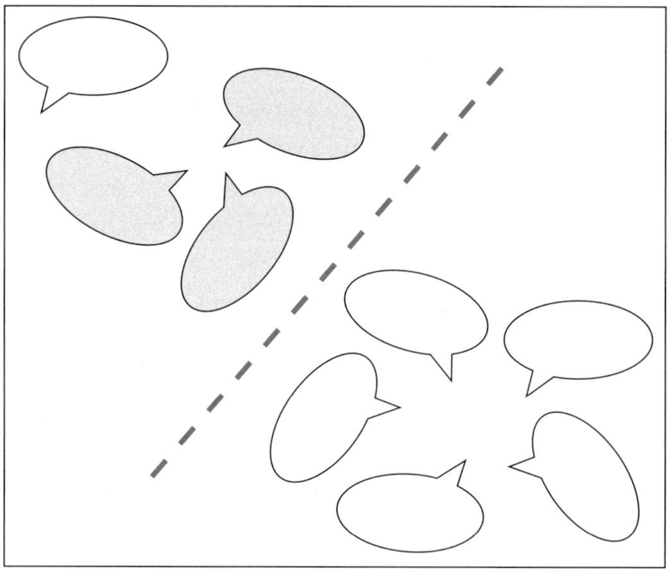

b. Skizze eines S-Bahn-Wagens mit zunächst 5 + 1, später 5 + 4 Fahrgästen. Mögliche Verteilung der Fahrgäste:

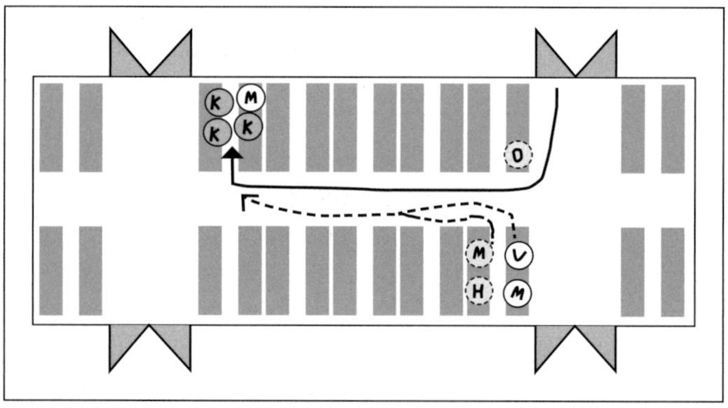

b) Folgende Textbelege und Äußerungen der Figuren sind Grundlage der *Gedanken- und Sprechblasen (Skizze a):* **Das Mädchen:** „Ich hab gesagt, ihr sollt mich in Ruhe lassen“ (Z. 62/63); „Packt mich nicht an!“ (Z. 74). **Mone:** Sie erkennt die Situation genau: „Die betatschen die“ (Z. 68). Sie versucht ihr Unbehagen zu überspielen und „konzentriert sich darauf, ihr Kaugummipapierchen in kleine Fetzen zu zerreißen“ (Z. 78–80). **Olli** „sagt nichts“ (Z. 53). – Er „knibbelt an seinen Fingernägeln“ (Z. 80/81), was bedeutet, dass er nervös und angespannt ist. **Hendrik:** „Glotzt da nicht so hin, Leute“ (Z. 67); „... das geht uns nichts an“ (Z. 67). – Er hat große Angst (Z. 89). **Vivi:** Ihr gehen die drei Männer sofort „auf die Nerven“ (Z. 35). Wie Mone erkennt auch sie sofort die bedrohliche Lage des Mädchens (Z. 47–52, 58–63, 69–73). Sie will dem Mädchen unbedingt helfen: „Wir sind fünf gegen drei“ ... „Wir sind nur Vierzehnjährige, aber wir sind trotzdem in der Überzahl“ (Z. 83–85). **Metan:** Auch er erkennt schnell die Situation: „Die sind schon knallevoll ...“ (Z. 55–57). Und er will eingreifen: „Eben, ich mach jetzt was“ (Z. 85 ff.).
Wichtige *Textstellen für Skizze b:* (Anzahl und Namen der Personen, Sitzpositionen): Vorspann und Z. 1/2 (Personen), Z. 18–21 (Position des Mädchens, leere S-Bahn), Z. 26/27 (drei Typen), Z. 28–30 (Position Metan/Vivi/Typen), Z. 33 (Position Mädchen/Typen), Z. 41–43 (Position Mone/Vivi), Z. 47/48 (Position Vivi/Kerle), Z. 55–57 (Entfernung Clique/Tür, Kerle: in Riechweite), Z. 69–73 (Position Mädchen/Kerle), Z. 81/82 (Position Hendrik/Metan), Z. 86/87 (Position Metan/Gang), Z. 90/91 (Position Vivi/Hendrik), Z. 104–110 (Positionen Metan/Vivi/Kerle)

2 Richtig – falsch – richtig – richtig – falsch – richtig – falsch

3 a/b) Die Situation ist für das Mädchen *höchst brenzlig, angsterregend, bedrohlich* und damit einhergehend *sehr unangenehm.* „Packt mich nicht an!“, schreit sie. Ein Hilfeschrei“ (Z. 74/75); – „... manchmal unterdrücktes Schreien“ (Z. 76–78) – „... mit Panik in der Stimme: „Ich hab gesagt, ihr sollt mich in Ruhe lassen!“ (Z. 62/63).
Auch gibt es Handgreiflichkeiten („Gerangel“, Z. 69), „das Mädchen will aufstehen, aber einer der Typen zieht sie auf den Schoß ...“ (Z. 69–72). – Wenige Zeilen weiter ist von einem „üblen Spielchen“ (Z. 77) die Rede. „Ein Poltern und Lachen und manchmal unterdrücktes Schreien“ (Z. 77/78).

c) Bis auf Olli, der die ganze Zeit über schweigt, zeigen die anderen der Clique, dass sie die Situation durchaus *bedrohlich, brenzlig* und *angsterregend* einschätzen.
Dies wird durch folgende Textbeispiele deutlich:
brenzlig: „Stell dir mal vor, Vivi, wir säßen hier alleine“ (Z. 45/46; Mone). – „Gut, dass die nicht schon vorhin auf dem Bahnsteig waren!“ (Z. 51/52; Vivi). – „Glotzt da nicht so hin, Leute ... Glaubt ihr, ich will die hier haben?“ (Z. 64 ff.; Hendrik). – *bedrohlich:* „Jetzt lachen sie hässlich laut und aggressiv“ (Z. 60 f.) – „Die betatschen die“ (Z. 68; Mone). – *angsterregend:* „Nicht, ich kenn die! ... er hat Angst. Große Angst. Sie sitzt in seinen Augen und springt sofort auf mich über“ (Z. 89–91; Hendrik und Vivi).

4 a) Hendrik will sich nicht einmischen, um die Männer nicht zu provozieren (Z. 64–67). Außerdem kennt er die Männer. Er hat Angst davor, später vielleicht selbst belästigt und sogar verprügelt zu werden.

b) Zwar sind die Jugendlichen in der Überzahl, doch die Männer sind wesentlich älter und wirken körperlich überlegen (Z. 49 f.). Hinzu kommt, dass die drei stark alkoholisiert sind. Die Stimmung ist gereizt und höchst aggressiv. Schnell kann so eine Situation eskalieren. Umsichtiges, überlegtes Handeln ist gefordert. Die Ängste von Hendrik, Mone und Vivi sind berechtigt und nachvollziehbar. Dennoch liegt es auf der Hand, dem Mädchen helfen zu müssen.

5 Hendrik kennt die drei Männer.
Das ist ein *Vorteil:* Die Belästigung des Mädchens geschieht nicht anonym. Hendrik kann bei der Polizei als Zeuge genaue Angaben machen.
Das ist ein *Nachteil:* Hendrik könnte von den Männern unter Druck gesetzt und eingeschüchtert werden. – Die Männer könnten ihm ebenfalls Gewalt androhen. – Er hat Angst vor der „Rache“ der Männer, wenn er sie anzeigt. – Die Einschüchterungsversuche der Männer müssen sehr ernst genommen werden. Doch sollten die Jugendlichen klar den Vorteil nutzen, die Täter identifizieren zu können. Hier mutig und beherzt einzugreifen bedeutet Zivilcourage zu zeigen.

6 Ausführliche Beispiellösung:
Liebes Tagebuch,
heute hatte ich in der S-Bahn ein schreckliches Erlebnis.
Ich war vom Volleyball zurück auf dem Weg nach Hause. Erst war die Bahn recht leer, da saßen nur ein paar Jugendliche, etwas jünger als ich. Doch am Richterplatz stiegen dann drei miese Typen ein und setzten sich grölend zu mir. Ich merkte sofort, dass die mich nicht in Ruhe lassen würden, so Kerle in Lederjacken und Stiefeln ... bullige Gesichter, kurze Haare.
Die Männer haben widerlich nach Alkohol gestunken. Einer, der etwas kleinere von den dreien, hielt mir gleich eine Dose Bier unter die Nase. Ich sollte etwas lockerer werden! Dabei legte er seinen Arm um meine Schulter und kam mit seinem Gesicht ganz nah an meins. Das war so widerlich – er stank eklig. Mehrmals sagte ich, dass sie mich loslassen sollten. Doch sie machten weiter – lachten laut und aggressiv. Der andere, ein blonder Typ, fummelte sogar an meinem Knie und wollte mich weiter betätscheln. Ich geriet in Panik und versuchte aufzustehen. Doch einer der Männer zog mich auf seinen Schoß. Schrecklich, ich konnte nichts machen. Und dann dieses fiese Lachen!
Eigentlich müssen die anderen das doch mitgekriegt haben ... Zwei von den Jugendlichen guckten auch mehrmals zu mir herüber. Das tat mir richtig gut. Ich hoffte so sehr, dass mich da jemand wegholt ... Die Typen wurden immer aufdringlicher. Ich fühlte mich so hilflos und ohnmächtig ...
Auf einmal kamen zwei der Jugendlichen auf die Männer zu. Das Mädchen sagte mit fester Stimme, dass die Männer mich loslassen sollten, sonst würden sie zur Polizei gehen ... Ich war wie gelähmt. Erst dachte ich, jetzt schlagen sie zu, aber die Typen glotzten nur fassungslos ... Was dann genau geschah, weiß ich nicht mehr. Meine Beine waren schwer wie Blei, ich konnte mich kaum bewegen, mein Mund war trocken ... Die Spannung war unerträglich. Endlich hielt die Bahn an und – stell dir vor – die Typen stiegen aus!!! Ich war so erleichtert, als die Bahn weiterfuhr. Die Jugendlichen haben mich noch nach Hause begleitet ... Ich glaube, Mama und Papa haben sich die Telefonnummer von dem Jungen aufgeschrieben. Als der Albtraum endlich vorbei war, konnte ich nur noch Danke sagen. Morgen wollen wir dort anrufen und uns noch mal richtig bedanken. Ich weiß nicht, was passiert wäre, wenn die Jugendlichen nicht dazwischengegangen wären.

Seite 27: Hanna und Elisabeth (Diff.-Mat 1)

1 b) *Sichtbare Handlung:* 1. Familie Löwy klingelt, Hanna öffnet die Tür; Hanna erkennt Lea. – 2. Herr Löwy erzählt, woher er die Adresse hat und dass die Familie am nächsten Tag deportiert werden soll. Hanna bittet die Familie herein. – 3. Die Löwys sind in Sorge, dass es sich nicht um ein ehrliches Angebot handelt; Hanna beruhigt sie und erzählt der Familie, dass ihre Mutter nichts weiß, und sie gehen gemeinsam ins Haus. – 4. Hanna bleibt mit ihnen im Flur stehen, die Mutter kommt aus der Küche dazu.

c) *Das geht dabei in Hanna vor:* 1. „Lea, dachte Hanna. Sie brachte vor Schreck kein Wort heraus“ (Z. 10 f.). – 2. „Ein Mann, eine Frau, ein junges Mädchen, registrierte sie, alle mit Koffern und Taschen“ (Z. 19 f.). – 3. „Ganz langsam tappte sie auf das Haus zu, wünschte, der Weg würde sich endlos dehnen, Worte würden ihr zufließen, ein Wunder geschehen. Es war, als lauerte etwas Drohendes über ihr, stürzte sich herab, riss sie mit sich fort, drehte sie um und um wie in einem Strudel, dem man nicht entkommt, so wild man sich auch dagegen wehrt“ (Z. 46–53). – 4. „... sie stand im Licht, es blendete, tat weh; nun die Mutter mit ihrer Frage – was sollte Hanna antworten? Lea mit ihren Eltern? Freue dich, es kommt lieber Besuch?“ (Z. 59–62).

Seite 28: Hanna und Elisabeth (Diff.-Mat 2/1)

1 b) *Das geht dabei in Hanna vor:* 1. Hanna hat Angst, weil sie erkennt, welche Folgen das Aushändigen ihrer Adresse tatsächlich hat. – 2. Hanna erkennt, dass die Familie auf der Flucht ist und irgendwo unterkommen muss. – 3. Hanna hat Angst vor der Reaktion ihrer Mutter, die nicht weiß, dass sie Lea ihre Adresse gegeben hat. Sie hat das Gefühl, in einer ausweglosen Situation zu sein, und hofft nun auf ein Wunder. Hanna denkt, sie hat keinen Einfluss mehr auf das, was geschieht.

2 Ich esse, was mir schmeckt! – Einen Standpunkt vertreten

Seite 47: Sätze geschickt miteinander verknüpfen

1 Beispiellösung:
Für die körperliche Entwicklung von Kindern und Jugendlichen spielt die Ernährung eine wichtige Rolle, **daher** muss sie alle wichtigen Nährstoffe enthalten.
Ein ausreichendes Maß an Bewegung ist aber auch wichtig, **damit** sich die Muskeln optimal entwickeln und der Kreislauf trainiert wird.
Viele Kinder essen zu viel, zu süß und zu fettig, **denn** überall können preisgünstige Snacks und Softdrinks gekauft werden.
Viele Kinder und Jugendliche machen zu wenig Sport, **weil** sie gerne vor dem Fernseher sitzen oder am Computer spielen und chatten.
Dicke Kinder und Jugendliche genieren sich beim Sport, **da** sie oft gehänselt und geärgert werden.

Seite 48: Studie: Fastfood macht Kinder dick

1 Schule ist ein idealer Ort, um zu lernen, wie man sich gesund ernährt. – Das Ernährungsverhalten, das man im Schulalter erlernt hat, behält man das ganze Leben bei.

2 Zu süßes und fettes Essen, Fastfood, Softdrinks, zu wenig frisches Obst und Gemüse; Bewegungsmangel; keine gemeinsamen Mahlzeiten in der Familie

3 Alle Kinder und Jugendlichen im schulpflichtigen Alter nehmen in der Schule wenigstens eine Mahlzeit ein. Indem sie gemeinsam Speisepläne und Snacklisten aufstellen, Pausenbrote herstellen und gemeinsam kleine Mahlzeiten zubereiten, lernen sie Rezepte für abwechslungsreiche und gesunde Kost kennen. Über die Jahre hinweg gewöhnen sie sich an gesundes Essen und wissen, dass man sich bei gesunder Ernährung fit hält und wohlfühlt.

4 Mögliche Stichpunkte:
- Gute Ernährung ist wichtig für die körperliche und geistige Entwicklung.
- Nahrung soll alle wichtigen Nährstoffe erhalten, die der Körper zum Wachsen braucht.
- Ungesunde Ernährung heißt: große Portionen, zu süß und zu fettig.
- Überall gibt es Snacks und Softdrinks zu kaufen.
- Übergewicht kann krank machen.
- Dicke Kinder werden oft gehänselt und fühlen sich selbst nicht wohl, sind schlecht im Sport, trauen sich nicht mitzumachen.
- Mit anderen kochen macht Spaß.
- Es wird einem geholfen, kochen zu lernen.
- Man kann Rezepte ausprobieren.
- Man lernt neue Gerichte kennen.

5 Beispiel für eine Gliederung:
Einleitung
Hauptteil

Pro-Argument 1	Mit anderen kochen macht Spaß.
Pro-Argument 2	Es wird einem geholfen, kochen zu lernen.
Pro-Argument 3	Man hat die Möglichkeit, neue Rezepte auszuprobieren.
Kontra-Argument	Überall gibt es Snacks und Softdrinks zu kaufen.

Schluss

6 Beispiel für eine *Einleitung*: Immer mehr Kinder und Jugendliche sind zu dick für ihr Alter. Sie ernähren sich nicht richtig. Das Projekt „Schule + Essen = Note 1" möchte etwas dagegen tun und den Schülerinnen und Schülern etwas über gesunde Ernährung beibringen. Die Schulverpflegung wird gemeinsam gekocht, damit man das Gelernte direkt umsetzen kann.
Beispiel für einen *Schluss*: Mit meinen Argumenten und Beispielen wollte ich deutlich machen, dass die Teilnahme an dem Projekt für die Kinder und Jugendlichen an unserer Schule sehr viele Vorteile hat. Sie lernen nicht nur Nützliches für ihr Leben, sondern haben auch noch großen Spaß dabei.

Seite 49: Einen Forumsbeitrag schreiben

1 Beispiellösung:
Spaghetti bolognese: Spaghetti mit einer Tomaten-Hackfleisch-Soße – *nostalgisch* (sein): Sehnsucht haben nach früheren Zeiten; sehnsuchtsvoll in die Vergangenheit, meist in die Kindheit, blicken – *Junk-Food:* anderes Wort für „Fastfood" – *frustrierend:* enttäuschend – *keep it simple:* halte es einfach, betreibe keinen großen Aufwand

2 Probleme, die Jamie Oliver in der Ernährung der heutigen Kinder und Jugendlichen sieht:
- Sie essen zu viel Junk-Food.
- In der Nahrung sind zu viele chemische Zusätze, Zucker und Fett.
- Sie bewegen sich zu wenig.
- Sie haben Eltern, die nicht kochen können.
- Die Schulverpflegung ist schlecht.
- Sie wissen nicht, wie man sich gesund ernährt.

3 Jamie Oliver ist deshalb frustriert, weil eine gesunde Ernährung für das Wachstum der Kinder wichtig ist.

4 Beispiellösung:
Nach Jamie Oliver besteht eine mögliche Lösung des Problems darin, Kinder zum Mitkochen einfacher Gerichte zu bringen. Kinder wollen mitmachen. Es macht sie stolz. Sie haben Spaß daran, auf einem Bauernhof oder dem Markt mit Lebensmitteln umzugehen.

3 Lebensstationen – Beschreiben, erzählen, schildern

Seite 61: Einfach super! – ... schildern und beschreiben

1 a) Beispiellösung (Reiterin):
„Ja, los, Stute, ja über das Hindernis! Ich fühle mich, als könnte ich fliegen. Es macht so viel Spaß, mit meinem Pferd über Hindernisse zu springen. Ich liebe das Risiko! Es ist ein fantastisches Gefühl, auf dem Pferderücken zu sitzen und durch die Luft zu fliegen, dabei vergesse ich alle Probleme."
Beispiellösung (Fußballspieler):
„Ich schaffe es, ich kriege den Ball. Mein Herz schlägt so schnell, mein Adrenalinspiegel steigt, ich fühle mich stark und fit wie nie zuvor. Ich spüre jeden einzelnen Muskel, ich liebe die aufregende Anspannung. Wenn ich jetzt ein Tor schieße, dann sind wir eine Runde weiter, das wäre fantastisch!"

b) Beispiellösung (Reiterin):
Eine Reiterin nimmt am Springreiten teil, sie springt mit ihrem Pferd über ein Hindernis, das recht hoch zu sein scheint. Sie ist konzentriert bei der Sache und nimmt die Hürde ohne Probleme.
Beispiellösung (Fußballspieler):
Auf dem Bild ist eine Szene aus einem Fußballspiel zu sehen. Zwei gegnerische Fußballer sind gemeinsam am Ball, der linke Spieler im hellen Trikot scheint es zu schaffen, den Ballbesitz für sich zu sichern.

Seite 62: Frage nach einem Praktikumsplatz

1 Verbesserungsvorschläge für *Schülerantworten*:
- Guten Tag, hier spricht Sebastian Tiegel, ich möchte gerne wissen, ob ich in Ihrem Betrieb ein Praktikum machen könnte.
- Ja, gern. Ich bin ja erst vierzehn.
- Mein Cousin hat im letzten Jahr bei Ihnen sein Praktikum absolviert. Er war sehr beeindruckt. Da ich ähnliche Interessen habe wie er, glaube ich, dass mich ein Praktikum in Ihrem Betrieb weiterbringt.
- Ich würde gern im EDV-Bereich arbeiten.
- Das freut mich.
- Ja, zu Hause arbeite ich häufig damit, zum Beispiel bei Recherchen im Internet und zum Formulieren meiner Hausaufgaben.
- Meine Telefonnummer ist: 0221 / 3 33 44 45 55. Das Praktikum soll direkt nach den Weihnachtsferien, also vom 7. bis zum 27. Januar stattfinden.
- Ich würde mich darüber sehr freuen! Danke und auf Wiederhören!

Seite 64: Der Herbst – Beschreibung und Schilderung

1 Unterschiede in den drei Texten:
Text 1: Eine negative Schilderung der Jahreszeit Herbst; Maximilian mag den Herbst nicht.
Text 2: Eine objektive Beschreibung der Jahreszeit Herbst ohne Wertung.
Text 3: Eine positive Schilderung der Jahreszeit Herbst; Louisa mag den Herbst.

2 Die Texte 1 und 3 sind Schilderungen; Text 2 ist eine Beschreibung.
Merkmale einer Schilderung in Text 1 und Text 3: Persönliche Sicht, passende Vergleiche und Bilder, Gefühle und Fantasie der Lesenden wird angeregt. – *Belege aus Text 1:* „Nebelzubereiter“, „Naturerkältung“, „regnerische, ungemütliche Jahreszeit“, „Der Wind pfeift uns laut um die Ohren“, „der Regen peitscht uns ins Gesicht“, „Du jagst uns in unsere Häuser“, „frierend am Ofen sitzen“, „uns den Sommer zurückwünschen“, „Laubblätter fegen über die Felder“, „du machst mich unglücklich, depressiv“, „die Menschen verlieren ihre Kraft und Zuversicht“
Belege aus Text 3: „geheimnisvolle Jahreszeit“, „prachtvoll gefärbtes Laub“, „wunderbar schillert“, „die Schönheit der Natur“, „Wie schön ist es ...“, „wie sie ihre Strahlen durch die noch taunassen Blätter ...“, „ganz warm ums Herz“, „ich bin glücklich“, „dann fühle ich mich wie auf einer kleinen einsamen Insel“, „wie ein freundlicher alter Mann, ... der mich umarmt, mir Geschichten vorliest ...“, „ich mag dich und freue mich ...“
Merkmale eines Berichts in Text 2: Beschreibung: neutral, genau, sachlich – *Belege aus Text 2:* „dritte Jahreszeit“, „Übergangszeit zwischen Sommer und Winter“, „Die Blätter beginnen langsam ...“, „fallen allmählich von den Bäumen“, „Erntedankfest wird in Kirchen gefeiert“, „Ernte der Kornfelder“, „Zugvögel versammeln sich“, „starke Stürme“, „Die Tage werden wieder kürzer, die Nächte länger“, „Drachen steigen“, „31.Oktober ... Halloween“, „Sommerzeit ... auf normale Zeit“

Seite 65: Kurt Marti: Mit Musik im Regenwind fliegen

1 Der Text ist zwar in der 3. Person geschrieben, geschildert wird aber aus der Sicht des Karussellbesitzers, denn seine Gedanken werden auch verraten.

3 Wörter und Ausdrücke einer Schilderung (Beispiele):
Z. 4 „orgelt ins graue Land“; Z. 9 „platschten sie durch braune Ackerpfützen“; Z. 10/11 „der Nebel hängt in den Bäumen“; Z. 11 „nasskalt bläst der Wind übers offene Feld.“; Z. 17/18 „das blonde Haar hängt strähnig und nass“; Z. 23 „nass bis auf die Knochen“; Z. 27 „und sagt ins Ungefähre“; Z. 29 „die Schlager orgeln in den Regen hinaus“; Z. 32/33 „was für ein Kind, was für ein mickriges Kaff“; Z. 38/39 „die Schlager orgeln, der Regen kommt schräg und kalt mit dem Wind“; Z. 42–44 „sie schlendert und tapst mit den Sommersandalen in Schlamm und in Pfützen“; Z. 45 „Mit Musik im Regenwind fliegen“

4 Der Erzähler hält das Mädchen für verrückt, weil sie trotz des starken Regens immer wieder mit der Schiffsschaukel fahren möchte.

5 Mögliche Stichpunkte:
Regen, Nebel, Wind, heiße Schlagermusik
Der Tagebucheintrag könnte so beginnen:
Heute war ich auf der Kirmes. Es war einfach unbeschreiblich. Es gab starken Wind und es war sehr regnerisch. Aber das machte mir nichts aus. Immer wieder kaufte ich eine Karte für die Schiffsschaukel. Hier gab es gerade heiße Schlagermusik, die mir sehr gut gefiel. Es war ein tolles Gefühl, mit der Schaukel durch den Regen zu sausen, dabei die Musik mitzusummen und den starken Wind zu spüren, während die regennasse Kleidung an meinem Körper klebte. Der Karussellbesitzer war erstaunt, dass ich immer wieder fuhr, und er schien sich Sorgen zu machen, denn er erkundigte sich, ob mir nicht kalt sei ...

6 Internetadressen mit Informationen zu Kurt Marti:
http://de.wikipedia.org/wiki/Kurt_Marti
http://www.perlentaucher.de/autoren/2818/Kurt_Marti.html
http://lexikon.meyers.de/wissen/Kurt+Marti+(Personen)

4 Respekt, Respekt – Adressatengerecht sprechen und schreiben

Seite 76: Körpersprache: unhörbar, aber wirkungsvoll

1 Beispiellösung:

Körpersignale	Bedeutungen
Direkter Blickkontakt	Selbstbewusstsein, Sicherheit
Zur Faust geballte Hände	Wut, Zorn, Entschlossenheit
Daumen hochstrecken	Zeichen für „O. K.!“
Erhobener Zeigefinger	Drohung, Belehrung
Arme vor der Brust verschränkt	Abwarten, Distanz
Fingertrommeln	Nervosität, Gereiztheit
Offene Armbewegungen	Sicherheit, Wohlgefühl
Füße um Stuhlbeine wickeln	Verkrampfung
Arme in die Seite stemmen	Erregung

3 Beispiellösung:
Körpersprache ist immer im Situationszusammenhang und unter Berücksichtigung der gesamten Persönlichkeit zu verstehen. Tränen im Gesicht können Trauer, Freude oder Ärger ausdrücken. Verschränkte Arme können „Ablehnung", „Rückzug", „sich sammeln" oder einfach „frieren" bedeuten. Man muss also verschiedene Hinweise beachten, um die Körpersprache des anderen richtig zu verstehen. Auch in derselben Situation zeigen die Menschen ein unterschiedliches Verhalten.

4 b) Es gibt aber auch viele Körpersignale, die sich im Laufe der Zeit kulturell entwickelt haben und so missverständlich sein können wie die Wortsprachen. So kann eine Geste wie der emporgereckte Daumen in unterschiedlichen Kulturkreisen ganz verschiedene, ja gegensätzliche Bedeutung haben: „in Ordnung", „gut gemacht", aber auch beleidigend gemeint sein: „Blödmann" und Schlimmeres.
Auch eine für uns ganz normale Körperhaltung, bei der sich niemand etwas denken würde, kann z. B. in anderen Teilen der Welt bedeutungsvoll sein, sogar Empörung hervorrufen. So ist das Übereinanderschlagen der Beine für einen Araber eine Beleidigung, denn die Fußsohle gilt im arabischen Kulturkreis als unrein.
Gruppen von Menschen, Gesellschaften und Kulturen entwickeln ein eigenes System von nonverbalen (= nicht sprachlichen) Botschaften, einen eigenen Code. Nur wenn man mit diesem Code aufgewachsen ist, wenn man ihn durch Zugehörigkeit zur Clique, Gruppe, Volksgemeinschaft kennt, kann man ihn richtig verstehen und benutzen.
Fazit: Es gibt Körpersignale, die wir alle verstehen und mit gleicher Bedeutung in entsprechenden Situationen anwenden, und solche, die kultur- oder regionalspezifisch sind.

Seite 77: „So habe ich das nicht gemeint!"

1 Annika reagiert abweisend. Ihre Reaktion lässt darauf schließen, dass sie meint, Melissa habe die Hausaufgaben nicht gemacht und wolle von ihr abschreiben. – Melissas Frage ist eigentlich eine völlig wertfreie, sachliche Frage, die ohne jeden Gefühlsausbruch mit Ja oder Nein beantwortet werden kann. Die Reaktion Annikas legt die Vermutung nahe, dass das Verhältnis zwischen beiden schlecht ist und Annika bereits aufgrund ähnlicher Fälle damit rechnet, dass Melissa abschreiben will.

2 Melissa kann ohne jede weitere Änderung in der Formulierung allein durch unterschiedliche Betonung ihrer Frage ganz verschiedene Inhalte zuweisen:
- Hast DU die Hausaufgaben für Deutsch gemacht? (Sonst hat sie nämlich keiner gemacht.)
- Hast du DIE Hausaufgaben für Deutsch gemacht? (Die = Diese Hausaufgaben; waren zu schwer, umfangreich.)
- Hast du die Hausaufgaben für DEUTSCH gemacht? (In Englisch, Mathe ja, aber die in Deutsch nicht!)
- Hast du die Hausaufgaben für Deutsch GEMACHT? (... tatsächlich gemacht, bist du zurande gekommen?)

Neben der unterschiedlichen Betonung kann Melissa auch den Tonfall ändern, ihrer Frage durch Mimik und Gestik Zusatzinformationen mitgeben. Mögliche Antworten Annikas wären dann z. B.:
Habe die Aufgabe gemacht, war aber eine blöde Hausaufgabe.
Ich habe sie nicht verstanden, war viel zu schwierig; ich habe sie auch nicht gemacht.

4 b/c) Beispiellösung:

	Mögliche Bedeutungen	Mögliche Sprecher/-innen
A	Ermahnung: Passt endlich mal auf!	Lehrer/Lehrerin
B	Das ist nicht so wichtig. Das geht dich nichts an!	Erwachsener oder Jugendlicher
C	Die gefallen mir gut. Das sieht ja grauenhaft aus! Die hätte ich auch gerne.	Jugendliche
D	Gratuliere, so lange würde ich nicht durchhalten. Damit hast du deine Wochen-PC-Zeit überschritten. Du hättest lieber deine Hausaufgaben machen sollen.	Eltern, auch älteres Geschwister
E	Sei kein Egoist und lass andere auch mal spielen!	Mitspieler/-in

Seite 78: Wertevermittlung

1 Die Mimik der beiden Jungen unterscheidet sich im ersten Bild kaum, sie ist eher neutral, distanziert. Im zweiten Bild zeigt sich die Wirkung der Aussage. Die Mimik des sprechenden Jungen drückt eine gewisse Bewunderung aus, er lacht, wohingegen der schweigsame Junge erschüttert, entsetzt, erschrocken aussieht.
Dies ist darauf zurückzuführen, dass der sprechende Junge (mit Hut) in der Anwendung von Gewalt eine Möglichkeit sieht, sich Respekt und Anerkennung zu verschaffen; evtl. betrachtet er die kriminelle Handlung auch als Männlichkeitsbeweis – eine Einstellung, die von dem schweigenden Jungen offensichtlich nicht geteilt wird.

2 Der Untertitel „Wertevermittlung" ist ironisch gemeint. Im linken Bild geht es darum, dass man andere Menschen und ihre unterschiedlichen Meinungen und Verhaltensweisen respektieren soll. Der Junge mit Hut aber hat Respekt vor jemandem, dem es gelungen ist, bislang acht Handys straflos zu stehlen oder auf andere Weise zu ergaunern. Er hat Achtung vor einem geschickten Dieb, der sich bei einer strafbaren Handlung nicht erwischen lässt. – Gewalt vermittelt dem Jungen das Gefühl von Macht und Überlegenheit.

3 b) Wichtig ist hier, dass der schweigsame Junge die sprachliche Verdrehung und Verharmlosung des Sachverhalts offenlegt, indem er das verharmlosende Verb „abgezogen" durch „gestohlen" oder „ergaunert" ersetzt und so die Handlungsweise Mischas als das hinstellt, was sie ist: kriminell.

4 „Abziehen" und **„Abzocken"** sind **verharmlosende** Begriffe aus der Jugendsprache. Gemeint ist damit Raub oder **räuberische Erpressung**, d. h. Diebstahl bzw. die Aneignung fremden Eigentums unter **Gewaltandrohung** oder -ausübung.

Seite 79: Ein Diagramm auswerten und interpretieren

1 a) Es geht um das Thema „Internetaktivitäten der Jugendlichen im Jahre 2008". Es nennt die Bereiche, in denen die Jugendlichen im Internet aktiv sind.
b) Internetaktivitäten der Jugendlichen im Jahre 2008
c) Das Diagramm soll darüber informieren, wie Jugendliche das Internet nutzen: hauptsächlich zur Kommunikation. Verdeutlicht werden die Unterschiede zwischen den Internetaktivitäten von Jungen und Mädchen.

2 Folgende Antworten sind richtig:
☒ 42 % der Mädchen nutzen das Internet für Infos für die Schule oder Ausbildung.
☐ Jungen versenden und empfangen häufiger E-Mails als Mädchen.
☒ Kommunikative Tätigkeiten stehen bei Jungen und Mädchen im Vordergrund.
☒ Der größte Unterschied zwischen Jungen und Mädchen zeigt sich in der Rubrik „Multi-User-Spiele".

3 *Vorteile:* Zusammengefasste, übersichtlich angeordnete Informationen, die auf Zahlen basieren. Sie zeigen Entwicklungen und Rangfolgen auf.
Nachteile: Es ist oft schwer, die auf gedrängtem Raum enthaltenen Informationen mit eigenen Worten darzustellen. Zahlen und Daten müssen interpretiert werden; häufig gibt es keine einheitliche Leserichtung.

4 Keine Antwort gibt das Diagramm auf die Frage, wie lange und wie oft die Jugendlichen im Internet surfen. Auch die Altersstufen der Jugendlichen sind nicht aufgelistet.

5 Nicht ganz alltägliche Situationen – Kurzgeschichten

Seite 92 f.: William M. Harg: Der Retter

1 *Schoner:* schnelles Segelschiff mit zwei Masten
Takelwerk: Segeleinrichtung eines Schiffs
Planke: dickes, breites Schiffsbrett
Koje: ein schmales Bett in einer Schiffskabine
Frachter: ein Schiff, das Waren transportiert
Zusammenfassung der einzelnen Textabschnitte
Z. 1–24: Senter überlebt als einziger Mensch den Untergang eines Schiffes. Im Wasser hält er sich an einer Planke fest, die er sich nur widerwillig mit dem Schiffshund teilt, der den Untergang ebenfalls überlebt hat.
Z. 25–39: Senter erkennt seine verzweifelte Lage auf dem Meer. Beim Anblick des Hundes wird er wütend, da dieser die Gefahr nicht registriert. Beide halten sich weiterhin an der Planke fest.
Z. 40–42: Der Hund verharrt teilnahmslos in seiner Stellung und wartet ab.
Z. 43–61: Senter bindet sich an der Planke fest, um bessere Überlebenschancen zu haben. Als er erkennt, dass für ihn dazu aber auch der Hund notwendig ist, bindet er auch diesen fest. Die Augen des Hundes strahlen die Lebenskraft aus.
Z. 62–69: Ein Frachter fährt vorüber und übersieht die Schiffbrüchigen. Senter fällt anschließend in Ohnmacht.
Z. 70–79: Senter und der Hund werden nach 6 Tagen auf See gerettet. Senters Erzählungen werden als Fieberfantasien gedeutet.
Z. 80–83: Der rettende Arzt versteht nicht, warum Senter das Leben des Hundes unbedingt retten wollte.

2 **1. Tag auf See:** furchtbare Angst, Hund und Senter könnten von der Planke fallen; Entsetzen, Verzweiflung über die Lage, anschließender Umschwung: Wut (Z. 12–35)
2./3. Tag: Überlebenswille; Senter weiß, dass er ohne Hund nicht überleben kann, er hilft ihm und umgekehrt (Z. 45–61).
4. Tag: Hoffnung; Wut; Verzweiflung über misslungene Rettung; Senter reagiert auf das Schweigen des Hundes, fällt in Ohnmacht (Z. 62–69).
Beispiel für eine **Zusammenfassung**: Nachdem Senter seine verzweifelte Situation auf hoher See erkannt hat, bemerkt er, dass er den Hund zum Überleben braucht, da dieser seine Gedanken allein auf das Überleben konzentriert.

3 Die Kurzgeschichte ist aus der Perspektive des jungen Senter geschrieben. Seine Gefühle werden ausführlich geschildert, z. B.:
Z. 12: „Senter mochte den Hund nicht."
Z. 27: „Der Schrecken seiner Lage überwältigte ihn."
Z. 30: „Mit Verzweiflung sah er, was ihm bevorstand."
Z. 34: „Wut erfüllte ihn ..."
Z. 43/44: „In der halben Stunde [...] war Senter bereits ein Dutzend Mal gestorben."
Z. 50/51: „Und er triumphierte, denn er wusste, so konnte er es länger aushalten."

4 Normalerweise handeln Geschichten mit ähnlichen Titeln von Heldentaten einzelner Menschen. Dabei wird oft beschrieben, wie ein „Retter" einem anderen Menschen aus ausweglosen Situationen hilft. Häufig wird die Perspektive des Retters gewählt.
In dieser Geschichte ist es genau umgekehrt. Zwar rettet letztlich Senter dem Hund das Leben, ermöglicht wird die Rettung aber erst durch die Anwesenheit des Hundes. Allein hätte Senter nicht überleben können. Der Hund folgt in der Gefahr seinen Instinkten und bemüht sich einfach „nur" zu überleben, ohne nachzudenken. Senter erkennt, dass auch er so handeln muss, will er eine Chance haben.
Die Textpassage „In der halben Stunde [...] war Senter bereits ein Dutzend Mal gestorben, aber der Hund würde nur einmal sterben" (Z. 44/45) verdeutlicht die Problematik. So helfen dem jungen Seemann die Augen des Hundes, um die langen Tage auf See zu überleben.

5 Die Kurzgeschichte „Der Retter" von William M. Harg handelt von einem jungen Seemann namens Senter, der als einziger der Besatzung ein Schiffsunglück mithilfe eines Hundes überlebt.
Als der Schoner „Christoph" sinkt, überleben nur der junge Senter und der Schiffshund den Untergang. Senter bindet sich an einer vorbeischwimmenden Planke fest und hofft, so überleben zu können. Der Schiffshund, der sich ebenfalls auf die Planke legt, macht ihn anfangs wütend, da Senter befürchtet,

dass dadurch seine Überlebenschancen weiter sinken. Der junge Seemann muss jedoch erkennen, dass der Hund für ihn zum Überleben wichtig ist. Der Hund folgt seinem Instinkt und konzentriert sich auf das Überleben. Genau das muss auch der junge Seemann tun, will er nicht verzweifeln. Die Augen des Hundes bewahren Senter vor dem Nachdenken über die Zukunft. Seine anfängliche Wut verwandelt sich in Zuneigung und Sorge um den Hund. Nach sechs Tagen werden beide gerettet.

6 Wichtige Merkmale einer Kurzgeschichte, aufgezeigt am Text:
- Wichtiger Abschnitt im Leben eines Menschen:
  Der junge Seemann Senter erlebt eine Grenzsituation. Er entkommt knapp dem Tod (Z. 3 ff.).
- Ein einzelnes Geschehen steht im Mittelpunkt:
  Die Kurzgeschichte thematisiert das Überleben der beiden Schiffbrüchigen. Der Leser erfährt, wie es Senter nach anfänglicher Wut gelingt, den Hund als wichtigen Verbündeteten gegen den Tod zu akzeptieren (Z. 12 ff.).
- Handelnde sind „Alltagsmenschen“:
  Senter ist ein junger Seemann. Das Schicksal könnte aber auch jeden anderen treffen.
- Einfache Wortwahl/Einfacher Satzbau:
  Außer den Fachbegriffen aus der Welt der Schifffahrt (siehe Aufgabe 1) werden keine unbekannten Wörter verwendet. Der Satzbau ist einfach, lange Sätze werden vermieden.
- Unvermittelter Anfang:
  Der Schoner „Christoph“ geht unter (Z. 1). Man erfährt nichts über den Grund des Untergangs.
- Offener Schluss:
  „Können Sie das verstehen?“, fragte der Arzt (Z. 80).
  Für den Arzt sind die Beweggründe Senters nicht nachvollziehbar, der Leser sollte ihm die Frage allerdings beantworten können.

Seite 94 f.: Wolfgang Borchert: Die Küchenuhr

1 a) Beispiellösung:
Die Kurzgeschichte „Die Küchenuhr“ von Wolfgang Borchert handelt von einem jungen Mann, der im Krieg alles außer einer defekten Küchenuhr verloren hat und daran verdeutlicht, was er unter „Paradies“ versteht.

b) Beispiellösung:
Ein zwanzig Jahre alter Mann hat im Krieg alles verloren. Das Einzige, was ihm geblieben ist, ist die alte Küchenuhr. Der junge Mann erzählt zwei Passanten, warum diese Uhr für ihn wichtig ist: Sie blieb um halb drei stehen. Das war immer der Zeitpunkt, zu dem er nachts nach Hause gekommen ist und ihm die Mutter etwas zu essen gemacht hat. Glücklich und voll Sehnsucht denkt er an diese Zeit zurück. Der entbehrungsreiche Alltag vor dem Krieg erscheint ihm jetzt als Paradies.

c) Beispiellösung:
Der junge Mann ist traumatisiert wegen des Todes der Eltern. Die Situation hat er offenbar nicht verarbeitet. Deshalb reagiert er für Außenstehende erst einmal merkwürdig, z. B. „Ja, ja, sagte er freudig“ (Z. 29), „das Schönste“ (Z. 36), „Witz“ (Z. 51), „er lachte“ (Z. 96/97).
Große Teile des Textes in direkter Rede (ohne Anführungszeichen) – häufig kurze Sätze – Wiederholungen (Z. 2 „altes Gesicht“; Z. 36 „das Schönste“; Z. 39 „halb drei“; Z. 77, 79, 82 „so selbstverständlich“; Z. 92/93 „alles weg“), insgesamt einfache Sprache
Unvermittelter Anfang – offenes Ende – Alltagssituation – scheinbare Belanglosigkeit – Wendepunkt: „Paradies“ (Z. 88)

d) Mit seiner Kurzgeschichte verdeutlicht Wolfgang Borchert, wie schnell das als selbstverständlich genommene alltägliche Glück zerstört werden kann. Dieser junge Mann, der sich an eine defekte alte Küchenuhr klammert, hat durch den Krieg alles ihm Bedeutsame verloren. Als Paradies erscheint ihm nun das frühere banale Glück. Auch der Mann auf der Bank muss immerzu über die Bedeutung des Wortes „Paradies“ nachdenken. Insofern ist letztlich auch der Leser am Ende der Kurzgeschichte aufgefordert, sich über „sein“ Paradies Gedanken zu machen.

Seite 100: Ernest Hemingway: Ein Tag Warten (Diff.-Mat. 1)

1 Beispiellösung:
Liebes Tagebuch,
heute war ein furchtbarer Tag! Als ich heute Morgen aufwachte, war ich ziemlich krank. Papa war sehr besorgt und schickte mich sofort ins Bett und holte den Doktor. *„Du gehst rauf ins Bett“, sagte ich. „Du bist krank“ (Z. 18/19).* Der gab mir Medikamente und sagte, dass meine Temperatur 102 war. 102!!! Ich bekam Panik und war mir sicher, dass ich nicht mehr lange zu leben hatte. *Sein Gesicht war sehr weiß, und er hatte dunkle Schatten unter den Augen. Er lag reglos im Bett … (Z. 44–47).* Die Jungs in Frankreich hatten mir schließlich gesagt, man sei mit 44 Grad bereits tot. Papa wollte mich aufmuntern und mir etwas vorlesen. Ich konnte mich überhaupt nicht konzentrieren, weil ich die ganze Zeit über meine hohe Temperatur nachdachte. Jeden Moment musste es so weit sein, dass ich sterbe! *Ich las ihm aus Howard Pyles Piratenbuch vor, aber ich sah, dass er nicht bei der Sache war (Z. 49–51).* Ich war gar nicht bei der Sache und dachte, Papa wäre es eigentlich unangenehm, bei mir zu sein. *„Nein, ich meine, du brauchst nicht zu bleiben, wenn es dir unangenehm wird“ (Z. 69/70).* Er machte schließlich einen Spaziergang und maß danach noch einmal meine Temperatur. Sie war aber kaum gesunken. Da nahm ich all meinen Mut zusammen und fragte Papa, wann ich sterben müsste. *„Um wie viel Uhr glaubst du, dass ich sterben werde?“, fragte er (Z. 138–139).* Er blickte mich verwundert an und so erzählte ich ihm von den Jungs in Frankreich. *„In der Schule in Frankreich haben mir die Jungen erzählt, dass man mit 44 Grad nicht leben kann“ (Z. 150–153).* Papa erklärte mir dann, dass es zwei verschiedene Thermometer gibt. *„Es ist ein anderes Thermometer. Auf dem Thermometer ist 37 normal. Auf dieser Sorte 98“ (Z. 159–162).* Bei unserem ist so eine hohe Zahl normal. Ich war so erleichtert! *„… die Starre verschwand langsam aus seinem … Blick; … und er weinte wegen Kleinigkeiten los, die ganz unwichtig waren“ (Z. 169–174).*

Seite 101: Ernest Hemingway: Ein Tag Warten (Diff.-Mat. 2)

1 Beispiellösung:
Das gibt's doch nicht! Das kann doch gar nicht wahr sein?! Wieso wusste ich das nicht? Den ganzen Tag habe ich eine Wahnsinnsangst vor dem Tod und erwarte, dass ich jeden Moment sterbe! Dabei hatten mir die Jungs in Frankreich doch geschworen, dass man bei einer Temperatur von 44 Grad tot ist. Und ich hatte 102!! Warum haben die mir nicht gesagt, dass es zwei verschiedene Thermometer gibt? Vermutlich wussten sie es selbst nicht. Der Arzt hat auch überhaupt nichts zu mir gesagt. Hätte er nicht einfach sagen können, dass ich in zwei oder drei Tagen wieder gesund bin? Und Papa? Der hätte es doch ahnen können! Er wusste doch, dass ich nur die anderen Thermometer kannte. Er hätte mich doch ganz schnell beruhigen können, statt mir Bücher vorzulesen. Aber so richtig böse kann ich ihm nicht sein, schließlich wollte er mir wirklich beistehen. Er hat es sicher nicht mit Absicht getan! Aber der Schrecken steckt mir immer noch in den Knochen. Ich bin ja vor Angst wirklich fast gestorben. Mir ist echt nach Heulen zumute! Aber noch mal passiert mir so was nicht!

6 „Kleider machen Leute" – Eine Erzählung von Gottfried Keller

Seite 113: Strapinskis erster Besuch beim Amtsrat

1 b) Beispiellösung:
Karaffe = weitbauchige Weinflasche
karneolfarbiger Sauser = blutroter junger Wein (schweiz. für dt. Federweißer, österr. Sturm)
Polacke = Pole (noch nicht abschätzig gemeint)
dünkte sie = schien ihnen
dazumal = damals

c) Junker (ursprünglich mittelhochdeutsch „junger Herr", „Edelknabe", „Knappe"):
junger Adliger, Großgrundbesitzer oder Angehöriger des Landadels;
oft abwertend gemeint für einen Adligen, der kein anderes Verdienst hat, als durch Geburt adlig zu sein.

2 Beispiellösung:
Z. 1–12: Ankunft und Begrüßung der Goldacher Herren und Strapinskis auf dem Gut des Amtsrats
Z. 13–45: Spiel und Unterhaltung zwischen den Goldacher Herren und dem adlig wirkenden Strapinski
Z. 46–54: Zweifel Melchior Böhnis an Strapinskis Adel

3 Beispiellösung:
Einleitung: In dem vorliegenden Textausschnitt aus der Erzählung „Kleider machen Leute" von Gottfried Keller aus dem Jahr 1873/74 geht es um den Aufenthalt Strapinskis auf dem Gut des Amtsrats zusammen mit den Goldacher Herren, wobei er bei fast allen Anwesenden den Eindruck eines polnischen Adligen hinterlässt.
Hauptteil: Zu Beginn des Textauszugs wird die Ankunft der Herren auf dem Gut des Amtsrats geschildert; dieser begrüßt alle und serviert jungen Wein. Wegen der Anwesenheit des vornehmen Grafen Strapinski ordnet er besondere Bewirtung an. Im Verlauf der Handlung beschäftigen sich die Goldacher Herren mit einem Glücksspiel, Strapinski schaut zu und nimmt erfolgreich an der Unterhaltung teil, sodass der Eindruck, er sei ein feiner Adliger, bei fast allen Goldacher Herren verstärkt wird. Der Text endet damit, dass Melchior Böhni, einer der Herren, am Adel Strapinskis zweifelt. Er vermutet, dass dieser kein Graf ist, da er zerstochene Finger hat.

4 a) Die *Einleitung* nennt Textsorte, Titel, Autor, Erscheinungsjahr, Thema des Textes und gibt einen Handlungsüberblick.
Der *Hauptteil* informiert über die wichtigsten Figuren und Ereignisse (Handlungsschritte) in der richtigen Reihenfolge.
Wörtliche Rede: Zitate werden in indirekter Rede (mit dem Konjunktiv) wiedergegeben.
Das *Tempus* der Inhaltsangabe ist das Präsens, bei Handlungen, die zeitlich zurückliegen, das Perfekt.

Seite 114 f.: Entlarvung Strapinskis ...

1 b) Beispiellösung:
Z. 25/26 „mit glücklicher Geschäftigkeit sich gebärdend": glücklich und geschäftig (Böhni ist der Meinung, Strapinski aus dem Feld geschlagen zu haben; siegesbewusst kümmert er sich um die Pferde. Dabei achtet er nicht auf Nettchen [„achtlos"], die keineswegs mit ihm nach Hause fahren, sondern sich auf die Suche nach ihrem geliebten Strapinski machen will.)
Z. 33–35: „entdeckte Herr Böhni das Ereignis und lief in der Richtung gegen Goldach": entdeckte Herr Böhni, was passiert war, und lief Richtung Goldach
Z. 40: „alle Zungen beschäftigte": jeden interessierte, von allen Leuten besprochen wurde
Z. 42: „mit Vorsatz": mit Absicht
Z. 86–88: „und gab ihm in der Beängstigung Nasenstüber auf die erbleichte Nasenspitze": und stupste ihn vor lauter Angst mit der Hand auf die blasse Nasenspitze

c) Mögliche Erklärung von „der glücklich Unglückliche" (Z. 92): Glücklich, weil Nettchen ihm hinterhergefahren ist und ihn vor dem Erfrieren rettet; unglücklich, weil seine wahre Identität auf so peinliche Weise herausgekommen ist und er – vor allem vor Nettchen – als Betrüger dasteht.

d) Z. 23–30 Beispiellösung:
Sie nahm rasch darin Platz und ergriff das Leitseil und die Peitsche. Der nicht auf Nettchen achtende Böhni suchte glücklich und geschäftig für den Stallknecht, der die Pferde gehalten hatte, das Trinkgeld hervor. Währenddessen trieb Nettchen unversehens die Pferde an und fuhr in starken Sätzen auf die Landstraße hinaus. Diese Sätze verwandelten sich bald in anhaltenden munteren Galopp.

2 Beispiellösung:
Z. 1–19: Nettchens Reaktion auf Wenzels Entlarvung und Böhnis Angebot, sie nach Hause zu begleiten
Z. 20–40: Nettchens Flucht mit der Kutsche und Böhnis arglose Verfolgung
Z. 41–54: Nettchens Suche nach Strapinski

Z. 55–76: Entdeckung des im Schnee schlafenden Wenzels
Z. 77–102: Rettung Wenzels durch Nettchen und Wenzels Bitte um Verzeihung

3 Beispiellösung:
Einleitung: In dem vorliegenden Textausschnitt aus der Novelle „Kleider machen Leute" von Gottfried Keller aus dem Jahr 1873/74 geht es um Nettchens Entsetzen nach Wenzels Entlarvung und ihre Suche nach ihm, bei der sie ihn am Ende vor dem Erfrieren rettet und er sie um Verzeihung bittet.
Hauptteil: Am Anfang des Textausschnitts ist Nettchen ratlos und zornig über den Betrug Strapinskis. Sie fährt mit der Kutsche davon, um ihn zu suchen und zur Rede zu stellen. Böhni, der ihr angeboten hatte, sie nach Hause zu begleiten, ist der Meinung, die Pferde seien mit ihr durchgegangen, und verfolgt sie. Schließlich findet sie Wenzel im Schnee schlafend und weckt ihn auf. Er bittet sie um Verzeihung für sein Verhalten. Der Textausschnitt endet damit, dass Nettchen ihm sagt, sie werde ihn mitnehmen, um mit ihm zu sprechen.

4 a) Die *Einleitung* nennt Textsorte, Titel, Autor, Erscheinungsjahr, Thema des Textes und gibt einen Handlungsüberblick.
Der *Hauptteil* informiert über die wichtigsten Figuren und Ereignisse (Handlungsschritte) in der richtigen Reihenfolge.
Wörtliche Rede/Zitate werden in indirekter Rede (mit dem Konjunktiv) wiedergegeben.
Das *Tempus* der Inhaltsangabe ist das Präsens, bei Handlungen, die zeitlich zurückliegen, das Perfekt.

Seite 120: G. Keller: Kleider machen Leute (Diff.-Mat. 1)

1 Beispiellösung:
2. Er entfernt sich langsam von der Abendgesellschaft und möchte möglichst unauffällig verschwinden.
3. Als er unbemerkt davonlaufen möchte, begegnet Strapinski dem Amtsrat und seiner Tochter Nettchen.
4. Der Amtsrat lädt den Schneidergesellen zu einem Abendessen in sein Haus ein.
5. Strapinski begrüßt Nettchen mit großer Höflichkeit, die von seinem Verhalten beeindruckt ist.
6. Nettchen reagiert sehr freundlich auf Strapinski, der sich daraufhin verändert und plötzlich sehr vornehm spricht.
7. Obwohl Strapinski beim Abendessen neben der Tochter sitzen darf, bedauert er, dass das Glück immer nur von kurzer Dauer ist.
8. Der Schneidergeselle verhält sich am Tisch ungeschickt, beeindruckt aber trotzdem die Tochter.

2 a) Beispiellösung:
2. „Da sieht man, fuhr es ihr durch den Sinn, je nobler, desto bescheidener und unverdorbener ..." (Z. 62–68)
3. „Sie grüßte den Ritter daher auf das Holdseligste, indem sie auch lieblich errötete ..." (Z. 69–71)
4. „Denn er mochte tun oder lassen, was er wollte, alles wurde als ungewöhnlich und nobel ausgelegt und die Ungeschicklichkeit selbst als merkwürdige Unbefangenheit liebenswürdig befunden von der jungen Dame ..." (Z. 112–118)

b) Beispiel für einen Brief:
Liebe Freundin,
heute habe ich einen ganz besonderen Herrn kennen gelernt. Während ich mit Papa spazieren ging, tauchte plötzlich aus dem Nichts ein vornehmer Edelmann auf. Es stellte sich heraus, dass mein Vater ihn kannte: Es war ein Graf, den er sofort zum Abendessen einlud. Als dieser mich sah, begrüßte er mich sehr höflich und wurde sogar rot dabei. Ich fand es sehr rührend, mit welcher Höflichkeit und Schüchternheit er sich mir näherte. Mir gefiel er so sehr, liebe Freundin, dass auch ich rot wurde und hastig auf ihn einsprach. Ich hoffe, er hat es nicht gemerkt, welchen Eindruck er auf mich machte! Beim Abendessen konnte ich dann den Blick nicht von ihm wenden. Er verhielt sich am Tisch so ungewöhnlich und nobel, wie ich es vorher nie bei anderen erlebt habe.
Du musst ihn unbedingt kennen lernen!
Mit herzlichen Grüßen
Dein Nettchen

Seite 121: G. Keller: Kleider machen Leute (Diff.-Mat. 2)

1 Folgende Aussagen sind richtig / falsch:

	Richtig	Falsch
Strapinski möchte mit dem ... Geld sein Abendessen im Gasthof „Zur Waage" bezahlen.	✗	
Der Schneidergeselle verlässt die Abendgesellschaft schnell und fluchtartig.		✗
Strapinski trifft in dem Moment ... auf den Amtsrat und seine Tochter.	✗	
Der Amtsrat lädt den Schneidergesellen zu einer Übernachtung in seinem Haus ein.		✗
Strapinski findet Nettchen, die Tochter des Amtsrates, zunächst gar nicht anziehend.		✗
Nettchen gefällt die Schüchternheit von Strapinski, den sie vornehm und interessant findet.	✗	
Die Tochter des Amtsrates ist dem Schneidergesellen gegenüber freundlich und aufmerksam.	✗	
Strapinski verändert sich Nettchen gegenüber und spricht plötzlich sehr vornehm und höflich.	✗	
Im Hause des Amtsrates darf der Schneidergeselle neben der Tochter sitzen, weil diese einen männlichen Tischnachbarn braucht.		✗
Auch wenn sich Strapinski am Tisch ungeschickt verhält, macht er doch einen guten Eindruck auf Nettchen.	✗	

2 a) Beispiellösung:
verändert sich und spricht plötzlich vornehmer (Z. 81/82);
ist Nettchen gegenüber sehr aufgeregt (Z. 85–87)
blickt Nettchen beim Abendessen flüchtig von der Seite an (Z. 107/108)

b) Beispiel für die Darstellung aus der Sicht Strapinskis:
Heute war ein wunderbarer Tag! Ich wollte gerade unauffällig von der Abendgesellschaft verschwinden, als ich plötzlich auf den Amtsrat traf. Er war erfreut, mich zu sehen, und lud mich sofort zu einem Abendessen in sein Haus ein. An seiner Seite war ein wunderschönes Mädchen, das mir der Amtsrat als seine Tochter Nettchen vorstellte. Ihre

Schönheit und ihr Liebreiz überwältigten mich, sodass ich kaum die richtigen Worte fand und errötete. Aber auch sie errötete und sprach schnell und hastig auf mich ein. Beim Abendessen durfte ich neben Nettchen sitzen.
Ich bedauerte in dem Moment, dass das Glück immer nur von kurzer Dauer ist. Doch es tröstete mich, dass mich Nettchen auch dann anstrahlte, wenn ich mich am Tisch danebenbenahm und mich ungeschickt verhielt.

7 Menschen in der Stadt – Gedichte untersuchen und gestalten

Seite 136: Hugo von Hofmannsthal: Siehst du die Stadt?

1 Das Gedicht schildert die Atmosphäre einer Stadt im Mondlicht.
In der *ersten Strophe* wird die Stadt aus der Entfernung betrachtet. Es ist Nacht und das Mondlicht lässt die Stadt wie verzaubert erscheinen.
Die nächtliche Ruhe wird in der *zweiten Strophe* betont. Es weht nur ein schwacher Wind und die Geräusche, die aus der Stadt dringen, sind leise und rätselhaft.
In der *dritten Strophe* blickt das lyrische Ich nicht mehr auf die Stadt, sondern weist darauf hin, dass sich das Bild der Stadt mit all ihren Facetten in seinem Herzen befindet.
Mit der Metapher „der Silberseide Flut“ (V. 3) ist das silberne Licht des Mondes gemeint.
Das lyrische Ich betrachtet die Stadt aus zwei *Perspektiven*. In der ersten und zweiten Strophe beschreibt es den Blick auf die Stadt aus der räumlichen, in der dritten Strophe aus der zeitlichen Distanz. Dabei wirkt die Darstellung widersprüchlich. Die Sichtweise des Erinnernden lässt die Stadt schöner, verzauberter wirken, als sie in Wirklichkeit tatsächlich ist.
Das Gedicht ruft beim Leser eine wehmütige („dunkle Stadt“, „qualvoll bunte Pracht“), aber auch mystische („zauberische Pracht“, „geisterhaft“) und verzauberte („weint im Traum“, „rätselvoll“) Stimmung hervor.

2 Hofmannsthal stellt die Stadt wie einen ruhenden Menschen dar; Stilmittel: Personifikation. – Aufbau: 3 Strophen zu je 12 Versen; Kreuzreim a b a b – Die gleichbleibende Form des Gedichts unterstreicht das Bild der ruhenden Stadt. Die Auslassungszeichen am Ende der zweiten und der Beginn der dritten Strophe stellen jedoch eine Zäsur dar; sie geben einerseits Raum, die Gedanken schweifen zu lassen, und zeigen anderseits ein völlig anderes Bild der Stadt: „Die dunkle Stadt ... im Herzen mein“ (V. 9).

3 (Jugend-)erinnerungen lassen das reale Bild der Stadt, in der man gelebt hat, verblassen. Die graue Stadt wird so zu einem verzauberten Ort, dem z. B. das silberne Licht des Mondes jede Hässlichkeit nimmt.

Seite 137: Hans Kasper: Nachricht

2 Das Gedicht behandelt die Problematik der Umweltverschmutzung, speziell das Sterben der Fische im Main, hervorgerufen durch eingeleitete Schadstoffe oder ausgelaufenes Öl, und den Umgang der Menschen mit diesem Problem.

3 Ausführliche Beispiellösung:
Der Sprecher scheint lediglich eine Nachricht mitzuteilen (siehe Titel). Die Sprache ist sachlich, beruhigend:
V. 3–5: „Kein Grund ... zu erschrecken.“
V. 8–13: „Sie treibt ... rasch ... vorbei.“
V. 14/15: „Der Wind verweht den Geruch ...“
V. 18/19: „Alles ist auf das Beste geordnet ...“
Aber: Bei genauerem Hinsehen erhält die Aussage des Sprechers eine andere Bedeutung:
V. 1: „zehntausend Fische“ – vgl. V. 10: „ein Heer“
V. 2: „öliger Main“
V. 10: „Heer der silbernen Leichen“ – Metapher (militärischer Bezug: ein Heer stürmt die feindliche Bastion, „silberne Leichen“ – Fischleiber sind silbern, ebenso wie Rüstungen)
V. 11: „Der fliegengeschmückten“ – Apposition, widersprüchliche Aussage – Fliegen schmücken nicht, *aber:* Fliegen glänzen je nach Lichteinfall auch silbern und befallen Leichen, Fliegen sind Aasfresser.
V. 6/7: „Die Strömung ist günstig“ – Ironie
V. 18/19: „Alles ist auf das Beste geordnet“ – Ironie
V. 16: „unsere verletzlichen Sinne“ – das Possessivpronomen „unsere“ bezieht das lyrische Ich und den Leser/die Leserin in den Kreis derjenigen ein, die die Gefahr missachten; es verallgemeinert zugleich das Problem, es geht nicht nur um die Stadt Frankfurt.

4 Form und Wirkung:
Eine Strophe, 19 Verse, kein Reim, freier Rhythmus; kurze Aussagesätze, jeder Satz erstreckt sich über mehrere Zeilen / Verse; durch diese *Zäsuren* werden einzelne Begriffe bzw. Satzteile betont.
Das Gedicht wirkt zunächst wie eine einfache Nachricht. Die Form und die dadurch erzielte Hervorhebung einzelner Wörter und Satzteile lenkt den Blick des Lesers/der Leserin auf die Problematik.

5 Während das Gedicht von Stoltze eine Art Lobgesang auf die Stadt Frankfurt darstellt, ist die Verwendung des Städtenamens „Frankfurt“ bei Kasper austauschbar. Nicht die Stadt „Frankfurt“ steht hier im Mittelpunkt, sondern der zerstörerische Umgang des Menschen mit seiner Umwelt. Dieses Problem betrifft jeden Menschen.

Seite 138: Richard Dehmel: Die stille Stadt (1896)

1 a) Beispiellösung:
1. Auf eine Stadt in den Bergen senkt sich die Nacht hernieder. 2. Die Stadt versinkt im Nebel, der von den Bergen fällt. 3. Ein Wanderer sieht unerwartet ein Licht und hört ein Kind singen.
b) Beispiellösung: Strophen 1 und 2: Einsamkeit, Verlassenheit, insgesamt ist die Stimmung eher bedrückend ruhig. Strophe 3: Das Licht im Dunkel und der Gesang eines Kindes hellen die Stimmung auf: Lichtblick, Hoffnungsschimmer; in der Stadt regt sich Leben.
c) Selbst im tiefsten Grau und in großer Einsamkeit taucht immer wieder ein Hoffnungsschimmer auf, gibt es Lichtblicke.

Seite 174: Schlagzeilen * Schlagzeilen * Schlagzeilen

1 A 4; B 1; C 6 oder C 8; D 7; E 2; F 5; G 6 oder G 8; H 9; I 3

Diese Schlagzeilen sind zu finden ... im Ressort	
A 4	Das Schwimmen fiel ins Wasser – *Lokales; Sport*
B 1	Nach allen Regeln der Kunst – *Feuilleton*
C 6/8	Landwirt aus Kulmbach von Traktor überrollt – *Lokales*
D 7	Schluss mit historisch niedrigen Preisen – *Wirtschaft*
E 2	FC Bayern auf Liga-Pokal abonniert – *Sport*
F 5	Bush reiste ... nach Israel – *Politik (Ausland)*
G 6/8	7-jähriges Kind in München verschwunden – *Lokales*
H 9	Konzernchef gibt Quartalswerte bekannt – *Wirtschaft*
I 3	Bundeskanzlerin hat ... bestanden – *Politik (Inland)*

2 Alle Schlagzeilen sind geeignet:
A: Schlagzeile des Originalartikels (weckt Leseinteresse durch Unmöglichkeit: Personifizierung des Swimmingpools)
B: Das Ereignis wird aus dem Blickwinkel der Autofahrer berichtet.
C: Das Ereignis wird aus dem Blickwinkel der Anwohner bzw. der Geschädigten berichtet.

Seite 175: Print oder Online? – Medien und ihre Nutzung

1 a) Bild / Bild am Sonntag
b) Financial Times Deutschland
c) 49 %: nur als Printausgabe; 7 %: sowohl Print als auch online; 44 %: nur online am PC
d) PRO Print: kann man überall lesen; nicht an einen PC gebunden; Papier noch weiter nutzbar ...
PRO Online: alte Ausgaben können problemlos eingesehen werden; gezielte Artikelsuche möglich; kleines Format (Bildschirmgröße) ...

2 ..., hören Mädchen mehr Musik. 33,4 % tun dies mindestens ein bis zwei Stunden (Jungen 28,4 %) und manche sogar drei Stunden und mehr (Mädchen 36,7 %, Jungen 24,2 %). Bei beiden Geschlechtern stehen in der Freizeit Fernsehen und Video hoch im Kurs. Jungen schauen zu 53,2 % mindestens ein bis zwei Stunden pro Tag in die Röhre; 22,1 % sogar drei Stunden und mehr. Bei den Mädchen liegen ähnliche Werte vor: 50,2 % zu 23,6 %.
Spielkonsolen werden von den Mädchen weniger in der Freizeit genutzt. Nur 4,3 % beschäftigen sich damit ein bis zwei Stunden täglich und nur 1,1 % drei Stunden und mehr pro Tag. Hier liegen die Werte bei den Jungen deutlich höher.

Seite 176: Einen Zeitungsartikel verfassen

1 Das Flussdiagramm ist von oben nach unten aufgebaut und auch so zu lesen. An manchen Stellen gibt es waagerecht unterschiedliche Aspekte, die bei der Abfolge des Flussdiagramms nebeneinander betrachtet werden können. Der Aufbau ist Vorlage für die Abfassung eines Zeitungsartikels.

2 Das Flussdiagramm verdeutlicht den Weg, wie man einen Zeitungsartikel schreiben kann und welche Aspekte man dabei beachten muss.
Konkret wird die Abfolge der einzelnen Schritte bei der Anfertigung eines Artikels für die Schülerzeitung zum Thema „Das neue Schülercafé" aufgezeigt. Nachdem das Thema feststeht, werden verschiedene Möglichkeiten aufgeführt, wie man an die notwendigen Informationen für den Artikel kommen kann. Neben Befragungen von beteiligten Personen (Schulleiter, Eltern, Lehrer, Schüler ...) können auch Informationen in anderen Schulen oder in der Bibliothek oder über Internetseiten herangezogen werden.
Alle Informationen müssen gesichtet und geordnet werden, um mögliche Quellenangaben benennen zu können, Personen zitieren oder Sachinformationen gezielt nachlesen zu können. Es gilt ferner, die Textart festzulegen. Hierbei wird unterschieden zwischen informierenden Texten (Bericht, Interview) und meinungsbetonten Texten (Kommentar, Reportage).
Sind die entsprechenden Handlungsschritte erledigt, muss der Journalist / die Journalistin den eigentlichen Text schreiben. Um bei den Lesern auch die entsprechende Aufmerksamkeit zu erzielen, sollte der Artikel eine geeignete Überschrift (Schlagzeile) sowie einen passenden Untertitel bekommen. Der Veröffentlichung in der Schülerzeitung steht dann nichts mehr im Wege.

Seite 177: Tag und Nacht für die Leser aktiv

1 Lösung (nach dem Original):
Frage 1: Wer hat Reuters gegründet?
Frage 2: Wie ist Reuters so groß und erfolgreich geworden?
Frage 3: Wie groß ist Reuters und wie viele Mitarbeiter hat die Firma ungefähr?
Frage 4: Welche Ausbildung haben Sie und wo haben Sie studiert?
Frage 5: Müssen Reuters-Mitarbeiter viel reisen oder umziehen?

2 Mit Ausnahme der letzten Frage stellt der Reporter W-Fragen, die darauf abzielen, möglichst viele Informationen zu bekommen. Er möchte genaue und konkrete Antworten erhalten.

10 A-I-D-A – Werbung in Text und Bild

Seite 188: Helden gesucht! – Werbeanzeigen untersuchen

1 a/b) In dieser Werbeanzeige wirkt alles geheimnisvoll, verschiedene Einzelheiten regen die Fantasie an. Dies wird auf dem Original auch durch die Farben unterstrichen: Blautöne überwiegen, von oben bis zur Mitte von Dunkel nach Hell verlaufend, ab der Mitte wieder dunkler werdend, unten sehr dunkel, blauschwarz. – Ins Auge fällt zunächst der Löwenkopf, der in die Abbildung eines Frauenkopfes übergeht. Danach nimmt man wahrscheinlich auch die Headline wahr, die sich durch die weißen Buchstaben gut abhebt.

2 Das Zentrum der Anzeige wird durch die Köpfe von Löwe und Frau gebildet, die auf den ersten Blick wie ein „Doppelkopf" wirken. Die beiden Köpfe gehen ineinander über: Das Fell des Löwen und das Haar der Frau haben an der Übergangsstelle fast dieselbe Farbe. Auf dem Kopf der Frau sieht man spitze Kristalle, die wie eine Krone wirken. Der Kopf des Löwen ist nach links ausgerichtet, sein Blick scheint sich in der Weite (außerhalb des Bildes) zu verlieren. Der Kopf der Frau ist nach rechts gewandt; ihr Blick geht, leicht nach hinten gewendet, in das Bild hinein. Sie wirkt angestrengt und ein wenig angstvoll. Der Kopf des Löwen und der Kopf der Frau sind diagonal von links oben nach rechts unten hin angeordnet. Unter diesen Köpfen sieht man kämpfende Personen sowie zwei Eisbären, die einen Eisenring tragen und mit Ketten zusammengebunden sind. Auch diese Figuren sind in einer Diagonale von links oben nach rechts unten hin angeordnet; die Diagonale verläuft somit parallel zur ersten. Beide Diagonalen treffen am rechten Bildrand unterhalb der Mitte auf das beworbene Produkt: auf zwei verschiedene Cover des Computerspiels. Unterhalb des Halses der Frau sieht man weitere Kämpfer, die aber sehr klein und verschwommen dargestellt sind. Im Hintergrund erahnt man eine Landschaft hinter Wolken, links neben dem Löwenmaul ist ein Schloss erkennbar.
Die Headline steht ganz oben auf der Anzeige; der eigentliche Werbetext (Copy) befindet sich im unteren Drittel, wie auch die Headline in weißer Schrift. Unterhalb des Werbetextes gibt es noch eine Art zweite Headline mit direkter Ansprache an den Betrachter („Eine geheimnisvolle Welt erwartet dich"), die durch die Schriftart besonders auffällt. Am unteren Rand der Anzeige werden einige Angaben zum Produkt gemacht (z. B. für welche Geräte sich das Spiel eignet).

3 Die Headline besteht nur aus zwei Wörtern: „Helden gesucht!". Das Nomen „Held" erweckt sofort bestimmte Vorstellungen, der Imperativ (Befehlsform) spricht den Leser direkt an, fordert zum Handeln auf. Im Zusammenhang mit dem Aussagesatz der Zeile unterhalb des Fließtextes („Eine geheimnisvolle Welt erwartet Dich") lautet die Botschaft: Du bist gemeint, du bist der Held, der in die geheimnisvolle Welt eintauchen soll, um Abenteuer zu bestehen.
Der Werbetext (Copy) führt mit einem Satz in die Situation ein. Der darauffolgende Satz beginnt mit dem Personalpronomen „du" („Du bist es, der ...") und stellt den direkten Bezug zwischen der Abenteuerwelt des PC-Spiels und dem Leser bzw. künftigen Spieler her. Mit der Formulierung „Deine Freunde können dir jederzeit beistehen" werden Fantasiewelt und Wirklichkeit vermischt, „deine Freunde" können die Freunde des Lesers bzw. Spielers sein, aber auch Spielfiguren innerhalb des PC-Spiels. Reale Welt und fiktive Welt sind hier nicht zu unterscheiden. Wie die Headline enthält auch der Werbetext Appelle in Form von Imperativen, die den Leser zum Spiel (ver)führen sollen: „Rette das Land!", „Vernichte die Rotten der Teuflischen!", „Bring den Frieden!". Besonders auffällig ist hier die Aneinanderreihung von drei Imperativen. Der Aufforderungscharakter wird so verstärkt, die zweifache Wiederholung des Aufrufs (inhaltlich ist immer dasselbe gemeint) wirkt wie eine Steigerung. Die Zeile „Eine geheimnisvolle Welt erwartet Dich" kann auch als Schlusssatz des Werbetextes verstanden werden.

4 *Weitere Bedeutungen*, die mit dem Begriff „Held" verbunden sind: Abenteuer, Kampf gegen das Böse, Rettung, Eintreten für andere, Stärke, Mut, Tatkraft

5 *Adressaten* sind Jugendliche, die sich gern mit Computerspielen beschäftigen und Interesse an Fantasy-Geschichten haben. Die Botschaft, die das Werbeplakat vermitteln will, lautet: Du spielst die Hauptrolle, auf dich kommt es an! Wenn du gut spielst, kannst du Narnia retten.

Seite 189: Versteckte Botschaften – Werbeanzeigen ...

1 a) Es handelt sich um ein Schwarz-Weiß-Foto. Das Foto zeigt eine Person, die nur von unten bis zum Oberkörper zu sehen ist, und einen Hund, den die Person an der Leine führt. Da die Person ohne Kopf abgebildet ist, wird sofort deutlich, dass sie selbst nicht wichtig sein kann. Der Hund – ein heller Retriever – fällt dadurch auf, dass auf seinem Fell Schriftzüge zu erkennen sind. In schwarzen Buchstaben ist auf dem Fell u. a. vermerkt: „1 kg Möhren, Paprika, Spinat, Eier". Der Hund nimmt einen großen Teil des Fotos ein. Die Schritte des Hundes und der Person verlaufen parallel diagonal durch das Foto und verleihen dem Bild dadurch Dynamik. Person und Hund werfen diagonal nach hinten einen Schatten. Auf dem Kopfsteinpflaster, auf dem beide laufen, liegt ein Zettel, der über den Bildrand hinausragt und somit eine Verbindung zwischen dem Foto und dem die Anzeige umgebenden Text herstellt. Auf dem Zettel steht in Schreibschrift: „Papier. Es gibt nichts Besseres."

b) Die Headline der Anzeige beginnt mit einem Imperativ („Schreiben Sie Ihre Einkaufsliste doch, worauf Sie wollen!"), der sich an die Leser/Betrachter der Anzeige richtet. Der Leser muss bei diesem Appell sofort mitdenken, er wird einbezogen in die auf dem Foto gezeigte Situation und einen Bezug herstellen zwischen Text und Foto, um die Werbebotschaft verstehen zu können. Die Aussage „Viel Vergnügen, Ihre Papierhersteller" bezieht sich auf den Imperativ und könnte insofern ironisch gemeint sein. Wenn jemand seine Einkaufsliste wirklich auf das Fell des Hundes schreibt, wird er schon sehen, was er davon hat und wie schwierig es sein wird, damit einzukaufen, wenn der Hund vor dem Laden warten muss etc. Die Aussage kann aber auch bedeuten: Wir, Ihre Papierhersteller, wenden uns an Sie. Schreiben Sie doch Ihre Einkaufsliste am besten auf Papier.

c) Der Haupttext (= Copy) stellt eine Information und Werbung für das Material Papier dar. Es wird darauf verwiesen, dass Papier der älteste und wichtigste Informationsträger ist. Dieser Satz steht wie eine These zu Beginn des Textes. Die weiteren Informationen zum Material Papier beziehen sich auf die Möglichkeit, Papier zu recyceln, und darauf, dass Papier umweltverträglich hergestellt werden kann. Mit diesen Argumenten werden mögliche Einwände von vornherein abgewehrt, einem Gegner, der auf die Abholzung von Wäldern und die daraus folgenden Umweltschäden hinweisen könnte, wird der Wind aus den Segeln genommen. Am Schluss des Anzeigentextes wird der Leser wieder direkt angesprochen: „... rufen Sie uns an“: Eine Kontaktaufnahme zur weiteren Information ist über das Telefon möglich.

2 Das Fell des Hundes ist offensichtlich für eine Einkaufsliste benutzt worden. Durch die Headline der Anzeige wird darauf Bezug genommen. Der Leser/Betrachter soll sich amüsieren über die Vorstellung, dass man seine Einkaufsliste irgendwo notiert. Man kann sich ausmalen, wie schwierig es sein muss, überhaupt auf dem Fell zu schreiben, wie umständlich es sein muss, wenn man die Einkaufsliste wieder entfernen und durch eine neue ersetzen will – und auch, was man damit dem Hund antut. Der Zettel, der auf dem Kopfsteinpflaster liegt, gibt den entscheidenden Hinweis: Man sollte seine Notizen doch besser auf Papier schreiben („Papier. Es gibt nichts Besseres“).
Da im Werbetext auch mögliche Bedenken gegen die Umweltzerstörung durch die Abholzung von Wäldern entschärft werden, kann man wirklich sagen, dass es ein „Vergnügen“ ist, auf Papier schreiben zu können. In der unteren rechten Ecke der Anzeige wird folgerichtig an die Leser appelliert, Altpapier zu sammeln.

3 Intention: Die Anzeige verweist darauf, dass wir als Benutzer froh sein können, so etwas Selbstverständliches wie Papier für die unterschiedlichsten Zwecke zur Verfügung zu haben. Auch die Anzeige kann man nur lesen, weil sie auf Papier gedruckt und in einer Zeitung veröffentlicht ist.

11 Grammatiktraining

Seite 208: Bücher beurteilen – Subjekt- und Objektsätze

1 Dies ist kein Klappentext, weil negative Eindrücke beschrieben werden. Als weitere Gründe können auch „weil ‚ich‘ benutzt wird“ (Kommentar/Kritik eines Lesers) und „weil nicht für das Buch geworben wird“ (keine Anregung zur Lektüre bzw. zum Kauf des Buches) genannt werden.

3 a/b) Die Subjektsätze sind fett gedruckt, die Objektsätze unterstrichen: Ständig wollten Freunde mir verraten, was ich gar nicht wissen wollte. **Dass mir kein bisschen Spannung genommen wurde,** war ein dauernder Kampf. Dann endlich wurde wahr, **worauf ich so lange hingefiebert hatte**. Ich habe es sogar geschafft, dass mir Freunde nur vom Tod einer Figur erzählt haben. Nach drei Tagen bemerkte ich, welch einen Irrtum ich begangen hatte. Ich hatte vor dem Lesen gehofft, dass mir dabei der Schweiß ausbricht. Ich hatte gedacht, meine Hände würden dauernd zittern vor Aufregung. **Dass ich meine Erwartungen so hoch geschraubt hatte**, war ein dummer Fehler gewesen. Die ersten 400 Seiten enthielten, was in einen guten Reiseführer über England gehört. Denn Joanne K. Rowling erzählt keinesfalls, wie nach Lord Voldemorts Seelen-Stücken gejagt wird. Es mag ja sein, **dass dem einen oder anderen so etwas gefällt**. Ich kann nur hoffen, dass Frau Rowling sich etwas Schönes von meinen 24,90 Euro kauft.

Seite 209: Die Welt der Fantasy – Attribute aller Art

1 a/b) Die Tabelle mit Ergänzungen:

Attribute		
Adjektiv / Partizip	**Nomen (Genitiv)**	**Präp. + Nomen**
die *junge* Fantasy *erfolgreiche* Autoren die *gesellschaftlichen* und *sozialen* Themen *sanfter, hypnotischer* Stimme *fabelhaft vorgelesenes* Buch	die Bedürfnisse *der jungen Leser* Themen *ihres eigenen Lebens* Abenteuer *der Tintenwelt* das Wunder *des Lebens* die Bedeutung *der Geschichten*	die Literatur *für Erwachsene* Buch *über das Wunder* die Bedeutung *für unser Leben*

2 a/b) Beispiellösung (Die Notwendigkeit der Attribute kann in einzelnen Fällen unterschiedlich gesehen werden; notwendig/rot = unterstrichen; entbehrlich/blau = fett)
Kai Meyer: Das steinerne Licht
Tief unter den Schwingen des geflügelten Löwen zog die Landschaft dahin wie ein Meer aus Asche. Vermithrax' **langer** Körper aus pechschwarzem Stein glitt fast schwerelos unter der **dichten** Wolkendecke dahin. Das Mädchen auf seinem Rücken hatte das Gefühl, als könnte es die **wattige** Unterseite der Wolken berühren, wenn es nur den Arm danach ausstreckte.
Merle krallte sich mit beiden Händen in die Mähne **des Obsidianlöwen**. Vermithrax' Pelz war aus Stein wie sein ganzer Körper, doch aus unbekannten Gründen fühlte sich sein Haar weich und biegsam an – nur eines der zahlreichen Wunder des Steinlöwen.

(nach: Kai Meyer: Das Steinerne Licht. Bd. 2. Heyne, München 2004)

12 Rechtschreibtraining

Die Aufgaben der Arbeitsblätter zu diesem Kapitel (Partnerdiktate) zeitigen individuelle Lösungen, die mithilfe des ebenfalls beigefügten Fehlerbogens überprüft und korrigiert werden können.

13 Schönheit und Glück – Lesen mit Methode

Seite 231: „Glück“ steht auf dem Stundenplan

1 Beispiellösung: Z. 4: Es macht glücklich. – Z. 7/8: Die Persönlichkeit der Schüler wird gestärkt. – Z. 9: Die „Glückskinder“ sind selbstbewusster und sensibler geworden. – Z. 11: Die Schüler erwerben Lebenskompetenz. – Z. 13/14: Das Fach gibt Schülern gute Ratschläge auf dem Weg zum Glücklichsein. – Z. 28–30: Die Schüler gewinnen die Zuversicht, ihre Ziele erreichen zu können. – Z. 31/32: „Glückskinder“ wissen genau, was sie wollen.

3 Vertreter der unterschiedlichen Fachrichtungen: Theaterwissenschaftler, Psychologen, Sportwissenschaftler, Motivationstrainer, Pädagogen

4 Beispiellösung:
„Glück" ist ein vielschichtiger Begriff, der für jeden anders definierbar ist; viele Disziplinen reichen in die Glücksforschung hinein und sind somit auch bei der Vermittlung von Kompetenzen, die zu einem glücklichen / glücklicheren Leben führen können, beteiligt.

5 Perspektiven für das Fach „Glück":
- Anfragen von Schulen aus ganz Deutschland
- Mögliche Ausdehnung des Projekts auf Europa
- Wissenschaftliche Begleitung durch die Uni Rotterdam
- Coaching einer Fußball-Aufstiegsmannschaft in Sachen „Glück"

Seite 232: Was ich mir wert bin – Grafiken lesen ...

1 Richtig angekreuzte Aussagen:
Trifft zu: c, d, f
Trifft nicht zu: a, b, e

2 (a) 2007 gaben die Bundesbürger in Deutschland 12,3 Milliarden Euro für Körperpflegemittel aus.
(b) 36,20 Euro wurden durchschnittlich pro Bundesbürger für Haarpflegemittel ausgegeben.
(e) 10,70 Euro gab jeder Bundesbürger für Herren-Kosmetik aus.

3 „Die Bundesbürger sind bereit, für ihre Schönheit und ihr Wohlbefinden tief in die Tasche zu greifen. 2007 wurden in Deutschland mit Körperpflegemitteln 12,3 Milliarden Euro umgesetzt. Verstärkt nachgefragt werden insbesondere ...
... Haar- und Hautpflegemittel. Circa 35 Euro gab jeder Bundesbürger für diese Produkte 2007 aus. Für Mund- und Zahnpflege gab jeder Bürger 15,90 Euro aus. Aber auch dekorative Kosmetik – wie Make-up – stand auf der Einkaufsliste der Bundesbürger. Damen-Parfüms und auch Herrenkosmetik belegten die Ränge 5 und 6. Schlusslicht der Körperpflegemittel bildeten Bade- und Duschzusätze, Deodorants und Seifen."

4 Mögliche Schlagzeilen:
Der Bundesbürger und seine Körperpflege
Wie sauber sind die Deutschen?
Die Kosmetikindustrie in Deutschland

Seite 233: Helena blickt nach vorn – Aufgabenformate

1 Richtige Aussage 1 c: In die Riege der Supermodels gelangte Helena über ein Cover für die britische Vogue.

2 Zutreffende Aussagen: c, d, e, g
Nicht zutreffende Aussagen: a, b, f, h

3 A 8; B 5; C 3; D 1; E 7; F 2; G 4; H 6

4 A 3; B 1; C 4; D 2

Seite 234: Tu was für deine Schönheit! – Gezieltes Lesen

1 Make-up: Z. 32 – Ernährung: Z. 54 – pH-neutral: Z. 26 – T-Zone: Z. 20

2 Sexualhormone verursachen Pickel (Z. 1).
Die „natürliche Hautcreme" hat folgende Bestandteile: Porenfett aus den Talgdrüsen und Feuchtigkeit aus den Schweißdrüsen (Z. 6–8).
Desinfizierende Stoffe und Gesichtswasser enthalten oft Alkohol, der die Haut austrocknet (Z. 41 / 42).
Weniger Süßes essen und trinken; fettige Lebensmittel wie Pommes, Chips und fettes Fleisch meiden (Z. 55–58).

Seite 235: Abgebundene Füße – Intensives Lesen

1–**3** Beispiellösung:

Absatz	Schlüsselwörter	Mögliche Überschrift
I (Z. 1–4)	Schönheitsideal – China – Füße abgebunden	China: Abgebundene Füße als Schönheitsideal
II (Z. 5–19)	Tradition – Ursprung in der Tang-Dynastie – starke Zunahme in der Song-Dynastie – Maßstab bei der Brautwahl	Ursprung der abgebundenen Füße und deren Bedeutung bei der Brautwahl
III (Z. 20–28)	Brutal – Bandagen zum ABBINDEN – Klumpfuß – Füße: knapp 10 Zentimeter lang – wäre Schuhgröße 17	Methode des Fußabbindens und die Konsequenzen für die Frauen
IV (Z. 29 bis Ende)	Abgeschafft – nach 1949 immer noch alte Frauen mit abgebundenen Füßen – 1988 Schließung: Spezialfabrik	Zur Tradition des Fußabbindens heute

4 Beispiellösung:
Der Zeitungsartikel „Abgebundene Füße" von Anja Maxrath, der am 2. Januar 2008 im Kölner Stadt-Anzeiger erschienen ist, berichtet von der Tradition des Fußabbindens in China.
Seit der Tang-Dynastie galt das Abbinden der Füße der Frauen als Schönheitsideal. Das Abbinden erlangte eine derartige Bedeutung, dass bei Brautschauen später vor allem auf die abgebunden Füße Wert gelegt wurde. Die Methode ist äußerst brutal und führt dazu, dass die Füße der Frauen verkrüppeln und kaum mehr als zehn Zentimeter lang sind. 1949 wurde die Tradition abgeschafft, da die abgebundenen Füße die Frauen bei der Arbeit erheblich behinderten. Gegen Ende des 20. Jahrhunderts schloss die letzte Spezialfabrik für Schuhe der betroffenen Personen.

Verknüpfung von „Deutschbuch“-Kapiteln mit Übungen in der Software „Deutschbuch 8 interaktiv“

Deutschbuch 8 interaktiv ermöglicht das Testen und Üben der Kenntnisse in Rechtschreibung, Grammatik und Zeichensetzung am Computer. Außerdem gibt es einen Bereich mit Übungen zur Textarbeit. Weitere Übungen zur Textarbeit sind in eine Detektivhandlung integriert.
Die Übersicht über die Software-Übungen zeigt Ihnen Verknüpfungen mit einzelnen Kapiteln im „Deutschbuch 8 Neue Grundausgabe“. In der Spalte **Deutschbuch 8 Neue Grundausgabe** finden Sie die entsprechenden Kapitelangaben, in der Spalte **Wegweiser** die Angaben zu den passenden Software-Übungen. Die Spalte **Schwierigkeitsstufe** gibt an, auf welchem Anspruchsniveau – leicht, mittel, schwer – die Übung angesiedelt ist, sodass eine Binnendifferenzierung möglich ist. In den Handreichungen zur Software sind die Lösungen aller Übungen aufgeführt.

Deutschbuch 8 Neue Grundausgabe	**Wegweiser**	**Schwierigkeitsstufe**
Kapitel 1 S. 12/13 Reportage	→ Training → „Such dir einen Job!“ / Reporter	mittel / schwer
S. 14–16 Bericht	→ Aktion → Deutschlandkarte → Stadtplan → Orte → Berichte	leicht / mittel / schwer
Kapitel 3 S. 47–60 Beschreiben, Erzählen, Schildern	→ Training → „Such dir einen Job!“ / Schriftsteller	leicht / mittel / schwer
Kapitel 9 S. 165 Reportage	→ Training → „Such dir einen Job!“ / Reporter	mittel / schwer
Kapitel 11 S. 185–187 Zeitformen	→ Training → „Schritt für Schritt“ / Grammatik → Tempusformen	leicht / mittel
	→ Test → Grammatik	leicht / mittel
S. 188–190 Aktiv / Passiv	→ Training → „Schritt für Schritt“ / Grammatik → Aktiv / Passiv	leicht / mittel / schwer
	→ Training → „Übung zur Klassenarbeit“ / Grammatik → Aktiv / Passiv	leicht / mittel
	→ Test → Grammatik	leicht / mittel / schwer
S. 192–196 Konjunktiv II	→ Training → „Schritt für Schritt“ / Grammatik → Konjunktiv II	leicht / mittel
	→ Test → Grammatik	leicht / mittel

Deutschbuch 8 Neue Grundausgabe	**Wegweiser**	**Schwierigkeitsstufe**
S. 197–199 Indirekte Rede	→ Training → „Schritt für Schritt“ / Grammatik → Konjunktiv I / Indirekte Rede	leicht / mittel / schwer
	→ Training → „Such dir einen Job!“ / Redakteur → Indirekte Rede	mittel / schwer
	→ Training → „Übung zur Klassenarbeit“ / Grammatik → Indirekte Rede	leicht / mittel / schwer
	→ Test → Grammatik	leicht / mittel / schwer
S. 201–203 Satzglieder	→ Training → „Schritt für Schritt“ / Grammatik → Satzglieder	leicht / mittel / schwer
	→ Test → Grammatik	leicht / mittel / schwer
S. 204–206 Adverbiale Bestimmungen	→ Training → „Schritt für Schritt“ / Grammatik → Satzgefüge	leicht / mittel / schwer
	→ Training → „Such dir einen Job!“ / Redakteur → Adverbialsätze und adverbiale Bestimmungen	mittel / schwer
	→ Training → „Übung zur Klassenarbeit“ / Grammatik → Adverbialsätze	mittel
	→ Test → Grammatik	leicht / mittel / schwer
S. 206–209 Haupt- und Nebensätze	→ Training → „Schritt für Schritt“ / Grammatik → Satzgefüge	leicht / mittel / schwer
	→ Training → „Übung zur Klassenarbeit“ / Grammatik → Gliedsätze	schwer
	→ Test → Grammatik	leicht / mittel / schwer
S. 210–212 Subjekt- und Objektsätze	→ Training → „Schritt für Schritt“ / Grammatik → das / dass	leicht / mittel / schwer
	→ Training → „Übung zur Klassenarbeit“ / Grammatik → das / dass	leicht
	→ Test → Grammatik	leicht / mittel / schwer
S. 213–216 Attribute	→ Training → „Such dir einen Job!“ / Redakteur → Attribute und Attributsätze	schwer
	→ Test → Grammatik	schwer

Deutschbuch 8 Neue Grundausgabe	Wegweiser	Schwierigkeitsstufe
Kapitel 12 S. 223/224, 234/235, 237–240, 241/242, 244 Groß- und Kleinschreibung	→ Training → „Schritt für Schritt“ / Rechtschreibung → Groß- und Kleinschreibung	leicht / mittel / schwer
	→ Training → „Übung zur Klassenarbeit“ / Diktat → Diktat „Groß- und Kleinschreibung“	leicht / mittel
	→ Test → Rechtschreibung	leicht / mittel / schwer
S. 224–226 Ähnliche Konsonanten, Ähnliche Vokale	→ Training → „Schritt für Schritt“ / Rechtschreibung → Knifflige Fälle	leicht / mittel / schwer
	→ Training → „Übung zur Klassenarbeit“ / Diktat → Diktat „Knifflige Wörter“	leicht / mittel
	→ Test → Rechtschreibung	leicht / mittel / schwer
S. 226/227, 232/233, 240/241 Getrenntschreibung	→ Training → „Schritt für Schritt“ / Rechtschreibung → Getrennt- und Zusammenschreibung	leicht / mittel / schwer
	→ Training → „Übung zur Klassenarbeit“ / Diktat → Diktat „Getrennt- und Zusammenschreibung“	leicht / mittel
	→ Test → Rechtschreibung	leicht / mittel / schwer
S. 227/228 s-Laute	→ Training → „Schritt für Schritt“ / Rechtschreibung → s-Laute	leicht / mittel / schwer
	→ Training → „Schritt für Schritt“ / Rechtschreibung → Knifflige Fälle	schwer
	→ Training → „Übung zur Klassenarbeit“ / Diktat → Diktat „s-Laute“	leicht / mittel
	→ Test → Rechtschreibung	leicht / mittel / schwer
S. 228–230, 245/246 Fremdwörter	→ Training → „Schritt für Schritt“ / Rechtschreibung → Fremdwörter	leicht / mittel / schwer
	→ Training → „Übung zur Klassenarbeit“ / Diktat → Diktat „Fremdwörter“	leicht / mittel
	→ Test → Rechtschreibung	leicht / mittel / schwer
S. 236/237, 243 Kommasetzung	→ Training → „Schritt für Schritt“ / Zeichensetzung → Kommas	leicht / mittel
	→ Training → „Schritt für Schritt“ / Zeichensetzung → Kommas / Knifflige Fälle	schwer
	→ Training → „Schritt für Schritt“ / Rechtschreibung → Knifflige Fälle	schwer
	→ Test → Zeichensetzung	leicht / mittel / schwer

Die Grundlage für dieses Werk wurde in Teilen erarbeitet von Gerd Brenner, Ulrich Campe, Günther Einecke, Dietrich Erlach, Karlheinz und Margret Fingerhut, Heinz Gierlich, Cordula Grunow, Rolf Kauffeldt, Hans Jürgen Kolvenbach, Markus Langner, Monika Lenkaitis, Angela Mielke, Kerstin Muth und Norbert Pabelick.

Weitere Bestandteile des „Deutschbuchs" neben diesen „Handreichungen für den Unterricht" sind:
- Schülerband (978-3-06-060799-0)
- Arbeitsheft (978-3-06-060805-8 – mit Übungs-CD: 978-3-06-060961-1)
- Trainingsheft Klassenarbeiten für NRW (978-3-06-060842-3)
- Orientierungswissen (978-3-464-60319-2)
- Unterrichtssoftware (978-3-464-60764-0)
- Lernsoftware für zu Hause (978-3- 464-60969-9)
- Digitaler Unterrichtsplaner (978-3-06-060089-2)
- Hörbuch (978-3-464-60378-9)

Redaktion: Gerlinde Bauer, Regensburg

Illustrationen: Klaus Ensikat, Berlin (S. 141), Konrad Golz, Zülsdorf (S. 47, 65, 76 f., 92 ff., 156 f., 159, 219 f.), Nina Pagalies, Berlin (S. 101), Bianca Schaalburg, Berlin (S. 114, 117 f.)
Layoutkonzept und Umschlaggestaltung: Katharina Wolff (Foto: Thomas Schulz; Illustration: Maja Bohn)
Layout: Anna-Maria Klages, Wuppertal
Technische Umsetzung: Verlagsbüro Bauer & Lutz GbR, Regensburg

www.cornelsen.de

Dieses Werk berücksichtigt die Regeln der reformierten Rechtschreibung und Zeichensetzung. Bei den mit [R] gekennzeichneten Texten haben die Rechteinhaber einer Anpassung widersprochen.

1. Auflage, 3. Druck 2012

Druck: Druckhaus Berlin-Mitte GmbH

ISBN 978-3-06-060811-9

Inhalt gedruckt auf säurefreiem Papier aus nachhaltiger Forstwirtschaft.